世经政丛书
之 世界政治系列
系列主编：张宇燕

► 郎　平◆著

区域贸易制度
和平效应的路径分析：
发展中国家的视角

中国社会科学出版社

图书在版编目（CIP）数据

区域贸易制度和平效应的路径分析：发展中国家的视角／郎平著 .—北京：
中国社会科学出版社，2016.8
（世经政丛书之世界政治系列）
ISBN 978 - 7 - 5161 - 8336 - 6

Ⅰ.①区…　Ⅱ.①郎…　Ⅲ.①区域贸易—经济制度—研究
Ⅳ.①F740.4

中国版本图书馆 CIP 数据核字 （2016） 第 123961 号

出 版 人　赵剑英
选题策划　刘　艳
责任编辑　刘　艳
责任校对　陈　晨
责任印制　戴　宽

出　　版　中国社会科学出版社
社　　址　北京鼓楼西大街甲 158 号
邮　　编　100720
网　　址　http://www.csspw.cn
发 行 部　010 - 84083685
门 市 部　010 - 84029450
经　　销　新华书店及其他书店

印　　刷　北京君升印刷有限公司
装　　订　廊坊市广阳区广增装订厂
版　　次　2016 年 8 月第 1 版
印　　次　2016 年 8 月第 1 次印刷

开　　本　710×1000　1/16
印　　张　17.75
插　　页　2
字　　数　251 千字
定　　价　66.00 元

系列序言

张宇燕*

世界经济与政治研究所（简称世经政所）是中国社会科学院所属的研究机构之一。经过半个多世纪的发展，世经政所已经成为国内外享有较高知名度的学术机构，并且在政府决策咨询中发挥了一定的作用。

顾名思义，世经政所的研究对象主要分为两大类：世界经济与世界政治。实际上，世经政所恰是由世界经济研究所与国际政治研究所合并而成。两所合并的原因也很简单：世界经济与国际政治两大领域很难截然分开，如果仅仅关注其中一个领域，我们很难对复杂多变的国际问题有完整、准确和深刻的理解，更遑论提出有价值的对策建议。

十八大以来，中央先后提出了"两个一百年"目标和"一带一路"战略构想，同时决定建设一批有中国特色和国际影响力的新型高端智库。中国社科院便是其中之一，而且世经政所又被社科院选定为智库建设的重点机构之一。这对世经政所而言，既是难得的发展机遇又意味着巨大的责任。以马克思主义国际政治经济学基本理论为指导，进一步提升研究所的理论水平和对策研究能力，是我们目前和今后的中心任务和目标。作为实现这一目标的一种努力，在推出"世界经济系列"研究成果之后，世经政所决定推出"世界政治系列"研究专辑。

列入本系列研究专辑的研究成果主要出自世经政所研究人员之手。它

---

* 张宇燕，中国社会科学院世界经济与政治研究所研究员、所长。

们当中有的是学术专著，有的是政策研究报告，同时也包括对国际热点问题的评论。为了鼓励世经政所年轻研究人员更好地成长，他们所撰写且经过补充完善的博士论文，也成为本系列的一部分。

我们期待"世界政治系列"能够在展示世经政所研究成果的同时，也为中国国际政治理论和政策研究的进步有所贡献。

是为序。

序

　　观察国际关系现实可以发现，地区争端和冲突在当今仍然困扰着广大发展中国家。为解决争端、避免冲突，区域经济一体化机制被寄予厚望。这样的一体化组织能否产生和平效应？如果有和平效应会通过怎样的机制？郎平的这本专著所研究的就是这样的问题。

　　区域经济一体化组织的形成，源于相关国家的经济合作，而经济合作产生和平效应的最早表述则是"贸易和平论"。从逻辑上讲，国家间密切的贸易关系能够形成共同利益，从而造成一种相互依赖的现状。这样的现状有可能减少甚至消除敌意，因为发生对抗甚至战争会损害双方的利益。进一步讲，相互依赖所导致的合作稳定下来后就会产生各方都同意的国际规范。这种规范不但能在一定程度上约束各方行为，而且还能够促使各方改变观念，从而促成各方进一步的合作行为。这样一种进程的结果，就是形成和平效应。

　　在第一次世界大战之前，"贸易和平论"曾被很多人认同。最初人们认为只要国家在经济上相互依赖，和平就能自然而然地出现，但事实打破了这种理想主义的美好愿望。英国与德国在一战前是有密切的相互依赖关系的，但在战争中却打得你死我活。显然，即使贸易能促进和平，也不可能自发地产生和平效应。于是，在这个问题上就形成了"不管"与"管"的分别。前者信奉"相互依赖"这只"看不见的手"，而后者则认为和平是建立的而不是自发产生的。和平怎样"建立"？主张"管"的人认为要靠制度。第二次世界大战之后在欧洲兴起的一体化进程，就是以制度建设实现和平的成功范例。欧洲国家通过经济合作，先在各功能领域进行一体化，最终在各成员国间建立起政治信任，使经济合作外溢到军事和外交领域。经由这样的一体化进程，曾经大动干戈的西欧国家，从根本上消除了发生战争的可能。欧洲的实践证明了一体化机制能够带来和平，但这种模式能放之四海而皆准吗？

要论证并回答这样的问题，可以有两种途径。一种途径是进行宏观的大理论演绎，另一种途径则是进行经验事实的观察与归纳。以往人们进行国际关系研究，关注大理论是比较多的。确实，相互依赖理论、国际制度理论，甚至社会建构理论，都能够为阐释这个问题做出贡献。不过，通过理论联系实际，就会发现反例随处可见。正如郎平的书中所言，当今几乎每一个国家都至少是一个一体化组织的成员，这一点具有普遍性，但各种武装冲突的存在也同样具有普遍性。事实表明，一体化进程与和平之间并不存在简单的因果关系或相关关系。欧洲的一体化是成功的案例，但发展中国家的一体化却有很大不同。除了一体化程度的差别之外，其和平效应的表现也不同。有些一体化组织确实促进了成员国之间的合作，减少了敌意与冲突，但也有些一体化组织就没有产生和平效应。这样的发现首先构成了研究的问题，即发展中国家的一体化进程到底有没有和平效应。

从实证研究的角度讲，要回答这个问题就需要证明这两者是否存在相关关系。这里说的相关关系，是指变量之间存在不确定的数量对应关系，即当一个或几个变量取一定值时，与其相对应的另一个变量的值不完全确定，它会按某种规律在一定范围内发生变化。按照这样的界定，我们可以发现，发展中国家所推进的一体化进程，其和平效应是有很大的不确定性的，有的比较明显，有的不明显。从总体看，我们感觉一体化组织是能够产生某种和平效应的，但要确定这种相关性是否具有一定的变化规律，即和平效应会随着一体化进程而发生相应变化，却难以做到。针对郎平作为研究对象的样本，如果对一体化组织加以赋值，计算这组数值的变化与相关国家间冲突数量的关系，所能得到的相关系数尽管是负值（表明两者负相关，即一体化程度越高，冲突的数量就越少），但数值很低，并不能确定为统计学意义上的相关性。那么，我们应该怎样看待这种结果呢？

就定量研究而言，我们当然希望能用漂亮的数据无可争辩地证明相关关系的存在，但在国际关系研究中这种情况是很少见的。尤其是就一些重大命题而言，要作出明确的统计学证明很难。根本原因在于，国际关系事实千差万别，要作大样本分析，不得不面对着许多不能无视的差异。从这个角度讲，尽管我们观察事实会用到数据，但在多数情况下既不能从统计学的角度证明两个变量间存在相关关系，也不能明确否定两个变量不相关。实际上，在国际关系研究中简单地肯定或否定某种全称命题可能没有多少现实意义，要把研究推向深入，更需要做的是具体情况具体分析。针对国际关系事实的不确定性，我们需要关注国际互动的复杂性，并且要特别关注导致这种复杂性的多项影响因素的作用机制。

郎平在研究中发现，区域贸易制度未必都能实现推动和平的目的，要实现这个目的需要有一定的条件和途径。在这两个要素的关系中，存在两方面的复杂情况：在制度方面，不同的一体化进程存在不同机制的不同作用；在受制度作用的争端方面，也存在不同的情形和国际、国内因素的不同的影响。面对这两方面的不确定性，仅从理论上一般性地概括和推论一体化的和平作用是不够的，还需要从机制上阐释和平效应起作用的条件和运作机制。郎平认为，只有结合理论演绎、数据归纳和案例分析，才能得出有意义的结论。

从制度角度讲，一体化组织要发挥和平效应，经济制度就必须向安全领域溢出，发展出安全合作机制。事实上，发展中国家的一体化进程的安全溢出是存在不同形式和不同程度的。例如，非洲国家的一体化组织多在区域贸易制度的框架中建立了安全合作条款。东部和南部非洲共同市场在制度中就明确规定要推动成员国间的和平、安全和稳定。西非国家经济共同体和中部非洲经济共同体的成员国则都签署了互不侵犯协定。相较而言，拉美国家区域经济一体化的溢出效应则有所不同，政治合作的主要表现是外交政策和立场的统一和协调，对成员国之间的冲突仅能起调停作用。

区域经济一体化组织产生和平效应，郎平认为是基于三种机制，即机会成本机制、信息机制和冲突管理机制。针对这三种机制，郎平提出了明确的观点，即：区域经济一体化的程度越深，成员国间争端缓和的可能性就越大；一体化框架内的定期高层会晤机制有助于信息的交流和沟通，可以增加冲突缓和的可能性；一体化所形成的冲突解决机制的独立性越强，冲突升级的可能性就越小。

对于机会成本机制，郎平的解释为，一体化的程度越深，合作的范围越广，成员国对区域经济合作的收益预期就越大。收益预期作为关键性的干预变量，在决策者面对冲突升级的情势时就构成了机会成本。在这里，机会成本越高，意味着成员国在冲突中损失就越大，它们通过谈判缓和冲突的动力就越大，冲突升级为战争的可能性就越小。

就信息机制而言，几乎所有的区域贸易制度中都包含了首脑和高层官员交流和互动的安排，这样的安排能够提供沟通的机会，对于化解成员国间的政治冲突、实现地区的政治凝聚力可以发挥重要作用。从实践来看，高层对话的渠道越多，国家之间建立互信的可能性就越大。尤其是首脑会晤机制，更易于产生和平效应。

至于制度的独立性，是指一个区域贸易组织能够独立执行和落实协定的能力。从冲突管理的角度讲，安全合作机制受到的制约因素越多，解决问题的能力就越小；相反，其独立性越强，所具有的调停和裁决能力则越大，决议得以落实的可靠性也越大。

对于发展中国家的区域经济一体化组织来说，尽管在逻辑上都存在通过这三种机制发挥和平效应的可能，但实际上其效用是有不同情形的。特别是就第一项与第三项而言，制度化的程度不同，机制所能发挥的作用就不同。这些复杂的情形体现了制度作用方面的不确定性。从制度作用的对象来讲，实际上也是存在复杂性与不确定性的。由于国家间发生的冲突存在不同的性质与背景，因此即使制度条件相同，其和平效应的发挥也可能迥异。

为了观察制度在发挥作用时所面对的不同情形，郎平以西非国家经济共同体（简称"西共体"）为例进行了具体的观察与分析。她通过关注不同的冲突性质与国内政治环境，说明了制度作用的不同结果。在该共同体范围内，发生了马里和布基纳法索、塞内加尔和毛里塔尼亚以及加纳和多哥三起冲突。这些冲突虽然都表现为边界领土争端，但问题的性质却不同。马里和布基纳法索的冲突是源于对资源的争夺，塞内加尔和毛里塔尼亚的冲突是起因于民族矛盾，而加纳和多哥的冲突则涉及殖民地时代遗留下来的"西多哥"的归属。在这三起冲突中，前两起都演变成了战争，西共体所作的调停没有起作用。马里与布基纳法索的冲突是在西非"互不侵犯与安全协助协定（ANAD）"的框架下停火并启动谈判的。塞内加尔和毛里塔尼亚的冲突则是在双边框架下终止的。只有加纳和多哥的冲突是在西共体的框架内解决的。通过西共体首脑会议的平台，两国政府在冲突中保持了克制，避免了冲突的升级，并最终达到了和解的目的。

为什么在同一个区域贸易制度框架下冲突的发展会出现不同的结果？郎平通过具体情况具体分析得出了这样的认识，即和平效应的实现除了决定于制度本身的因素之外，还决定于冲突的性质和国内政治环境。郎平认为，当冲突涉及国家的核心利益和强大的国内政治压力时，冲突就可能升级，特惠贸易安排的和平效应就难以发挥作用；反之，冲突不涉及国家的核心利益并且冲突国之间存在较密切的经济相互依存，特惠贸易安排的和平效应才能够显现。在这里，国家决策者对利益的判断是一个重要因素。

如果决策者认为区域经济合作的利益超越了冲突所涉及的利益，一体化机制的和平效应就会占上风；反之，冲突升级就会成为优先的政策选择。从这个角度看，只有当决策者看重机会成本的时候，一体化框架内的高层会晤机制和冲突管理机制才能发挥作用。由于国家决策者在国际、国内各种因素的影响下对利益的认知和排序有所不同，因此一体化机制的和平效应就必然会有不同的结果。

郎平所做的研究，解释了发展中国家经济一体化组织产生和平效应的具体机制。她对这个问题的研究，有三个方面能够给人以启示：

第一，由于国际关系中互动机制的作用都有一定的影响因素与限制条件，因此要恰当说明这些机制，就必须通过具体的观察，对相关的因素与条件进行实证研究。在这些问题上，我们不应忽视结构理论的指导作用。例如，"相互依赖有助于行为体间开展合作"就是一种具有指导性的结构性命题。但是，如果我们的讨论只是停留在结构理论的泛泛层面，那么我们的研究就不能再前进一步。虽然我们的学科需要有睿智的学者高屋建瓴地阐释各种体系层面的结构理论，但也需要学者就国际互动的微观机制进行更深入、具体的经验研究。

第二，国际互动的机制是非常复杂的，对这样的对象我们应该有恰当的认知。虽然进行大样本分析能够得出具有普遍性的论断，但事实表明在国际关系领域要做这样的定量研究很难。我们所面对的有重要价值的研究对象，多数不符合统计学的标准。我们所能够找到的样本通常有限，而同质的样本则更少。在这种情况下，我们需要重视事实的量的规定性，但同时也要重视对事实的质的解释。实际上，即使我们能够用统计学的方法证明两个因素相关，也还需要用理论演绎的方法加以解释，因为得不到理论解释的数据是没有意义的。

第三，针对国际关系的研究对象的复杂性和不确定性，必须把不同的研究方法结合起来。对于研究者来说，没有最好的方法，只有最适合的方法。选择方法要根据对象的属性来定。进行实证研究，如果能找到适宜的统计对象，当然应当运用统计方法，但如果没有大样本数据，那就应该选择更切合实际的方法进行研究。在郎平的研究中，通过结合"小样本"数据统计，案例分析与对比，以及理论演绎，就实现了论证的目的。

　　阅读郎平这本书，对于关注国际政治经济学领域的研究者来说，当然可以更多地关注她所讨论的问题本身，但对于不是这个领域的研究者来说，则可以更多地进行方法论方面的思考。如何通过观察事实有所发现，如何基于发现提出问题并给出问题的答案（核心观点），如何用文献综述表明自己的观点具有新意，如何选择适宜的途径论证自己的观点，这些都是进行学术研究必须解决的问题。在这些方面，我相信读者阅读本书后是能够得到一些有益的借鉴的。特别是国际关系专业的研究生，阅读这本基于博士论文修改而成的专著，对于设计自己的论文是可以得到许多启发的。

李少军

2016 年 3 月

目　录

第一章

导　论

许多政治学家都相信，自由贸易所带来的共同的经济利益是推动区域安全合作、消除成员国间的敌意，甚至实现区域政治一体化的必要条件。欧洲一体化的历史进程就是一个完美例证。从欧洲煤钢联营到欧洲共同体再到欧盟的共同外交和防务政策，共同的经济利益有力地推动了法德和解，消除了欧洲主要国家之间的历史宿怨，最终促成了深层次的政治合作和统一。但是，观察更多的事实可以发现，并非所有的区域贸易制度都会像欧盟那样带来和平红利，如南亚区域合作联盟和中美洲共同市场都未能逆转区域内的冲突局势；即使在同一个区域经济一体化框架下，也并非所有的双边冲突都能够得到和平推动，如西非国家经济共同体下的马里和布基纳法索以及塞内加尔和毛里塔尼亚之间的冲突。事实表明，一体化的和平效应需要在一定的条件下经由一定的机制实现。那么，对区域贸易制度的和平效应的实现条件和路径进行研究，就有着极为重要的理论和现实意义。

一　研究问题的提出

冷战结束，伴随着科学技术的革命与创新，经济全球化进程不断推进，世界政治经济格局也出现了结构性的变化。北美和西欧已经不再是世界政治经济的唯一重心，以金砖国家为代表的新兴经济体快速崛起，成为推动世界经济发展的重要力量和支柱。而贸易自由化则是实现这一结构性变革的重要推动力量。进入 20 世纪 90 年代，双边和区域贸易自由化忽然迸发出蓬勃的生机，尤其是以发展中国家为主体的区域经济一体化更是以前所未有的深度和广度迅速席卷了亚非拉大陆，几乎所有的国家都归属于至少一个区域贸易组织，有的国家甚至同时参加了多个区域贸易组织。如此，加强区域经济合作的努力，无疑为新兴经济体和广大发展中国家提升其在世界政治经济格局中的地位注入了新的活力。

但与此同时，地区冲突和争端始终长期困扰着广大发展中国家。二战结束之后，摆脱了殖民统治的发展中国家并没有迎来和平的曙光，反而由于殖民历史、贫困等问题造成边界归属、资源争端久拖未决，武力冲突时有发生，不仅严重妨碍了国家和地区的安全稳定，更成为发展中国家经济腾飞的重要障碍。例如，印度与巴基斯坦、秘鲁与厄瓜多尔、加纳与多哥之间，领土和资源纷争持续数十年，对区域经济合作造成了极大的负面作用。全球重大的武装冲突几乎都发生在发展中国家，特别是南亚、中东、南美和非洲。可喜的是，21 世纪以来，曾经长期困扰一些国家的边界争端均得到了解决或者大大缓和，发展中国家间的重大武装冲突已经大大减少，这也是发展中国家区域经济合作再度兴起的一个重要背景和条件。根据瑞典乌普萨拉大学和平与冲突研究系冲突数据库的统计，冷战结束之后，全球的重大武装冲突绝大多数是国内冲突。在 2013—2014 年度，全球有 33 场重大武装冲突，其中 24 场是国内冲突，还有 9 场是国际化的国内冲突。①

发展中国家之间的武力冲突大大减少的同时，地区安全的紧张局势却

---

① "Uppsala Conflict Data", http://www.pcr.uu.se/research/UCDP/.

并未得到彻底缓解。在当前的国际环境下，一方面，发展中国家之间原有的历史痼疾仍有待创造性的解决；另一方面，以金砖国家为代表的新兴国家在改变原有的地区和国际政治经济秩序的同时，带来了新一轮的力量更迭，在某些地区造成了一定的紧张局势。中国的崛起就是一个典型的例子。中国与一些周边国家历史争端的不断升级也是中国崛起带来的地区力量格局调整的一个必然结果。在和平与发展为主流的国际大背景下，当国家间冲突的解决逐渐开始远离军事手段时，贸易的和平力量就必然被寄予厚望。事实上，不少区域贸易制度在框架内纳入了安全合作条款，非洲地区成立最早、最大的区域经济合作组织——东部和南部非洲共同市场，就明确规定"该组织的一个主要目标就是推动成员国间的和平、安全和稳定，以促进该地区的经济发展"①。值得一提的是，安全合作机制的建立是区域贸易制度和平效应的重要体现，是区域贸易合作向安全领域的溢出，但是和平效应却并不局限于此。

从体系的视角观察，冲突也是民族国家之间一种互动的方式，同样会受到行为体间复杂关系的影响，而国家之间由于区域贸易合作所建立的制度就会构成这样的系统。处于区域贸易制度的系统中，成员国之间所发生的冲突，必然会受到这个系统中的经济一体化的影响。无论是区域经济一体化的推进还是组织的官僚制度，以及连带形成的安全合作条款，都会构成对冲突因素的抑制作用。由于当今的冲突很少有一方彻底战胜另一方的情形，要实现停火乃至最终实现和平，往往需要通过艰难的讨价还价，因此在存在区域经济一体化组织的地区，人们就会寄希望于通过一体化的机制推动和平的实现。尽管对这个问题学界已有很多研究，但观察现实可以看到，情况是非常复杂的。区域贸易制度未必都能实现推动和平的目的，要实现这个目的需要有一定的条件和途径。显然，仅仅从理论上概括一体

---

① http：//comesa3. comesa. int/attachments/article/94/110829 _ COMESA _ Treaty_ EN. pdf.

化的和平作用是不够的，必须从机制上阐释其条件性和发生作用的具体体现。因此，在当前的国际背景下，本书的研究有着重要的理论和现实意义。

首先，它可以弥补学术界现有经济和政治理论分析的不足。经济学家们对区域贸易制度的分析主要集中在区域安排对成员国和非成员国的福利效应方面，对经济合作向安全领域的溢出效应并无涉及；国际政治学家们则分为两派，其中自由制度主义者强调制度的和平效应①，而现实主义者则否认二者之间的因果联系②。近年来，制度主义学者们加强了对国际制度的研究，他们着重分析了制度对行为体行为的塑造以及不同制度特征的差异性影响。③ 但是，对于贸易与冲突/和平的关系研究则仍停留在原有的理论分野。本书试图在制度理论的最新研究成果的基础上，结合具体的案例，将制度分析运用到贸易与和平这一古老话题的研究中，以期找到区域贸易制度抑制冲突升级的条件和路径。

其次，现有的区域经济一体化研究虽然关注于解释经济和政治一体化的方法，提出了联邦主义、新功能主义、新制度主义、政府间主义等理论

① Robert O. Keohane, *After Hegemony: Cooperation and Discord in the World Political Economy*, Princeton: Princeton University Press, 1984; Bruce Russett and John R. Oneal, *Triangulating Peace: Democracy, Interdependence, and International Organizations*, New York: Norton, 2001.

② Joseph M. Grieco, "Anarchy and the Limits of Cooperation: A Realist Critique of the Newest Liberal Institutionalism", in David A. Baldwin, ed., *Neorealism and Neoliberalism: The Contemporary Debate*, New York: Columbia University Press, 1993, pp. 116 – 140; John J. Mearsheimer, "The False Promise of International Institutions", *International Security*, Vol. 19, No. 3, 1994/1995; Kenneth N. Waltz, *Theory of International Politics*, New York: McGraw-Hill, 1979.

③ Amitav Acharya and Alastair Iain Johnston, eds, *Crafting Cooperation: Regional International Institutions in Comparative Perspective*, Cambridge: Cambridge University Press, 2007; Vinod K. Aggarwal and Min Gyo Koo, eds, *Asia's New Institutional Architecture: Evolving Structures for Managing Trade, Financial, and Security Relations*, Berlin: Springer, 2008.

解释，但这些理论解释都是基于欧洲一体化的进程，对发展中国家的区域经济一体化缺乏解释力。发展中国家的区域经济一体化与欧洲一体化有很多不同之处。虽然前者是受到后者的鼓舞才兴起并不断发展的，但由于经济发展落后、成员国背景多样等诸多原因，发展中国家的区域一体化无论从动机、内涵还是进程都有着自身的特征。约瑟夫·奈曾经指出，欠发达国家的地区一体化进程看上去与欧洲很相似，但在因果机制上很可能是完全不同的类型。① 政府间主义的代表人物安德鲁·莫拉夫西克在其1988年的著作《欧洲的选择》一书中强调，商业利益模式、重要国家的政府的谈判实力和增强履行国际责任和义务的诚信是欧洲一体化的三个刺激因素，其中最根本的是经济利益。按照莫拉夫西克的推论，只要存在经济的日益相互依存，其他地方也会出现相似的政治一体化运动，包括北美自由贸易区，而这在目前看来是很不现实的。② 那么，依托现有的政治一体化理论，如何来解释发展中国家的区域一体化就成为一个迫切的研究议题。

最后，冲突与合作是当前国际政治经济互动的重要特征。目前，全球多边贸易谈判陷入困境，区域经济合作重又焕发生机。在区域合作中，新兴经济体和发展中国家在唱主角。从经济实力看，这些国家与发达国家还有很大的差距，甚至还很落后，在经济全球化浪潮和国际政治经济格局中处于十分不利的地位。正是出于这种动机，这些国家迫切需要团结起来，以求得经济的发展和政治影响力的提升。而从政治安全层面看，由于历史等多方面的因素，这些国家之间还存在着这样或那样的民族、主权冲突或者争端，妨碍了区域一体化发展和政治合作的深入。如果能够对区域贸易制度进行深入分析，分析区域贸易制度如何才能推动区域的和平与稳定，

---

① Joseph S. Nye, "Comparative Regional Integration: Concepts and Measurement", *International Organization*, 1968, Vol. 22, No. 4, p. 880.

② ［美］罗伯特·吉尔平：《全球政治经济学：解读国际经济秩序》，杨宇光、杨炯译，上海人民出版社2003年版，第390页。

提出有助于导致冲突缓和的作用路径，那么对于发展中国家更好地实现地区稳定和经济发展也有着重要的借鉴意义。

二 对现有研究的评估

贸易有助于推动和平的论述最早可以追溯到古典自由主义时期。在第一次世界大战之前，自由主义者坚信贸易必然会带来国家间的和平，因为自由贸易所带来的好处将会使双方极力避免战争，以免牺牲贸易所带来的巨大利益。[1] 然而，自由贸易的大发展并未能阻止第一次世界大战的爆发，从而也破灭了古典自由主义者的美好愿望。二战之后，自由主义者开始反思并对其理论进行了修正，承认自由贸易的和平不会自动地产生。现代自由主义者将制度与商业自由主义的观点结合起来，认为经济相互依赖程度的加深提高了不合作的成本，国家更愿意通过合作而不是武力手段来实现发展和繁荣，但是贸易的和平力量不是自动产生的，而是依靠国际制度。[2] 有学者这样评论，令人触目惊心的世界大战让关注世界秩序的自由主义者们都汇集到一个主题上来，那就是"在国际体系中引入了强制的因素"[3]。

按照现代自由主义者的逻辑，以推动贸易自由化为目标的贸易制度可以在两个层面上成为推动国家间和平的力量：一方面，它加深了成员国间

---

① Neil Richardson, "International Trade as a Force for Peace", in Charles W. Kegley Jr., ed., *Controversies in International Relations Theory: Realism and the Neoliberal Challeng*, Beijing: Peking University Press, 2004, p. 284.

② 前者如 Richard Rosecrance, *The Rise of Trading State: Commerce and Conquest in the Modern World*, New York: Basic Books, 1986; 后者如 Robert Keohane, "The Demand for International Regimes", *International Organization*, Vol. 36, No. 2, 1983.

③ Hidemi Suganami, *The Domestic Analogy and World Order Proposals*, Cambridge: Cambridge University Press, 1989, p. 79.

的相互依存程度，从而削弱了一国运用武力手段来实现国家利益目标的决心；另一方面，制度安排包含了具有一定约束力的多边主义规则、规范和制度，从而进一步促进国家间的合作。那么，区域贸易制度的和平效应是如何实现的？

1943 年，戴维·米特兰尼（David Mitrany）在其著作《一个运转的和平体系：国际组织的功能性发展之我见》（A Working Peace System：An Argument for the Functional Development of International Organization）中提出了"功能"的概念，他认为经济和技术是功能性领域，这一领域可以与政治领域明确区分开来，功能性领域的问题可以实现非政治化从而不触及政治主权问题。[①] 米特兰尼主张抑制政府的作用，发挥国际组织的作用；由于认识到合作的必要而在某一功能领域进行的合作，将会推动合作态度的改变，或者使合作的意向从一个领域扩展到其他领域。这个过程不仅拓宽了合作领域，使合作的态度发生转变，而且使和平规范得以创立，从而能减少战争并最终消灭战争。[②] 约瑟夫·奈在 1968 年编辑出版的《国际区域主义》论文集中这样总结，米特兰尼倾向于一种基于功能主义概念的组织原则：不同种类的国际组织满足具体的技术性和功能性需要，它们超越国家边界，产生一个相互依赖的网络，这个网络会逐渐使得国家主权不再相干，或至少减少国家主权间冲突的潜在因子。[③]

米特兰尼将功能领域与政治领域截然分开的观点受到了广泛的质疑，

---

① ［美］肯尼思·汤普森：《国际思想大师：20 世纪主要理论家与世界危机》，耿协峰译，北京大学出版社 2003 年版，第 253 页。Cornelia Navari, "David Mitrany and International Functionalism", in *Thinkers of the Twenty Years' Crisis：Inter-War Idealism Reassessed*, edited by David Long and Peter Wilson, Oxford：Clarendon Press, 1995, pp. 214 - 217.

② ［美］詹姆斯·多尔蒂、小罗伯特·普法尔茨格拉夫：《争论中的国际关系理论》（第五版），阎学通、陈寒溪等译，世界知识出版社 2003 年版，第 551 页。

③ Joseph S. Nye, ed., *International Regionalism*, Boston：Little Brown and Company, 1968, p. viii.

以厄恩斯特·哈斯为首的学者们对米特兰尼的功能主义进行了发展和修正，被称作新功能主义。厄恩斯特·哈斯认为，经济技术等功能领域与政治领域的界限是相对的，既适度分离又相互联系。从国内利益集团和政党的政治动机出发，哈斯认为，当国内利益集团认识到一体化能为本国利益服务时，一体化就会自动从一个地区外溢到另一个地区；随着时间的推移，经济领域的合作会"溢出"到政治领域，政治精英会将注意力逐渐转向超国家层次的决策活动，超国家机构和非政府行为体的作用增大，民族国家的作用弱化。[1] 雷吉纳德·哈里森（Reginald Harrison）认为，经济一体化将会导致核心机构的任务和权力相应增加，一体化逐渐涉及成员的政治敏感领域并可能危及其关键利益，因此一个政治共同体必将出现和成长；政治溢出效应产生的内在机制和动力是源于管理需求的增长。[2]

但是，这种"溢出"并不是自动产生的，而是有赖于一系列条件的成熟，否则就会发生"环溢"（spill-around）或"溢回"（spill-back）。根据哈斯和菲利浦·施密特（Philippe Schmitter）的研究，政治溢出将取决于背景、经济联盟和过程等诸多变量，每一项变量的分值越高，经济联盟扩溢到政治领域的可能性就越大；民主化、多元和工业社会的背景更有助于政治溢出的实现。[3] 约瑟夫·奈认为，真正影响政治溢出的是进程机制所激发的潜力，它取决于国家间的对称或经济平等、精英价值理念的互补性、社会多元性的存在以及成员适应和应变的能力四个方面的因素。另外，利益公平分配、可能的代价和外部压力等方面的主观认知也会对一体

---

[1] Ernst Haas, *Beyond the Nation-State: Functionalism and International Organization*, California: Stanford University Press, 1964, pp. 23, 48, 49 – 50.

[2] Reginald Harrison, *Europe in Question: Theory of Regional International Integration*, N. Y.: New York University Press, 1974, pp. 32 – 36.

[3] Ernst Haas and Philippe Schmitter, "Economics and Differential Patterns of Political Integration", *International Organization*, 1964, Vol. 18, No. 3, pp. 705 – 738.

化进程的走势产生影响。①

对于自由主义学派而言，20 世纪 80 年代"制度理论"的兴起使得国际制度研究得以重返国际关系理论的核心。这一理论在保留了现实主义关于权力、政治和国家的要素之外，认为国际制度将会在推动以自我利益为中心的国家之间进行合作和沟通方面发挥不一样的作用。② 罗伯特·基欧汉是新制度主义的代表人物。他强调制度在解决经济等问题中的作用，认为制度有助于改善市场失灵，解决一体化行动中的集体行动问题，通过提供互惠来促进合作。区域性的国际制度增强了各国解决争端和相互合作的动机。③ 但遗憾的是，基欧汉所提出的相互依赖理论只是将目光局限于经济领域的合作，而并未涉及安全合作，对于不同制度和机制的结构和功能差异也不够关注。近年来，不少学者也将目光转向制度设计的来源和后果，但这些研究均未能将制度设计的差异纳入到贸易与和平的研究中来。④ 不过，不可否认的是，制度理论的新发展，尤其是对制度设计差异的关注，为探讨区域经济一体化如何推动和平提供了很好的切入点。

与自由主义学派不同，现实主义者强调的是权力、相对收益以及国家之间竞争在一体化进程中的作用。肯尼思·沃尔兹（Kenneth Waltz）

① Joseph S. Nye, "Patterns and Catalysts in Regional Integration", *International Organization*, 1965, Vol. 19, No. 4, pp. 870 – 884.

② Robert Keohane, *After Hegemony: Cooperation and Discord in the World Political Economy*, Princeton: Princeton University Press, 1984.

③ Robert Axelrod and Robert O. Keohane, "Achieving Cooperation under Anarchy: Strategies and Insititutions", in Kenneth A. Oye, ed., *Cooperation under Anarchy*, Princeton: Princeton University Press, 1986.

④ Amitav Acharya and Alastair Johnston, eds., *Crafting Cooperation: Regional International Institutions in Comparative Perspective*, Cambridge: Cambridge University Press, 2007; Barbara Koremenos, Charles Lipson, and Duncan Snidal, "The Rational Design of International Institutions", *International Organization*, Vol. 55, No. 4, 2001, pp. 761 – 799; James McCall Smith, "The Politics of Dispute Settlement Design: Explaining Legalism in Regional Trade Pacts", *International Organization*, Vol. 54, No. 1, 2000, pp. 137 – 180.

认为，相互依赖的加深缩短了国家之间的距离，增加了冲突发生的可能性，因此区域经济一体化不仅不会带来和平，而且会因此导致更多的冲突。① 罗伯特·吉尔平认为，还没有事例表明经济一体化的外溢效应能自动导致政治的统一，即使是欧洲的经济和政治一体化，其最终成功与否仍然取决于政治的发展而不是经济的发展。区域经济一体化是民族国家在谋求增加本国相对收益和保护本国经济福利与国家安全不受外界威胁的同时，增强各自经济实力和国际竞争能力的国家战略的一个组成部分，以获得在国家层次上无法达到的目标。吉尔平认为，应该运用折中的方法看待区域一体化的进程，它不仅受到政治和战略因素的影响（如一体化的政治动机、国际经济竞争加剧、经济安全困境的存在），而且受到经济因素的影响（如世界贸易寡头垄断竞争的增强、战略贸易理论和规模经济效应）。②

关于区域经济一体化难以带来安全合作或者和平的原因，主要有以下几种观点。

第一，对绝对利益和相对利益的担忧。约瑟夫·格里科提出了相对收益的概念，认为在区域性安排中，由于伙伴国获益更多，相对收益较少的国家就会面临着其政治军事安全受到相对收益较高国家的制约，并最终会出现屈从于合作伙伴国地位的国家，因此相对获益从长远来说会阻碍合作的努力，各国不会自愿地为了经济利益而在国家安全方面做出让步。③ 格里科还提出"相对差距转移"（relative disparity shift）的假设，当区域内国家之间的能力相对差距随着时间发生转移时，处于劣势的国家就会反对

---

① Kenneth Waltz, *Theory of International Politics*, New York：McGraw-Hill, 1979.

② ［美］罗伯特·吉尔平：《全球政治经济学：解读国际经济秩序》，杨宇光、杨炯译，上海人民出版社 2003 年版，第 393—395 页。

③ Joseph Grieco, "Anarchy and the Limits of Cooperation：A Realist Critique of the Newest Liberal Institutionalism", *International Organization*, Vol. 42, No. 3, 1988, pp. 485 –507.

区域一体化的深化。由于从合作中获得的相对收益以及对这种状况将持续的预期部分决定了能力的相对稳定，它有助于区域合作的继续深化；反之，能力变化频繁则会限制区域制度的出现。①

第二，军事安全同盟对区域合作的影响。珍妮·高娃（Joanne Gowa）和爱德华·曼斯菲尔德（Edward D. Mansfield）的研究表明，相比贸易制度安排，军事安全同盟对成员国之间贸易的影响更大。通常来说，一个国家会更愿意与自己的政治军事盟友实现一体化，而不是自己的对手。这也就意味着，成员国之间的政治军事关系会影响到区域一体化的进程和深度。② 爱德华·曼斯菲尔德和瑞秋·布朗森（Rachel Bronson）分析了权力政治对贸易流动的影响，对 1960—1990 年政治军事同盟与贸易制度安排对国家间贸易流动的影响进行研究之后发现，尽管两者都会对成员国的贸易产生推动作用，但同盟的影响更大，因为贸易的收益会反过来增强国家的政治军事能力。深层次的经济一体化会产生安全外部性，但是由于这些外部性已经在同盟中内化，同盟国之间的一体化程度将更高。因此，大国会积极地同盟友推行自由贸易，以增强同盟的整体实力，但不会与实际或潜在的对手进行一体化。③

第三，霸权的力量。在一个霸权体系中，霸权国拥有掌控政治经济事务的能力和意愿。不少学者的研究表明，霸权的侵蚀将会导致区域一体化

① Joseph Grieco, "Systemic Sources of Variation in Regional Institutionalization in Western Europe, East Asia and the Americas", in Edward D. Mansfield and Helen V. Milner, eds., *The Political Economy of Regionalism*, NY: Columbia University Press, 1997.

② Joanne Gowa, *Allies, Adversaries, and International Trade*, Princeton: Princeton University Press, 1994; Joanne Gowa and Edward D. Mansfield, "Power Politics and International Trade", *American Political Science Review*, Vol. 87, No. 2, 1993, pp. 408 – 420.

③ Edward D. Mansfield and Rachel Bronson, "The Political Economy of Major Power Trade Flows", in Edward D. Mansfield and Helen V. Milner, eds., *The Political Economy of Regionalism*, NY: Columbia University Press, 1997.

向保护主义转变。① 但是，也有不少学者认为这一观点缺乏足够的证据。② 格里科通过对西欧、东亚和北美区域一体化的研究表明，地区霸权的存在与否对于区域经济制度的发展既不需要也不必要。③ 斯蒂芬·哈格德（Stephen Haggard）认为，区域一体化的谈判议程在很大程度上是由大国决定的。举例来说，在北美和亚太自贸区的谈判中，美国是主导国家，它将本国的市场准入作为谈判的筹码，美国的国内政治对美国在区域一体化中的政策偏好有着重要的影响。④

事实上，并非所有的贸易制度安排都能够推动和平。20 世纪 80 年代后，受到科学行为主义的影响，运用博弈论、计量模型等工具的实证研究逐渐进入贸易与冲突/和平的研究中来，从不同的路径论证了贸易制度安排与和平之间的关系以及条件性。有学者强调它取决于贸易制度安排本身的类型，如爱德华·曼斯菲尔德在对 1950—1985 年特惠贸易安排成员国和非成员国之间的军事争端进行统计分析后发现，只有特惠贸易安排能够

① Robert Gilpin, *U. S. Power and the Multinational Corporation: The Political Economy of Foreign Direct Investment*, New York: Basic Books, 1975; Stephan D. Krasner, "State Power and the Structure of International Trade", *World Politics*, Vol. 28, No. 3, 1976, pp. 317 – 347.

② Edward D. Mansfield, "Effects of International Politics on International Trade", in Kym Anderson and Richard Blackhurst, eds., *Regional Integration and the Global Trading System*, London: Harvester Wheatsheaf, 1993; Timothy J. McKeown, "A Liberal Trading Order? The Long-Run Pattern of Imports to the Advanced Capitalist States", *International Studies Quarterly*, Vol. 35, No. 2, 1991, pp. 151 – 172.

③ Joseph Grieco, "Systemic Sources of Variation in Regional Institutionalization in Western Europe, East Asia and the Americas", in Edward D. Mansfield and Helen V. Milner, eds., *The Political Economy of Regionalism*, NY: Columbia University Press, 1997, pp. 164 – 187.

④ Stephen Haggard, "Regionalism in Asia and the Americas", in Edward D. Mansfield and Helen V. Milner, eds., *The Political Economy of Regionalism*, NY: Columbia University Press, 1997.

有效地抑制国家间的军事冲突，推动国家间的和平；[1] 戴维·H. 比尔斯（David H. Bearce）和大森佐和（Sawa Omori）实证研究后发现，特惠贸易安排的和平效应源于制度层面的高层会晤机制，而与经济一体化的程度、贸易制度安排中嵌入的军事安全合作机制无关。作者认为，特惠贸易安排之所以更具和平效应，是因为它能够更好地解决政府希望对贸易自由化或政治改革做出可信承诺的"时间不一致性"问题，而且可以得到自由贸易拥护者的支持。[2] 毛维准对1946—2009年之间的国际贸易机制数据及国内武装冲突发生的可能性进行回归分析后发现，关贸总协定/世界贸易组织成员资格的确能在整体上显著降低国内武装冲突发生的可能性，但是在分别控制经济、政治、社会、贸易和外部因素之后，实证分析结果显示，国际贸易机制对各国国内冲突风险实际上是一种条件性的混合影响。[3]

还有学者认为与贸易制度安排的设计有关。约翰·奥尼尔（John Oneal）的研究表明，所属共同制度成员的密度与军事冲突之间存在着重要的负相关，如果两个国家同属的地区贸易制度安排越多，那么这两个成员之间发生军事冲突的可能性就越小。[4] 贝斯·亚伯勒（Beth V. Yarbrough）和罗伯特·亚伯勒（Robert Yarbrough）则认为，有效争端解决机制的选择对于成员国遵守一体化的规则至关重要，区域一体化的程

---

[1]　Edward D. Mansfield, "Preferential Peace: Why Preferential Trading Arrangements Inhibit Interstate Conflict", in Edward D. Mansfield and Brian M. Pollins, eds., *Economic Interdependence and International Conflict: New Perspectives on an Enduring Debate*, Ann Arbor: The University of Michigan Press, 2003, pp. 222 - 231.

[2]　David H. Bearce and Sawa Omori, "How Do Commercial Institutions Promote Peace?", *Journal of Peace Research*, Vol. 42, No. 6, 2005, pp. 659 - 678.

[3]　毛维准：《国际贸易机制对国内武装冲突影响的研究》，《世界经济与政治》2012年第4期。

[4]　John R. Oneal, Bruce Russett, and Michael L. Berbaum, "Causes of Peace: Democracy, Interdependence, and International Organizations, 1885 - 1992", *International Studies Quarterly*, Vol. 47, No. 3, 2003, pp. 371 - 393.

度越高，成员国从争端解决机制中获益就越多。① 约拉姆·哈夫特（Yoram Z. Haftel）的实证研究表明，区域经济制度的和平效应主要取决于经济合作的范围与高层官员会晤机制这两个层面的因素，他特别强调了实际执行力与制度设计之间的区分，认为只有在实际执行中经济合作的范围越大、高层官员会晤机制越成熟，区域经济制度越有助于降低成员国间的军事冲突水平。② 维诺德·阿加沃尔（Vinod K. Aggarwal）指出，当前的贸易制度安排中出现了一种明显的贸易与安全问题相联系的"安全化"倾向，这在一定程度上有助于缓和区域内的传统和非传统安全威胁，实现区域内的和平。③

对于发展中国家区域贸易制度的研究，在 21 世纪之前主要集中在一体化发展较快的拉美。威廉·艾弗里（William P. Avery）和詹姆斯·科克兰（James D. Cochrane）对安第斯共同市场进行了案例分析，认为它超越了单纯的关税同盟和共同市场，实现了经济政策领域的协调和合作，并且建立了超国家的秘书处机构；但是各国国内精英阶层互补性的下降、各成员国政治动机和意识形态的巨大差异都是一体化推进的障碍，因此安第斯共同市场的前景取决于这些因素的此消彼长。④ 卡尔·

---

① Beth V. Yarbrough and Robert M. Yarbrough, "Dispute Settlement in International Trade: Regionalism and Procedural Coordination", in Edward D. Mansfield and Helen Milner, eds., *The Political Economy of Regionalism*, NY: Columbia University Press, 1997.

② Yoram Z. Haftel, *Regional Economic Institutions and Conflict Mitigation*: Design, Implementation, and the Promise of Peace, Ann Arbor: The University of Michigan Press, 2012.

③ Vinod K. Aggarwal and Kristi Govella, "Trade Linkages to Traditional and Non-Traditional Security: Lessons and Prospects", in Vinod K. Aggarwal and Kristi Govella, eds., *Linking Trade and Security: Evolving Institutions and Strategies in Asia, Europe and the United States*, NY: Springer, 2013, pp. 223 – 242.

④ William P. Avery and James D. Cochrane, "Innovation in Latin American Regionalism: the Andean Common Market", *International Organization*, Vol. 27, No. 2, 1973, pp. 181 – 223.

卡特哈勒（Karl Kaltenthaler）和弗兰克·莫拉（Frank O. Mora）认为，南方共同体的一体化进程确如新功能主义所描述的，合作领域从经济扩展到更敏感的安全议题。尽管取得了不少成绩，但是由于成员国不愿让渡更大的主权，因而没能建立起经济政策协调和超国家的一体化机构，阻碍了和平效应的进一步发挥。① 戴维·皮翁（David Pion-Berlin）则认为，由于政治气氛的缓和以及经济一体化进程的推进，为了避免遭受贸易损失，南方共同体成员国充分意识到避免冲突的重要性，军事合作开始增加，但是由于没有现实的需求，经济一体化的成功未能转化为安全领域的一体化。②

进入 21 世纪，亚洲尤其是东亚国家的崛起，对东亚区域经济合作与和平之间关系的研究也日渐增多。目前，有三种代表性的观点：第一种观点持肯定态度。例如陈琪认为，经济区域化对东亚和平的意义在于：在安全困境无法消除的情况下，虽然东亚和平的维系需要继续依赖权力制约和威慑的有效性，但如果没有经济区域化导致的相互依存的深入发展，区域安全的各种隐患和潜在的冲突因素就不可能得到真正解决。东亚的区域经济一体化推动了区域内多边安全合作的开展，巩固了东亚的和平；从长期看，区域经济合作中协商、对话与合作理念的持续培育，是缔造东亚稳定与和平的长期保证。③ 第二种观点持否定态度。例如迈尔斯·卡勒（Miles Kahler）认为，尽管东亚经济相互依存不断深化、地区组织逐渐发展，但是该地区远没有形成地区安全共同体；东亚地区经济融合的方式和区域经济组织自身的制度性缺陷，使其难以通过

---

① Karl Kaltenthaler and Frank O. Mora, "Explaining Latin American Economic Integration: The Case of Mercosur", *International Organization*, Vol. 9, No. 1, 2002, pp. 72 – 97.

② David Pion-Berlin, "Will Soldiers Follow? Economic Integration and Regional Security in the Southern Cone", *International Organization*, Vol. 42, No. 1, 2000, pp. 43 – 69.

③ 陈琪：《经济区域化对东亚和平的意义》，《国际政治科学》2005 年第 1 期。

相互依存效应和制度效应来促进地区安全，因此东亚区域经济组织不足以促进地区安全，当前日益紧张的东亚局势就是证明。① 第三种观点则认为不存在唯一的答案。潘佩尔（T. J. Pempel）指出，东北亚地区的经济合作与安全互动存在四个重要的特征：亚洲金融危机之后经济相互依赖日益加深、朝鲜战争之后无战争、安全局势日趋紧张、中国崛起造成的权力中心转移；该地区经济与安全之间的互动存在众多不同的切面，虽然大国的行为体现了深层次的结构性特征，但是其复杂程度却难以用任何一种理论或描述加以概括，最重要的是，地区大国都应该充分认识到经济与安全之间联系性的存在。②

与欧盟和北美的区域经济一体化相比，发展中国家的区域经济合作的确有其自身的特征。正如约瑟夫·奈所说，欠发达国家的地区一体化看上去与欧洲很相似，但在因果机制上很可能是完全不同的类型。③ 国际货币基金组织在一份研究报告中指出："发展中国家的区域性贸易安排一般不如发达国家成功，一个原因是贸易自由化措施不能按计划实施。由于成员国从一体化协定中获得的收益有限，有时反而会因此遭受损失，因此放弃协定的情况很常见。"④ 有学者认为，由于经济发展水平的限制，发展中国家的区域一体化水平的起点往往很低，这也使得成员国在一体化进程之初很难看到未来的成功。正是出于对一体化解体的担忧，发展中国家区域经济一体化的前景通常很悲观，而新功能主义的"溢出"理论在这里也

---

① Miles Kahler, "Regional Economic Institutions and East Asian Security", *The Nexus of Economics, Security, and the International Relations in East Asia*, Stanford, CA: Stanford University Press, 2012.

② T. J. Pempel, ed., *The Economic-Security Nexus in Northeast Asia*, NY: Routledge, 2013, pp. 1 – 24.

③ Joseph S. Nye, "Comparative Regional Integration: Concepts and Measurement", *International Organization*, 1968, Vol. 22, No. 4, p. 880.

④ 国际货币基金组织：《世界经济展望》（1993 年 5 月号），中国财政经济出版社 1994 年版，第 109 页。

并不适用。发展中国家的一体化进程是否能够加深和扩大，往往取决于成员国在政治上是否能够达成共识，坚持将利益再分配举措纳入到一体化机制中来。① 但是，不可否认的是，冷战结束之后，随着经济全球化的不断深化，发展中国家的区域经济一体化又焕发了新的生机，也有不少区域经济一体化组织在推动区域内经济合作的同时，实现了安全领域合作，大大缓解了区域内紧张的安全局势。

观察现实可以发现，并非所有的区域贸易制度安排都会像欧盟那样带来和平红利，即使在同一个区域贸易制度框架下，它也很难对所有的双边冲突都发挥出和平效应。基于上述回顾，现有的研究或者聚焦于对贸易制度与冲突之间的实证分析而忽视了发展中国家的特性，或者仅仅局限于发展中国家区域贸易制度的研究而未触及贸易制度与冲突之间的互动。特别是，由于概念的界定和前提假设的不同，基于数据分析的实证研究必须结合案例分析，才能最终得出有意义的结论，因此本书试图建立一个有效的分析框架，阐述发展中国家区域贸易制度和平效应的条件和实现路径，研究问题是：发展中国家区域贸易制度的和平红利究竟是如何实现的？它的实现会受到哪些因素的制约？

三 本书的研究框架

为了从整体上明晰本书的研究框架，下面将从研究思路、研究方法和研究创新三个方面进行简要的阐述。

---

① Andrew Axline, "Underdevelopment, Dependence, and Integration: the Politics of Regionalismin the Third World", *International Organization*, Vol. 31, No. 1, 1977, pp. 83 - 105.

（一）主要研究思路

基于已有的研究，并结合发展中国家区域经济一体化的发展现实，本书的主旨是对发展中国家区域贸易制度产生和平效应的条件和影响因素进行解释和分析。之所以选择发展中国家作为研究对象，是因为广大发展中国家在积极推动区域经济合作的同时，仍然饱受历史遗留的地区冲突的长期困扰，对于区域贸易合作的和平红利也更加期待。

为了回答上述研究问题，本书首先从整体上对上述区域贸易制度安排的一体化水平与冲突发生水平之间的关系进行观察。由于一体化目标和实现能力的不同，发展中国家区域贸易制度的一体化水平有着很大的差异。一些区域制度的一体化目标非常有限，仅局限于贸易自由化，而另一些组织如海湾合作委员会，却有着超出贸易自由化之外的广泛合作议题；在落实协定和执行力方面，有的组织可以很好地落实所签署的协定，而另一些组织却常常难以将协定贯彻落实，前者如东盟，后者如中非国家经济共同体。在制度化建设层面，不同区域贸易组织的制度化水平也有较大的差异，主要体现在决策机构、官僚制度的独立性和争端解决机制等方面。通过考察区域贸易制度的一体化水平与地区冲突发生水平之间的相关性，可以得出两者之间存在负相关关系的一般性条件和假设。

接下来，基于上述一般性条件，本书将考察范围缩小到七个区域贸易制度安排，具体分析了不同因素在区域贸易制度发挥和平效应中的作用。考察变量包括：一体化时间、成员国数目、一体化预期目标；民族宗教特征、殖民地归属、力量分布；组织结构、决策机制；安全合作机制内容、安全合作动机、安全合作时间、可替代安全合作机制。其中：第一组变量是区域经济一体化的基本特征，也是最可能直接影响成员国之间安全合作的因素；第二组变量考察的是成员国的人文历史特征和权力分配，它们是成员国外交政策制定的重要因素，不仅决定了一体化组织的发展和走向，同时也会影响到冲突的管理机制运行；第三组变量体现了区域贸易制度的制度组织特征，它决定了一体化组织在讨论新议题时的程序及决策方式；第四组变量是关于框架下是否存在政治安全合作机制，其存在与否会直接影响到冲突管理机制的可选择性。

然后，为了进一步考察上述因素对和平效应产生的作用机制，本书选取了西非国家经济共同体这个案例，对其在解决成员国冲突中的作用进行了考察和分析。在西非国家经济共同体框架下共发生过三起双边冲突，分别是马里和布基纳法索、塞内加尔和毛里塔尼亚、加纳和多哥，其中，前两起冲突都升级为武力冲突，只有加纳和多哥的冲突在区域经济一体化框架下得到了缓和。探究为什么在同一个区域贸易制度框架下冲突的发展会出现不同的结果，有助于更准确地揭示和平效应产生的条件和作用机制，以弥补实证研究中解释力差的弱点。

基于上述实证研究和观察，本书提出了三个理论假设：（1）区域经济一体化的程度和广度越大，成员国间争端缓和的可能性越大；（2）定期高层会晤机制有助于信息的交流和沟通，可以增加冲突缓和的可能性；（3）冲突解决机制的独立性越强，冲突升级的可能性越小。当然，区域贸易制度能够在多大程度上发挥和平效应，不仅取决于区域贸易制度本身，更决定于冲突的性质。只有当经济利益在国内政治中的分量超越了冲突利益，区域贸易制度才可能发挥和平效应。国际、国内战略和政治环境的变化是决定这两者排序的主要因素，也是难以短期内改变的结构性因素。

对上述假设进行理论解释之后，本书以东南亚国家联盟（简称"东盟"）和南亚区域合作联盟（简称"南盟"）作为案例，对假设进行了检验。之所以选择这两个区域经济组织进行研究，主要是基于以下考虑：第一，东盟在区域经济一体化与和平研究的学者中被认为是像欧盟那样成功发挥和平效应的典范，而南盟则被认为是区域经济一体化被地区冲突反噬的失败案例；第二，两个组织同位于亚洲的南部，有着相似的殖民历史背景和成员国多元化的特征，国家间冲突的背景和原因也很相似，但却有着不同的发展轨迹和不同的和平效应，两者进行对比更易于找到和平效应能够有效发挥的因素及路径；第三，东盟和南盟的成员国都是中国的邻国，中国与这两个组织的成员国有着密切的经济联系，尤其是中国与东盟的"10＋1"自由贸易区也已经建成，但是中国与东盟和南盟的一些成员国也同时有双边的争端没有解决，特别是南海争端持续升温，给中国的周边安全环境带来了严峻的挑战。因此，对这两个组织的和平效应研究对于中国改善当前紧张的周边安全环境，有着重要的实践意义。

本书的总体研究思路是基于对发展中国家区域贸易制度与冲突的事实观察提出假设，对假设进行理论解释，然后通过案例分析的方法对假设进行验证，并得出最后结论。具体章节安排如下：第一章是导论，对已有的研究进行述评，提出研究问题；第二章对发展中国家的区域贸易制度与冲突形势进行概念界定和事实描述，明确观察的对象；第三章对区域贸易制度和平效应的条件和影响因素进行实证分析，提出假设；第四章是对假设的理论解释，从逻辑上建立两个变量间的联系，表明其相关性；第五章是案例检验，通过东盟和南盟正反两个案例的分析来验证假设是否成立；第六章是结论部分，阐述案例检验后得出的研究结果，并结合中国的对外区域经济合作与周边安全形势，阐述本项研究对于中国外交的借鉴意义。

（二）研究方法

为了实现上述研究目的，本书主要采取了定量分析、案例研究和诠释学相结合的研究方法。

（1）定量分析法。从科学实证研究的角度来看，没有恰当的定量分析，就不能对事实进行准确的描述，尤其是考察两个变量之间关系的时候，只有通过定量分析才能发现规律并得出具有普遍意义的验证。本书对研究样本的部分数据进行了统计推论，考察了区域贸易制度的一体化水平与区域冲突发生数目之间的相互关系，进而归纳出了一般性的规律。但是，定量分析这种科学研究方法固然对于发现不同变量之间的相关性有着重要的提示意义，但是也存在着难以回避的弱点。它更多体现的是"量"而不是"质"，无法揭示数字背后的背景和意义，因此即使统计上表现出显著的相关关系，也并非一定具有实际的意义。尽管如此，作为国际政治经济学研究的一种研究方法，定量分析法只要运用恰当，就能够帮助我们快速地在"庞大的干草垛"中确定寻找方向，再结合其他分析方法对其进行"去粗取精"，就可以充分发挥定量分析法的启示意义。

（2）案例研究法。在国际关系研究中，案例法是基于特定目的，选择单个或少数事例进行深入分析与解释的一种途径。作为一种被普遍运用的研究方法，它可以对个案做出历史性解释，也可以通过确定新的变量与假设对因果推论做出贡献。在通过定量分析法归纳出一般规律的基础上，本书首先通过对少数区域贸易制度的案例分析进一步明确了假设的限定条件，打开了通向理论概括的路径，接下来再通过对东盟和南盟两个案例的历史过程追踪，对提出的假设进行验证。案例研究法本质上是一种特殊性研究，在与一般规律研究的定量分析结合使用时，就可以充分扬长避短，既解决了定量分析的解释力不足的问题，也可以避免案例分析偏离一般性的普遍规律。因此，在国际关系研究中，案例研究与定量研究相结合的方法，已经成为国际关系实证研究中具有适应性的途径之一。

（3）诠释学方法。在科学实证研究的方法之外，国际关系研究中还存在另一种基本的研究方法，即诠释的方法。① 与前者寻求从外部对事件

---

① 李少军：《国际关系学研究方法》，中国社会科学出版社 2008 年版，第 205 页。

和行为的因果关系及规律进行解释不同，诠释学方法主要寻求从内部对事件和行为的意义进行诠释。国际关系中除了可以观察的现象，也有不可以观察的意义，那么只能采用基于主观理解的诠释方法。本书在基于可观察事实的基础上，得出了一般性的规律假设，然后以演绎的方法对其进行了理论解释，分析和探讨了假设关系成立的内在逻辑。从本质上看，诠释学方法的目的是提出更好的理解与解释，但是却容易出现缺乏创新和低水平重复的情况。将诠释学方法与科学实证研究相结合，则可以更加全面和准确地对国际关系的复杂现实做出科学、合理的解释。

（三）本书的创新

本书的创新之处可以归纳为以下几点：

第一，选题具有创新性。与已有文献聚焦于欧洲一体化所带来的和平效应不同，本书将研究对象限定于发展中国家，通过定量分析、案例分析和诠释学相结合的方法来考察发展中国家区域一体化水平与区域内军事冲突的关系问题。区域贸易制度作为区域经济一体化和全球化进程中的重要现象，与区域稳定与和平有着较为密切的关系，对该问题的研究对于加强区域经济合作和构建稳定的国际发展环境都有着重要意义。尤其是对面临着发展重任但却受到地区冲突困扰的发展中国家而言，探求区域内贸易合作推动地区稳定和和平的路径有着极为重要的理论和现实意义。

第二，理论创新主要包含了两个关键点：（1）和平效应的发挥是一个渐进的过程，它取决于机会成本机制、信息机制和冲突管理机制的最终合力。但是，这三个路径之间的关系有着明确的主从之分，其中，最重要的变量是成员国对区域贸易合作的预期收益，只有在机会成本机制发挥作用的前提下，高层会晤机制和冲突管理机制才能经由信息机制和冲突管理机制发挥作用。（2）和平效应得以显现的重要前提是区域经济合作能够免受地区冲突的负面影响。军事冲突是区域经济合作的最大障碍和阻力，它破坏了经济合作的信任基础和成员国对从经济合作中获益的信心。随着区域贸易合作的不断推进和深化，冲突对区域经济合作的负面效应会逐渐减弱并最终让位于区域经济一体化的和平效应。

第三，研究方法的创新。随着科学研究方法在国际关系研究中的兴起，定量分析几乎主导了所有贸易与和平关系研究的文献，而案例分析和诠释学方法则逐渐被边缘化。本书综合运用了三种分析方法，既发挥了实证研究在寻找两个变量之间相关性的优势，同时又通过对个案的历史过程追踪和定性的演绎及诠释弥补了定量研究的不足，对两个变量之间的因果作用机制进行了解释。国际关系的现实是复杂的，定量分析所依赖的数据选择则常常带有很强的偏向性，只有综合、灵活运用上述三种分析方法，才能扬长避短，更好地解释区域贸易制度与地区冲突之间的相互关系以及条件性。

第二章

发展中国家区域贸易制度
与冲突：概念与事实

发展中国家的区域贸易制度是区域经济一体化进程的直接表现形式和成果，它构成了世界范围内区域经济一体化浪潮的重要组成部分。尤其是20世纪90年代末以来，伴随着世界范围内区域经济合作浪潮的再度兴起，发展中国家的区域经济一体化进程出现了诸多新的变化和特征。从历史的视角对发展中国家的区域经济一体化进程和冲突形势进行回顾，有助于深入理解当前发展中国家区域贸易制度和冲突发展的特征及历史沿革，准确了解和掌握研究对象的客观事实是本书研究的前提和基础。

第一节　概念的界定

区域贸易制度和平效应的研究主要涉及两个基本概念的界定：首先，区域贸易合作有多种不同的形式，但并不是所有的区域贸易活动都形成规范的制度，那么什么样的区域贸易制度才是本书的研究对象？其次，和平与冲突是含义相反的一对概念，和平效应体现了从冲突向和平转化的动态过程，如何对和平效应进行观察和评估？

一　区域贸易制度的界定

区域贸易制度通常也被称为"区域贸易安排"（Regional Trade Agreement/Arrangement，RTA）①，是指通过经济领域的合作最终形成的共同行为规范。它可以有不同的形式与约束程度，也可以有正式和非正式之分，并具有相当的稳定性、持久性和有效性。国际制度通常有三种形式：正式的政府间组织或跨国的非政府组织；政府间制定的明确规则；非正式的国际惯例。本书所研究的区域贸易制度是指具有正式制度规范的区域性政府间组织。

首先，从经济层面上看，区域贸易制度是指"两个或几个国家之间通过签署政府间协议，共同采取措施减少国家间商品、服务或要素流动的壁垒，通过加强经济政策协调，以实现区域内不同要素自由流动的过程或状态"。按照一体化程度的高低，区域贸易制度可以包括特惠贸易安排、自由贸易协定、关税同盟、共同市场、经济同盟、完全经济一体化六种形式。理论上讲，一体化的程度越高，成员国之间商品和要素的流动性就越大，政策协调的要求就越高；各成员国之间的经济相互依赖程度越高，所涉及的政治因素就越多。

其次，从广义上讲，区域贸易安排既可以包括地理上相邻国家间的贸易协定，也可以包括跨区域的、不相邻国家或集团间签署的贸易协定。前者比较普遍，如欧盟、北美自由贸易区、南方共同市场等；后者则是在90年代以后逐渐兴起的，并且多数是以双边自由贸易区的形式出现。据世界贸易组织统计，截止到2015年12月1日，全球累计共签署了452项

---

① 联合国贸发会议（UNCTAD）和世界贸易组织（WTO）在分析报告中通常使用这种表述方式，但世界银行则将其表述为"地区一体化"（Regional Integration Agreement/Arrangement，RIA）。由于后者涵盖的内容过于宽泛，本书采用的是前者的表述方式。

实体的区域贸易协定（商品、服务和准入合计），其中 90% 是自由贸易协定。① 截止到 2015 年 6 月，中国也已签署自贸协定 14 个，涉及 22 个国家和地区。与前者相比，这些自由贸易协定更多考虑的是经济因素，而很少会涉及政治合作，因此并不在本书的研究范围之内。

最后，从组织方式来看，区域贸易合作既包括制度化水平较高的一体化模式，也包括松散的、开放性的合作模式，如亚太经合组织、亚欧会议等。由于这些经济合作的模式较为松散，其组织制度没有强制力，缺乏实施机制，属于低制度化的结构，通过论坛的形式实现成员国之间的交流，在责任和义务上不受制度的约束。以亚太经合组织为例，虽然它的议题也逐渐从经济、金融领域的合作扩展到人类安全、反腐败、文化安全等安全领域，但很难深入到敏感的传统安全领域的深层次合作。即使议题涉及彼此关心的传统安全议题，也谈不上是经济合作的外溢效应。

总之，本书所研究的区域贸易制度是指由政府间协定约束的、制度化的国际政府间组织，其成员仅限于地理上相邻或同属一个次区域的两个以上的国家，其核心任务是推动区域贸易合作与经济一体化。换言之，它仅限于区域内部的、相邻国家间的区域贸易制度或区域经济一体化组织。之所以将发展中国家作为案例研究的对象，是因为发展中国家在参与区域经济合作的同时，还普遍面临着历史上遗留的双边冲突和争端，从而更有利于探求区域贸易制度对冲突的影响。

按照上述界定，符合条件的发展中国家的区域贸易制度安排目前主要有 22 个。它们是：安第斯共同体（ANCOM）、中美洲共同市场（CACM）、加勒比共同体（CARICOM）、拉丁美洲一体化协会（LAIA）、南方共同市场（Mercosur）、东加勒比国家组织（OECS）、阿拉伯马格里布联盟（AMU）、东盟（ASEAN）、曼谷协定（BA）、经济合作组织

---

① https：//www.wto.org/english/tratop_ e/region_ e/region_ e.htm.（接入时间：2016 年 1 月 5 日。）

（ECO）、海湾合作委员会（GCC）、南亚区域合作联盟（SAARC）、大湖国家共同体（CEPGL）、东南非洲共同市场（COMESA）、印度海洋委员会（IOC）、中非国家经济共同体（ECCAS）、西非国家经济共同体（ECOWAS）、马诺河联盟（MRU）、南部非洲关税同盟（SACU）、南部非洲发展共同体（SADC）、中非关税和经济联盟（UDEAC）、西非经济和货币联盟（WAEMU）。

二　冲突与和平的定义

根据《剑桥国际在线字典》（Cambridge International Dictionaries On-line）的解释，和平有两个含义：一是没有暴力，（一段时期）免于战争与暴力，特别是，人们快乐地在一起生活与工作而没有争执；二是平静与安静，没有担心、问题、噪声或被迫行动的打扰或烦扰。《韦氏在线词典》（Merriam-Webster Online Dictionary）对"和平"有以下几种解释：安静或宁静的状态，如免于民间动乱、经由法律或习俗所提供的安全或秩序的状态；免于不安或压迫的思想与情绪；人际关系间的和谐；政府间相互和睦的一个状态或一段时期，也指处在战争或敌对状态者为终结敌意所签订的合约或协议。在国际关系中，"和平"是指国家间没有战争或没有其他敌视暴力行为的状态，或者以不存在战争和国际事务普遍稳定为特征的时期，政府之间互相友好，没有敌对、争端或骚乱的和平环境。

二战结束以后，和平研究作为一门子学科在国际关系领域兴起。它以维护世界和平秩序为目标，旨在用科学的方式来研究如何才能获得持久和平。和平研究的一个核心概念是暴力，并将暴力区分为直接暴力、结构暴力和文化暴力。直接暴力是指一种有形的或看得见的暴力，如造成人的肉体伤害和痛苦的战争、暴力冲突以及言辞和心理上的虐待；结构暴力是指贫穷、疾病、压制和社会歧视给人类带来的痛苦和灾难，它关注的是社会政治和经济结构中存在的问题。与直接暴力相比，结构暴力是无形的、看不见的，是一种长期存在的政治权力和经济利益分配上的不公正现象。文化暴力则是其他暴力形式的源泉，存在于宗教、法律、意识形态、语言、艺术等文化之中，它导致了社会中的憎恨、恐惧和猜疑。

被誉为和平学研究之父的约翰·加尔通教授提出了积极和平与消极和平的概念。他认为，不存在直接暴力的状态是一种消极和平，它所关注的是通过谈判和调解而不是武力手段来解决争端，主张依靠一个大的国际性协议和组织（如联合国）来获得集体性安全。消极和平所关注的是当前和短期内存在的安全问题，不排除结构性暴力的存在。积极和平则是指排除了结构暴力和文化暴力的状态，它不仅仅是指没有战争，而且意味着消除了饥饿、暴力、对人权的威胁、难民问题、全球环境污染等对和平的威胁，创造一种人们可以富裕和体面生活的社会环境。很显然，积极和平只是人类和国际社会所追求的一种理想存在，而远非当今的国际现实。

和平研究离不开冲突的概念。约翰·加尔通曾经提出两个关于"和平"的定义及其区别，即：和平是所有形式暴力的缺失或减少；和平是非暴力和创造性的冲突转化。[1] 前者是以暴力为参照，和平是指不存在暴力；后者则是以冲突为导向，和平建立在非暴力和创造性解决冲突的基础之上，要理解和平，就必须了解冲突以及如何转化冲突。这也是和平学研究中提出的"和解"的概念。冲突和解是和平研究的一个新领域，指冲突双方从破坏性关系向合作性关系转变。在这里，冲突是暴力的一种表现形式，是国际关系中相较于战争更为普遍的一种存在，它不仅包含了武力冲突，即战争，也包含了国家间由于资源、领土或其他议题而引发的外交争端。当国家间争端无法通过谈判和外交途径解决，冲突将会升级，最终国家不得不诉诸武力来解决，也就是战争的爆发。德国哲学家康德曾经在

---

① John Galtung, "Violence, Peace and Peace Research", *Journal of Peace Research*, Vol. 6, No. 3, 1969.

《永久和平论》中提出，和平表示一切敌对行为之终结，要实现国家间的永久和平，需要在国家主权的基础上，依靠国际法、国际组织与世界公民权才能实现。①

区域贸易制度有助于实现国家间的和平，更多的是指一种动态的"和平效应"。区域经济一体化虽然不能阻止冲突的出现，但是可以抑制冲突升级，敦促争端双方通过谈判以和平方式解决冲突，而不至于引发武力冲突或者战争。

三　合作的概念

在国际政治中，冲突与合作是一对孪生子，是国际政治研究的核心概念。由冲突向和平的演变离不开各行为体的合作，因此冲突合作的出现可以被看作观察和平效应是否显现的标志。在《现代汉语词典》中，对"合作"一词的解释是"互相配合做某事或共同完成某项任务"；在《牛津字典》里被定义为"为了达到共同的目标而与他人采取联合行动"、"应他方的请求采取配合的行动或立场"。目前，美国学界对合作的定义是："当行为体通过政策协调过程，调整自身行为以适应其他行为体实际或预期的偏好时"，合作就出现了。它包括两方面的含义：一是假设每个国家的行为都指向多个目标，但不必是所有行为体都向往的相同目标；二是合作给行为体带来收益或回报。总的来看，合作可以通过三种途径实现：默契、协商和强制。②

自由主义学派认为，合作是在不和谐状态下经政策协调所达到的一致

---

① 详细论述参见［德］伊曼努尔·康德《永久和平论》，何兆武译，上海人民出版社 2005 年版。

② Helen Milner, "International Theories of Cooperation among Nations: Strengths and Weaknesses", in *World Politics*, 1992, Vol. 44, No. 3, pp. 466 – 496.

状态，国际制度促进国际合作是国际社会的主要特征。只有集体行动，才能导致公共物品的供给。由于集体行动意味着要对个体行动进行协调，使个体的利益服从于社会的共同利益，因此就必须要进行国际合作。作为自由制度主义的代表，罗伯特·基欧汉在其重要著作《霸权之后——世界政治经济中的合作与纷争》中指出，合作是一个政府间协调的过程。作为政策协调过程的结果，当一国政府的政策被另外国家的政府视为能够促进它们自己的目标时，政府间的合作就会发生。合作涉及相互的调整，并且只产生于冲突或可能的冲突之中。从这个意义上说，国际制度实际上是合作的产物，它可以为新合作关系的建立提供信息和信任基础，缓解利己主义、规范缺失和市场失灵等压力，促进已建合作关系的良性发展，并有助于各个议题的相互联系，减少追求短视利益的行为，促进合作议题和参与国家数量的扩大。①

　　新现实主义同样承认国际合作的存在，只是认为国家间的合作是由其所处的国际结构所决定的。肯尼思·华尔兹认为，无政府状态并不意味着混乱和失序，没有最高权威的国际社会中仍然存在广泛的合作，大国合作是治理全球事务的唯一途径。② 罗伯特·吉尔平指出，霸权国的存在是国际合作的必要且充分条件，"没有一个占主导地位的自由强国，国际经济合作很难实现和维护，冲突将成为司空见惯的现象"。在霸权体系中，合作不仅依赖于霸权国的强制和威慑力，而且依赖于国际规则。③ 约翰·米尔斯海默在《大国政治的悲剧》中强调，合作固然存在，但那只是"体系中大国自私行为的副产品"，是大国利用他国而自己避免被利用的权宜

---

① ［美］罗伯特·基欧汉：《霸权之后——世界政治经济中的合作与纷争》，苏长和等译，上海人民出版社 2001 年版，第 62、126 页。
② ［美］肯尼思·华尔兹：《国际政治理论》，信强译，上海人民出版社 2003 年版，第 151 页。
③ ［美］罗伯特·吉尔平：《国际关系政治经济学》，杨宇光等译，经济科学出版社 1998 年版，第 105 页。

之计。① 奥尔森提出了"集体行动的逻辑"，他认为，要么存在有效的强制，要么能给予合作者以集体利益之外的好处，只有这样，大集体的合作机制才能实现。② 现实主义者的共性是，出于对相对收益以及可能依附他国的担忧，国际合作是脆弱和难以持久的。

建构主义则认为，合作是一种文化现象，因而可以自我实现。共有知识或文化是国际结构的基本因素，一切都是文化使然，国际合作也是如此。亚历山大·温特指出，"在大多数组织中，人们合作不仅是因为合作使他们的个人利益得到了实现，而且也因为他们有着对合作规范的忠实和认同感"。在国际结构中，互动的行为体首先在个人或团体、类属、角色和集体四种类型中确认自己的身份。接下来，国家在利益选择中必须区分客观利益和主观利益，前者是指再造自我时不得不满足的条件，是国家对外政策行为的客观限制因素，后者则为文化所建构，时刻处于变化之中。集体身份的形成和共有知识的出现并不必然导致合作行为，即使存在合作，也是工具主义的。只有达到文化内化的第三级（其他两个等级依次为强制遵守和利益驱动），即规范内化之后，合作文化才会出现。③

无论解读的视角如何不同，在无政府的世界里，主权国家行为体不仅通过战争手段更要通过合作方式实现其安全目标。作为区域性的贸易制度安排，区域经济一体化不仅为区域内的国家带来了更多的经济福利，也推动了成员国之间的政治和安全合作。在这里，合作是推动和平的条件，而由经济合作到政治合作的进程乃是这种机制起作用的表现。区域经济一体化之所以有助于推动和平，其含义在于它能够促使成员国在冲突问题上加

---

① ［美］约翰·米尔斯海默：《大国政治的悲剧》，王义桅、唐小松译，上海人民出版社 2003 年版，第 42—43 页。

② Mancur Lloyd Olson, *The Logic of Collective Action：Public Goods and the Theory of Groups*, Boston：Harvard University Press, the second edition, 1971.

③ ［美］亚历山大·温特：《国际政治的社会理论》，秦亚青译，上海人民出版社 2000 年版，第 277、288—290、430 页。

强合作，通过谈判达成和解，避免冲突升级为战争。①

区域贸易制度的和平效应是一个动态的概念，是指冲突缓和的过程，具体表现为：贸易制度安排在冲突缓和过程中所起到的推动力和平台作用，如共同的经济利益提高了战争的机会成本；高层互动机制有助于冲突国家首脑之间的沟通和谈判等；制度中安全合作条款的建立，如共同防务协定、区域内维和等，也为冲突的解决提供了制度框架和平台。随着和平效应的逐渐积累，它最终会表现为该地区整体上的和平稳定和经济发展。在区域贸易制度框架内，只要能够观察到以上事实，就可以认为区域经济一体化发挥了和平效应，而它是否能够最终成为抑制冲突升级的"压舱石"，实现地区和平与稳定的最终目标，还有赖于多种因素的共同作用。

第二节　发展中国家区域经济一体化进程

作为世界范围内区域经济一体化浪潮的重要组成部分，发展中国家的区域经济一体化进程起步比欧洲稍晚，先后经历了酝酿、发展、低谷和高潮四个阶段。它所呈现的发展脉络和特征都是与国际政治、经济的大形势分不开的。

一　发展中国家区域经济一体化进程的历史脉络

二战结束至20世纪50年代末是发展中国家区域经济一体化的酝酿和初创阶段。在外部，西欧的一体化进程已经从欧洲煤钢联营开始起步，东

---

① 按照奥斯陆国际和平研究所的界定，战争是指每年死亡率累计达到1000人以上的民族国家之间或国家与非国家行为体之间的敌对行为；冲突是指年死亡人数在25—999人的敌对行为。

欧国家也在苏联的领导下成立了经济互助委员会；在内部，独立和发展成为亚非拉广大发展中国家面临的两大挑战，只有发挥区域互助的力量，发展中国家才有可能在不平等的国际政治经济秩序中不被进一步边缘化。拉美国家率先进行了各种扩大贸易和经济合作的尝试。1948 年，哥伦比亚、厄瓜多尔、巴拿马和委内瑞拉四国草拟了关税同盟计划；1949 年，阿根廷和巴西达成了工业补充协议和自由贸易协定，乌拉圭提出了成立拉美经济合作组织的建议；阿根廷同其他南美国家、中美洲国家签署了各种双边贸易条约；① 1951 年，危地马拉、洪都拉斯、萨尔瓦多、尼加拉瓜和哥斯达黎加签署了一份合作协议，为中美洲共同市场的建立奠定了基础。②

　　60 年代开始，逐渐走出二战阴霾的世界经济步入了一个新的增长期，也迎来了发展中国家区域经济合作浪潮的第一次大发展。1960 年，拉美国家签署了《蒙得维的亚条约》，成立了拉丁美洲自由贸易协会；同年，中美洲国家签署了《中美洲经济一体化总条约》，建立了中美洲共同市场，这是发展中国家最早的两个正式的区域贸易制度。随后，一体化浪潮开始遍及非洲、拉美等其他地区。因此，有学者将 20 世纪 60 年代称为发展中国家的"一体化时代"。③ 到 70 年代中期，发展中国家的区域合作持续扩大和深化，一些重要的区域贸易制度相继成立，如安第斯集团、中非关税与经济联盟、东非经济共同体、西非国家经济共同体、拉丁美洲经济体系、大湖国家经济共同体等。相较于拉美和非洲，亚洲的一体化进程较为落后，区域贸易制度只有 1967 年成立的东南亚国家联盟和 1970 年成立的天然橡胶生产协会（见表 2 - 1）。

---

　　① 徐宝华、石瑞元：《拉美地区一体化进程——拉美国家进行一体化的理论和实践》，社会科学文献出版社 1996 年版，第 36—37 页。

　　② 宋玉华等：《开放的地区主义与亚太经合组织》，商务印书馆 2001 年版，第 90 页。

　　③ G. Haberler, "Integration and Growth of the World Economy in Historical Perspective", *American Economic Review*, Vol. 54, No. 2, 1964.

在这个阶段，发展中国家的区域经济合作实质性内容较少，并且缺乏实际的行动，在很大程度上只是对欧洲一体化的模仿和追随。尽管如此，20世纪70年代发展中国家经济的发展在很大程度上得益于这些区域贸易制度的成立，借助于区域合作的平台，发展中国家改善了恶劣的贸易条件和国际地位，为国家的经济增长注入了活力和推动力。①

表 2 - 1　　20 世纪 60—70 年代成立的发展中国家区域一体化组织

地区	一体化组织	建立年月	成员国数目（个）
亚洲	东南亚国家联盟（ASEAN）	1967 年 5 月	5
	天然橡胶生产协会（ANRPC）	1970 年 2 月	8
大洋洲	新澳自由贸易协会（NAFTA）	1966 年 1 月	2
	南太平洋论坛（SPF）	1971 年 8 月	10
非洲	西非国家关税同盟（UDEAO）	1960 年 1 月	6
	西非货币联盟（WAMU）	1962 年 5 月	6
	中非关税与经济联盟（UDEAC）	1966 年 1 月	4
	东非共同体（EAC）	1967 年 12 月	3
	西非国家经济共同体（ECOWAS）	1975 年 5 月	16
	大湖国家经济共同体（SEPGL）	1976 年 9 月	3
拉美	拉美共同市场（LACM）	1960 年 2 月	5
	拉美自由贸易区（LAFTA）	1960 年 2 月	11
	中美洲共同市场（MCCA）	1962 年 8 月	5
	拉美国家石油互助协会（ARPEL）	1965 年 10 月	10
	加勒比自由贸易协会（CARIFTA）	1968 年 5 月	12
	拉普拉塔河流域协定组织（TCRLP）	1969 年 4 月	5
	安第斯条约组织（PA）	1969 年 5 月	5
	拉丁美洲动力组织（CLADE）	1973 年 11 月	25
	香蕉出口国联盟（UPEB）	1974 年 9 月	7
	拉美和加勒比食糖出口国集团（GEPLASEA）	1974 年 11 月	22
	拉丁美洲经济体系（SELA）	1975 年 10 月	10
跨洲	石油输出国组织（OPEC）	1968 年 1 月	11

资料来源：王日痒等：《世界经济区域集团化》，上海社会科学出版社 1994 年版。

---

① 于津平、张雨编：《欧洲经济一体化的基础与机制》，中国大百科全书出版社 2010 年版，第 10 页。

　　然而好景不长，70 年代中期，一场席卷资本主义世界的经济危机同样给刚刚兴起的发展中国家区域一体化进程带来了巨大的负面效应。发展中国家普遍陷入债务危机，经济发展停滞，贸易保护主义大行其道，区域经济一体化进程开始步入低谷。在此后的 10 年中，只有非洲和南亚零星出现了一些新的区域贸易制度安排，如 1976 年的大湖国家经济共同体、1980 年的南部非洲发展协调会议、1981 年的东部和南部非洲优惠贸易区、1987 年的中非国家经济共同体、1985 年的南亚区域合作联盟。相较于非洲国家和南亚国家，80 年代对于拉美国家来说却是"失去的十年"，由于国际贸易条件恶化、发达国家的保护主义以及经济结构不合理、经济政策失误等原因，从墨西哥开始，不少拉美国家相继陷入了严重的债务危机和经济危机。在这种背景下，拉美的区域一体化停滞不前，区域内部贸易甚至出现了负增长。

　　90 年代初，国际格局发生了巨大的变化，冷战结束后，世界范围内的区域经济一体化进程迎来了蓬勃发展的新阶段，并在 2000 年前后达到一个新的高潮。根据 WTO 的统计数字，从 1973 年至 1991 年，区域贸易协定的数量增加了 21 个，每年新增数不足 1 个；从 1992 年至 2000 年，9 年间增加了 60 个，平均每年增加 7 个；从 2001 年至 2009 年 5 月，近 9 年间净增 100 个。[①] 尤其是在 2004 年 1 月至 2005 年 2 月的 14 个月内，就有 43 个区域贸易协定签署，一些学者称之为区域贸易协定发展史上最多产的时期（见表 2－2）。[②]

---

　　① 根据 WTO 区域贸易协定统计数据库（RTA database）数据整理。
　　② Jo-Ann Crawford and Roberto V. Fiorentino, *The Changing Landscape of Regional Trade Agreements*, Geneva: World Trade Organizations, 2005.

表 2 - 2　　　　　　　　发展中国家参加区域贸易安排的数量　　　　　单位：个

项目	东亚及太平洋地区	欧洲和中亚	拉美及加勒比	中东北非	南亚	撒哈拉以南非洲
国家数	32	36	39	21	8	48
至少参加一项 RTA 的国家数	26	26	35	20	8	48
单个国家参与 RTA 的平均数量	2	6	8	5	4	4
单个国家参与 RTA 的最多数量	7	12	19	13	9	9

资料来源：World Bank, Global Economic Prospects, 2005.

在这个时期，发展中国家的区域经济一体化进程重新迸发出强大的活力。一方面，发展中国家通过深化区域组织间的整合，深化了合作的领域以及制度建设，一体化目标大幅提升。例如，1994 年 12 月成立的东部和南部非洲共同市场是非洲地区成立最早、最大的地区经济合作组织；2004 年，南方共同体和安第斯共同体联合成立了南美洲国家联盟；2011 年，拉美最大的区域组织拉美和加勒比地区共同体也宣告成立，迈出了拉美一体化进程中具有里程碑意义的一步。另一方面，非洲和拉美的发展中国家还纷纷在区域一体化框架下推进了安全和外交领域的合作，希望通过政治合作为区域经济一体化的推进"保驾护航"，确保一体化目标的最终实现。西非国家经济共同体、南方共同市场、加勒比共同体等先后就地区安全和外交事务展开磋商和合作。此外，东亚地区的区域一体化也开始活跃起来，东盟率先发起了区域合作进程，逐步形成了以东盟为中心的一系列区域合作机制，如东盟自由贸易区、东盟"10 + 3"自由贸易区等（见表 2 - 3）。

表 2-3　　　　　　当前活跃的发展中国家区域贸易制度安排　　　　单位：个

地区	一体化组织	建立年份	成员国数量
亚太	东南亚国家联盟（ASEAN）	1967	10
	南亚区域合作联盟（SAARC）	1985	7
非洲	中部非洲国家经济共同体（ECCAS/CEEAC）（中部非洲关税和经济联盟）	1983（1965）	11
	西非国家经济共同体（ECOWAS）	1975	12
	东非共同体（EAC）（1977年解体）	2001（1967）	5
	东部和南部非洲共同市场（COMESA）（东南非洲特惠贸易安排）	1994（1981）	20
	南部非洲发展共同体（SADC）（南部非洲发展协调会议）	1992（1980）	15
拉美	中美洲一体化体系（SICA）	1991	7
	中美洲共同市场（CACM）	1962	5
	加勒比共同体（CARICOM）	1973	15
	安第斯共同体（CAN）（安第斯条约组织）	1991（1969）	4
	南方共同市场（MERCOSUR）	1991	5
	南美洲国家联盟（CSN）（南方共同体成员国、安第斯、智利、圭亚那、苏里南）（南美洲国家共同体）	2004（2007）	12
阿拉伯	泛阿拉伯自由贸易区（PAN-ARAB）	1998	17
	石油输出国组织（OPEC）	1960	11
	海湾合作委员会（GCC）	1981	8

二　发展中国家区域经济一体化的理论解释

标准的区域经济一体化理论认为，区域经济一体化可以通过静态和动态两种效应来推动成员国贸易和经济的发展，前者包括贸易创造、贸易转移、降低行政支出、减少走私、改善贸易条件、提高经济地位等，后者主要包括规模经济效应和竞争效应以及刺激投资、吸引外资、提高要素流动性和促进技术进步等。但是，研究发现，标准的区域经济一体化理论是以欧洲的传统工业国为研究对象的，而对经济发展阶段或经济贸易结构完全不同的发展中国家来说，很难给出充分的说明。①

　　基于此，库柏（Cooper）等学者提出了专门适用于发展中国家的区域经济一体化理论。② 他们强调：第一，发展中国家区域经济一体化的动态效应要大于静态效应，发展中国家推动区域经济一体化可以促进形成区域内国家工业化的基础条件，创造更多的贸易机会，通过增加区域外的进口，推动工业化进程，最终促进经济增长；第二，不同于侧重区域内的自由贸易，发展中国家更希望从区域经济一体化中获得针对外部市场的自我保护。发展中国家试图把区域一体化当作促进工业生产的保护手段，"在森严的对外壁垒后面实现区域内自由化，将之作为企业的'训练场'，使它们在真正面临产品竞争、进入国际市场之前获得一些经验，并享受规模经济的好处"③。他们认为，由于经济水平落后，发展中国家的区域经济一体化并不能创造贸易，而会造成贸易的转移；贸易转移并不必然是一件坏事，反而可能有助于降低生产成本，带来福利的增加。④

---

①　J. Meade, *The Theory of Customs Union*, Amsterdam: North-Holland, 1955; H. G. Johnson, "An Economic Theory of Protectionism, Tariff Bargaining and the Formation of Customs Union", *Journal of Political Economy*, Vol. 73, No. 3, 1965, pp. 256 – 283; C. A. Cooper and B. F. Massell, "Towards a General Theory of Customs Unions for Developing Countries", *Journal of Political Economy*, Vol. 73, No. 5, 1965, pp. 461 – 476.

②　C. A. Cooper and B. F. Massell, "Towards a General Theory of Customs Unions for Developing Countries", *Journal of Political Economy*, Vol. 73, No. 5, 1965.

③　奥古斯托·托利等：《区域性贸易协定》，宋建奇等译，国际货币基金组织《不定期刊物》第93期，中国金融出版社1993年版，第37页。

④　William G. Demas, *The Economics of Development in Small Countries with Special Reference to the Caribbean*, Montreal: McGill University Press, 1965, p. 87; R. B. Lipsey, "The Theory of Customs Unions: Trade Diversion and Welfare", *Economicu*, New Series 24, February 1957, p. 41; Yu-Min Chou, "Economic Integration in Less Developed Countries", *Journal of Development Studies*, Vol. 31, No. 1, 1971, p. 354.

相比之下，一些发展中国家学者的理论则更为激进一些，其中有代表性的是结构主义的中心—外围理论和激进主义的国际依附理论。① 中心—外围理论认为，作为外围的发展中国家应该实行进口替代的工业化战略，如德尔（Sidney Samuel Dell）提出的"通过集团保护的进口替代理论"②，主张通过加强发展中国家之间的经济合作来取代旧的国际经济体系；依附理论则认为，对发达国家的依附是发展中国家落后的根源，要实现经济发展就必须对目前的制度、结构和秩序进行彻底的改革和清算。尽管这两种理论在做法上有所差别，但它们都强调了现代国际经济体系的不合理性，认为发展中国家要实现经济的发展，摆脱不合理的国际经济秩序，只能选择团结起来，实现发展中国家之间的区域经济一体化。

从实践来看，发展中国家的区域经济一体化鲜有达到预期的目标的，要取得欧盟那样的成功并不现实。彼得·罗布森在1994年总结非洲区域一体化的效果时也指出，"非洲的贸易集团几乎没有一个是成功的，从发展贸易和加快增长来看，大多数集团未能产生立竿见影的、重大的、确实的效果"③；兰厄默和谢默更加激进地批判说"至今还找不

---

① 前者如 Gurnar Myrdal, *Development and Underdevelopment: A Note on the Mechanism of National and International Inequality*, Cairo: National Bank of Egypt, 1956, pp. 9 – 10; 后者如 Samir Amin, *Accumulation on a World Scale: A Critique of the Theory of Underdevolopment*, New York and London: Monthly Review Press, 1975; A. Emmanual, *Unequal Exchange*, New York and London: Monthly Review Press, 1969; F. H. Cardoso, "Dependent Capitalist Development in Latin America", *New Left Review*, I/74, July-August 1972.

② 彼得·罗布森认为，拉美国家要想扩大保护范围，提高保护效率，就必须建立经济一体化，将进口替代的领域从一国规模扩大到地区规模。实行区域内贸易自由化和对区域外贸易差别化的经济一体化，是发展中国家的一种集体保护，它能够提高现存产业的效率，推动直接产品产业和间接产品产业的发展，最终促进该地区的工业化和经济发展。参见 Sidney Samuel Dell, *A Latin American Common Market?*, London: Oxford University Press, 1966.

③ ［英］彼得·罗布森：《新地区主义与发展中国家》，继周译，《世界经济译丛》1994年第4期，第14页。

到一个发展中国家的区域一体化促进了发展的例子"①。那么，原因何在？国际货币基金组织在一份研究报告中指出："发展中国家的区域性贸易安排一般不如发达国家成功，原因之一是贸易自由化措施不能按计划实施。这些国家的经济结构比较单一，主要从事原材料生产，缔约前区域内贸易有限，即便实现了区内贸易自由化，贸易增加效应也受到制约，贸易转移效应却很严重。由于成员国从一体化协定中获得的收益有限，并且反而会因此遭受损失，因此放弃协定的情况很常见。"② 还有一种解释是，区域经济一体化如果想要取得预期的经济收益，通常应该具备四个条件：区域内足够大的市场容量；成员国之间经济上紧密的分工关系；发展水平、文化传统和政治体制的相互融合；部分成员国的技术领先和成本优势。③ 但是，大多数发展中国家的区域经济一体化并不具备这些成功的条件，这也是由发展中国家的经济发展水平、文化差异、历史背景所决定的。

三　发展中国家区域贸易制度的新特点

回顾发展中国家区域经济一体化 60 多年跌宕起伏的历程，伴随着国际政治经济形势的风云变幻，发展中国家参与区域贸易合作的动机和预期目标均发生了显著的变化，区域贸易制度安排同时呈现出明显的地域特征。

---

① ［英］奥古斯托·托利等：《区域性贸易协定》，宋建奇等译，国际货币基金组织《不定期出版物》第 93 期，中国金融出版社 1993 年版，第 38 页，转引自刘力、宋少华《发展中国家经济一体化新论》，中国财政经济出版社 2002 年版，第 75 页。

② 国际货币基金组织：《世界经济展望》（1993 年 5 月号），中国财政经济出版社 1994 年版，第 109 页。

③ 刘力、宋少华：《发展中国家经济一体化新论》，中国财政经济出版社 2002 年版，第 88 页。

（一）发展中国家参与区域贸易合作的动机与国际形势密切相关

二战结束之后，西欧国家依靠区域一体化实现了经济繁荣；发展中国家意识到，依靠周边国家扩大市场规模对自身而言应该同样是走出经济困境的一条捷径。受到当时流行的中心—外围理论的影响，发展中国家普遍认为，发展中国家之所以经济发展落后是因为不合理的国际经济秩序，与发达国家实行自由贸易更多是一种剥削与被剥削的关系，对本国经济发展不利。因此，只有割断同发达国家的经济联系，实行内向型的工业发展战略，才能最终实现经济腾飞。但是，考虑到发展中国家市场狭小的问题，开展南南合作就成为一个现实的选择。1961 年不结盟运动以及 1964 年 77 国集团的成立，可以看作是发展中国家联合起来寻求经济发展的标志性事件。

20 世纪 70 年代，发展中国家迎来了首次区域一体化浪潮，享受到合作红利的发展中国家经济增长迅速，年均 GDP 增速达 6%。有学者这样评价：“70 年代对南方来说是一个充满自信和希望的年代。”[1] 随着发展中国家之间的贸易额迅速增加，1970 年到 1981 年之间，南南贸易在世界贸易总额（不包括燃料）中所占比重几乎增加了 1 倍。[2] 然而，进入 80 年代，由于出现了严重的债务危机和经济危机，发展中国家对区域经济合作的热情不得不让位于国内问题，已经达成的开放市场和经济合作的协议相继取消，经济紧缩和削减进口的政策导致发展中国家的区域经济一体化进程出现大幅后退。

冷战结束，经济全球化不断加深，区域经济合作在世界范围内再度勃发。与 70 年代相比，这一时期的发展中国家的区域经济合作更加开放，

---

[1] 南方委员会：《对南方的挑战》，张小安等译，中国对外翻译出版公司 1991 年版，第 130 页。

[2] 刘力、宋少华：《发展中国家经济一体化新论》，中国财政经济出版社 2002 年版，第 66 页。

除了加强区域内的合作，发展中国家积极开展与发达国家的经济贸易合作，双边自由贸易协定如雨后春笋般纷纷出现。发展中国家意识到，以南南区域合作来取代国际经济体系的做法是不现实的，它不仅不能推动经济发展，反而会拉大同发达国家的差距。据统计，1950 年，发展中国家人均国民生产总值为 187 美元（按照 1974 年美元计算），是发达国家的 7.86%；1975 年，发展中国家人均国民生产总值为 400 美元，仅为发达国家的 7.49%。1955 年，发展中国家占世界出口总额的比重为 27.3%，1980 年下降为 21.4%。①

进入 21 世纪，在经济全球化的大背景下，发展中国家参与区域经济合作被赋予了更多的含义。首先，它是发展中国家参与经济全球化的基石和补充，是为了以更有利的姿态和地位更好地融入世界经济体系。区域经济一体化与经济全球化之间并不是互斥的关系，而是相互推进、相互补充的关系。其次，发展中国家的区域经济合作不再仅局限于贸易、金融等经济层面，而是扩展到社会、政治、外交等议题，既包括经济一体化的目标，也包括政治一体化的目标，从深度到广度都有了进一步提升。显然，所有的区域经济合作都或多或少带有一定的政治动机，但是政治因素和经济因素的相对重要性在不同的区域一体化中是不一样的，而即使在同一个区域组织中，它也并非一成不变。如果说，发展中国家对区域经济一体化的经济和政治诉求曾经是"自力更生"求发展以对抗西方国家主导的、不公平的国际经济秩序，那么 90 年代之后，发展中国家则希望通过区域经济一体化为本国的经济发展创造良好的地区环境，并在全球的政治经济竞争中发出更强的声音。

（二）发展中国家区域贸易制度的预期目标显著提升

按照一体化水平由低至高的顺序，区域贸易制度依次可以概括为六种

---

① ［英］狄帕克·拉尔：《发展经济学的贫困》，刘沪生译，上海三联书店 1992 年版，第 25 页。

形式（见表2－4）：特惠贸易安排、自由贸易协定、关税同盟、共同市场、经济同盟、完全经济一体化。一体化的水平越高，成员国之间商品和要素流动性就越大，对政策协调的要求就越高；各成员国之间的经济相互依赖程度越高，所涉及的政治因素也就越多。当然，区域贸易制度的形式所体现的是成员国对一体化的预期目标，其实际执行情况与之往往有很大的差别。

表2－4 区域贸易制度的不同形式及内容

	相互给予贸易优惠待遇	成员国间自由贸易	共同对外关税	生产要素自由流动	经济政策协调	统一的经济政策
特惠贸易安排	√					
自由贸易协定	√	√				
关税同盟	√	√	√			
共同市场	√	√	√	√		
经济同盟	√	√	√	√	√	
完全经济一体化	√	√	√	√	√	√

资料来源：Dominicl Salvatore，*International Economics*（5th ed.），Prentice-Hall International Inc，1995.

从20世纪60年代初创到80年代初，发展中国家区域贸易制度的形式主要是建立关税削减、相互给予贸易优惠或实行自由贸易、对外实行统一关税的浅层次一体化。80年代中期之后，发展中国家的区域经济一体化的目标转向更深层次的合作，除贸易领域之外，还涉及区域内投资、服务贸易、劳工标准、技术合作，等等。例如，1966年成立的中部非洲关税和经济联盟在初创时，其目标只是建立自由贸易区和对外统一关税，1985年正式更名为"中部非洲国家经济共同体"之后，它的目标已经不仅仅是建立关税同盟，而是要"制定共同的对共同体以外国家的贸易政策，逐步取消成员国在人员、财产、劳务、资金等方面自由流动的障碍，建立合作和发展基金"，以建立经济同盟为最终目标。同样，1994 年成立的以实现完全一体化为目标的东部和南部非洲共同市场，其前身是 1981 年成立的"东部和南部非洲特惠贸易安排"；2000 年成立的南部非洲发展共同体的前身是 1980 年的"南部非洲发展协调会议"；1991 年成立的安第斯共同体的前身是 1969 年的"安第斯条约组织"。从上述组织的名称可以看出，冷战结束之后发展中国家区域贸易制度预期目标的普遍深化。

但从实际进程上看，发展中国家区域经济一体化的推进却面临着很多困难，目标常常难以落实或者严重拖延。根据 1992 年国际货币基金组织公布的一份报告，中美洲共同市场的既定目标是关税同盟，但共同对外关税始终没有实施；安第斯共同体从 20 世纪 70 年代起就开始削减区内关税，原定于 1980 年实现共同对外关税，但直到 1995 年共同对外关税协议才正式生效；西非国家经济共同体 1975 年成立时确立了自由贸易区、关税同盟以及政策协调等多阶段目标，但整个进展十分有限；即便是东盟，自 1967 年成立以来也多次推迟实现自由贸易区的日程。唯一的"优等生"是 1981 年成立的海湾合作委员会，它在 1982 年取消内部关税，1983 年统一对外关税，实现了区域内部的贸易自由化。①

90 年代之后，发展中国家的区域经济合作再度启动，但在实际执行层面的进展仍然大大落后于既定的目标。以安第斯共同体为例，根据计划，关税同盟将在 1993 年自由贸易区建成两年后启动，但直到 2002 年的玻利维亚圣克鲁斯特别首脑会议上，五个成员国首脑才最终达成了《圣克鲁斯宣言》，就 2003 年 12 月 31 日前开始实行统一对外关税、实行共同农业政策、进一步协调对外政策等问题达成协议。事实上，直到 2005 年，区域内部仍然有 38% 的产品未达成统一对外关税。此后，2006 年，委内瑞拉因对美自由贸易区的谈判退出安共体；2008 年，哥伦比亚与厄瓜多

---

① 国际货币基金组织：《世界经济展望》（1993 年 5 月号），中国财政经济出版社 1994 年版，第 109 页。

尔因"哥伦比亚革命武装力量"问题一度断交；2009 年，秘鲁宣布为玻利维亚 3 名前政府部长提供政治庇护，造成两国关系一度十分紧张。由于这些政治冲突的存在，安共体要实现"促进成员国之间的协调发展、加速经济一体化"的目标困难重重。

安第斯共同体既是一个个案，但也是整个发展中国家区域经济一体化进程的一个缩影。对于大多数发展中国家而言，推动区域一体化不断前进的动力既有经济利益，也有政治考虑。随着发展中国家对于区域贸易合作的预期水平不断提升，如何克服一体化进程中的政治障碍就成为发展中国家在实际层面推动一体化进程向前发展的迫切和现实问题。但不管怎样，当前发展中国家区域贸易制度形式的升级意味着成员国收益预期的提高，这将会成为发展中国家克服利益冲突而寻求区域合作的一大助力。

（三）发展中国家区域贸易制度显现出鲜明的区域性特征

由于具有相似的经济发展水平，发展中国家的区域经济一体化进程作为一个整体具有一定的共性，呈现出相近的发展脉络和动机，但是从地区来看，拉美、非洲和亚洲的区域一体化进程也带有明显的地域特征。

拉美是发展中国家中区域经济一体化起步最早、发展最快的地区。早在 1781 年，拉美独立运动的"先驱者"佛朗西斯克·德·米兰达就提出了"西班牙美洲"的设想，并于 1797 年制订了大美洲联盟计划。19 世纪初，伴随着南美的民族独立运动，阿根廷将军、拉美独立战争的领袖何塞·德·圣马丁提出，整个南美国家应该形成紧密的联盟以实现独立自由。不过，真正系统地提出美洲一体化理论并有计划、有步骤地采取行动的是南美著名的革命家、军事家和解放者西蒙·玻利瓦尔。"玻利瓦尔主义"的核心内容是"联合"与"统一"，他认为，南美国家要想摆脱宗主国的殖民统治，必须联合起来，结成平等和永久性的美洲联盟。[1] 但是，

---

① 有关"玻利瓦尔主义"的详细论述参见［委内瑞拉］J. L. 萨尔萨多—巴斯塔多《玻利瓦尔：一个大陆和一种前途》，杨恩瑞等译，商务印书馆 1983 年版。

由于 19 世纪的南美缺乏必要的社会经济条件，玻利瓦尔的"美洲统一"思想未能付诸实施。独立战争胜利之后，中美洲五国曾经提出建立"中美洲联邦"的设想，南美的秘鲁和玻利维亚也曾在 1836—1839 年间尝试过联合，但均未成功。1948 年，厄瓜多尔、哥伦比亚、巴拿马和委内瑞拉草拟了关税联盟计划；1949 年，阿根廷和巴西达成自由贸易和工业补充协议，同年，乌拉圭建议成立拉美经济合作组织。① 1960 年，洪都拉斯、尼加拉瓜、萨尔瓦多和危地马拉在尼加拉瓜首都马那瓜签署了《中美洲经济一体化总条约》，中美洲共同市场成立。直到此时，拉美国家的区域经济一体化进程才开始真正起步。

目前，拉美较为活跃的区域贸易制度有拉丁美洲一体化联盟、中美洲共同市场、安第斯共同体、南方共同体、加勒比共同体以及南美洲国家联盟。按照区域贸易强度指数来衡量，拉美的区域内贸易偏向远高于东亚和非洲，2003 年高达 8.5。② 从一体化形式来看，拉美国家的区域经济一体化当前主要是以建立关税同盟为主，尤以加勒比海岛国和中美洲国家为最；也有些国家在参与区域内关税同盟的同时，积极发展双边自由贸易区，如智利和墨西哥参与的自由贸易协定分别达到 17 个和 14 个。从区域经济一体化的最终目标来看，拉美国家雄心勃勃，希望能够像欧盟一样实现从经济到政治、安全和外交领域的完全一体化，这也促成了 2004 年南美洲国家联盟、2007 年南方银行以及 2011 年拉美和加勒比共同体的成立。但是，随着拉美一体化进程的不断推进，成员国之间的政策协调越来

---

① 刘力、宋少华：《发展中国家经济一体化新论》，中国财政经济出版社 2002 年版，第 68 页。

② 区域贸易强度指数是显示区域因素可能在多大程度上影响贸易方向的指标，它是指区域内贸易的比重与该地区在全球贸易中比重之比。当区域内贸易占该地区贸易总量的比重与该地区贸易总量占全球贸易的比重相等时，贸易强度指数为 1，在这种情况下，该地区国家的贸易关系中不存在地域偏向；该指数大于 1 越多，说明该地区的贸易越偏向本区域。联合国贸发会议：《2007 年贸易和发展报告：区域合作促进发展》。

越深入，而成员国之间经济发展水平的差距开始凸显，矛盾增加，反复出现的金融和经济危机阻碍了拉丁美洲更密切的区域一体化。

非洲国家对区域经济一体化同样抱以厚望。20 世纪 60 年代，非洲建立了众多的区域贸易制度安排，旨在建立次区域的关税同盟。90 年代以后，非洲国家的一体化目标由关税同盟上升至经济联盟和完全一体化，如中部非洲关税和经济联盟更名为"中部非洲国家经济共同体"，东南非洲特惠贸易改为"东南部非洲共同市场"，南部非洲发展共同体的前身则是"南部非洲发展协调会议"。目前，非洲地区比较活跃的区域经济一体化组织有：西非国家经济共同体、东南部非洲共同市场、中部非洲国家经济共同体、东非共同体和南部非洲发展共同体。从地域上看，这些区域经济一体化组织主要集中在南部、中部、东部和西部，而不包括北非国家。由于历史和地缘因素，北非国家与欧盟的经济往来非常密切，经济合作主要面向欧盟，北非的利比亚、摩洛哥、埃及和阿尔及利亚都与欧盟签订了双边自由贸易协定。

从进程上看，非洲国家的区域经济一体化自始至终都存在目标过高的问题。90 年代以前，非洲在推动一体化进程方面成效甚微，在经济层面大多流于形式。有学者称："在生产和贸易全球化、自由化促使贸易向区域经济一体化发展时，非洲仍然是世界上最分裂的地区之一。"[①] 直到 21 世纪，这一进程才开始有所加快。以东非共同体为例，东非共同体在 1999 年成立时提出在 4 年之内建立关税同盟，但实际上直到 2010 年才开始正式实施，成员内部所有货物贸易实行零关税；2009 年 11 月，东非共同体成员国首脑在坦桑尼亚北部城市阿鲁沙签署共同市场协议，实现了人员、服务与资本的自由流动。总的来看，虽然这些组织的最终目标都是成立经济共同体，但大多数仍然停留在实施关税同盟并向共同市场迈进这一

---

① 伍贻康：《区域性国际经济一体化的比较》，经济科学出版社 1994 年版，第 222 页。

阶段。与亚洲和拉美相比，非洲因为经济增长缓慢，经济结构持续依赖初级产品的生产和出口，区域内贸易比重仍然较低，而无法实现更加密切的区域一体化。

与拉美和非洲相比，亚洲的区域经济一体化进程明显落后，只有东南亚国家联盟和南亚区域合作联盟形成了规范的区域贸易制度。原因主要有两点：一是东亚、南亚和西亚等地区在民族、宗教、政治传统和历史文化等方面差别很大，发展模式和水平也有较大差距，区域一体化的难度较大；二是亚洲没有像非洲统一组织或拉美经济委员会那样的协调组织，不同次区域之间的合作十分有限。尽管如此，在 21 世纪的第一个 10 年中，东亚尤其是中国的崛起吸引了全世界的目光，世界政治经济的重心转向亚太，东盟和南盟的区域经济一体化进程取得了不同程度的进展。

东盟是当前东亚区域经济一体化的主要载体和推动力量。在所有发展中国家的区域贸易协定中，东盟的区域内贸易占贸易总量的比重最大，简单平均值为 33％，加权平均值为 26％。[①] 80 年代中期以来，随着日本对东南亚国家的对外直接投资增长，一些产业尤其是电子行业形成了纵向生产网络，东盟国家间出现了强劲的一体化势头。1992 年的新加坡会议上，东盟六国首脑签署了《1992 年新加坡宣言》和《东盟加强经济合作框架协定》，正式启动了区域经济一体化的进程，实现了区域内自由贸易和投资。2010 年 1 月 1 日，东盟 "10＋1" 自由贸易区正式启动；2012 年，以东盟为核心的 "全面经济伙伴关系" 自由贸易协定谈判开始推进；2015 年底，东盟经济共同体正式宣布成立，这也是亚洲建成的首个次区域共同体。

相比之下，南亚的区域经济合作并不顺利。1995 年签署的南亚《特惠贸易安排协定》在此后的 10 年中有名无实；2004 年，在伊斯兰堡召开

---

① 联合国贸发会议：《2007 年贸易和发展报告：区域合作促进发展》。

的南盟第12届首脑会议上签署了《南亚自由贸易协定框架条约》，要求南亚各国从2006年开始降低关税，取消非关税壁垒，建立南亚自由贸易区以推动南亚区域内部经济合作。但是，由于主要成员国之间的政治矛盾以及经济互补性不强等原因，南亚最大的两个经济体——印度和巴基斯坦与其他成员国的贸易关系，特别是印巴之间的贸易额相比其区域外贸易而言微乎其微，但是印度仍然是该组织内较小成员国的重要贸易伙伴。因此，南盟区域内贸易的总体比重很低，但是各国占区域内贸易比重的简单平均值很大。① 对于成员国经济规模差别较大的区域一体化组织而言，简单平均值也意味着区域内贸易的更大发展潜力，相信随着印巴关系的逐渐回暖以及政局的平稳，南盟的区域经济一体化进程能够向前推进。

第三节　发展中国家区域经济一体化面临的冲突形势

在发展中国家推进区域经济一体化的进程中，绝大多数都面临着历史遗留的宗教、领土和资源纷争，成员国间的武力冲突时有发生，不仅带来了政局和社会的动荡，而且成为区域经济合作和各国追求经济发展的重要桎梏。从南亚的印度与巴基斯坦到拉美的秘鲁与厄瓜多尔，再到动荡的非洲，地区冲突严重妨碍了区域经济一体化的顺利推进，成员退出的情形也屡见不鲜。东南非洲共同市场就是一个典型的例子，它的成员包括了大湖地区的民主刚果、安哥拉、纳米比亚、卢旺达、乌干达和津巴布韦，而这

---

① 在成员国经济规模差异较大的区域协定中，区域内贸易总量占该集团全部贸易量的比重在很大程度上受到较大成员国贸易地域分布的影响，对于小经济体而言，各成员国区域内贸易比重的简单平均值将比前者更为重要。南方共同市场、南盟和南部非洲发展共同体都是这种情况。

些地区常年处于战火的动荡之下，当和平成为一种稀缺物品的时候，区域经济合作的收益根本无从谈起。

虽然冷战后迎来了区域经济合作的新一轮高潮，但整个发展中国家的冲突形势并没有显著好转。与全球冲突形势一致，武力冲突主要集中在非洲、南亚和中美洲地区。据统计，在 1982 年至 2001 年间，绝大多数的区域经济一体化组织都经历了不同形式和范围的武力冲突。按照被卷入的武力冲突数目，东南非洲共同市场排在首位，平均每个成员约 0.9 个，接下来依次是中美洲共同市场、安第斯共同体、南亚区域合作联盟、中非国家经济共同体、西非国家经济共同体等。① 从时间来看，发展中国家区域一体化框架内的武力冲突在 80 年代末有了明显的降低，但是在 90 年代中后期以后却有了明显的反弹，这与撒哈拉以南非洲、南亚和中东的安全形势恶化有关。当然，不同地区的情况有着较大的差异，海湾合作委员会的武力冲突并没有大起大落，基本保持了稳定，南部非洲货币同盟和西非经济和货币联盟的冲突数量也有着下降的趋势。

学术界对于区域经济合作的动机有两种理论，一种是"供给理论"，另一种是"需求理论"。"供给理论"认为，成员国间的暴力冲突或敌对状态会妨碍它们之间的区域经济合作，只有在和平的环境中，区域经济一体化才能实现。敌对的国家常常会出于对相对收益的担忧，而限制区域贸易制度的独立性和制度化。② "需求理论"则认为，正是因为冲突或敌对

---

① Yoram Z. Haftel, *Regional Economic Institutions and Conflict Mitigation: Design, Implementation, and the Promise of Peace*, Ann Arbor: The University of Michigan Press, 2012, p. 98.

② Joseph M. Grieco, "Anarchy and the Limits of Cooperation: A Realist Critique of the Newest Liberal Institutionalism", in David A. Baldwin, ed., *Neorealism and Neoliberalism: The Contemporary Debate*, New York: Columbia University Press, 1993, pp. 116 – 140; Joseph M. Grieco, "Systemic Sources of Variation in Regional Institutionalization in Western Europe, East Asia, and the Americas", in Edward D. Mansfield and Helen V. Milner, eds, *The Political Economy of Regionalism*, New York: Columbia University Press, 1997, pp. 164 – 187.

的存在，才会让这些国家产生和平的需求和渴望，从而成为区域经济一体化的推动力。和平的障碍越大，对改变动机、减少动荡和事件预防的机制需求就越强烈，在安全环境面临众多挑战的地区，更容易建立区域贸易制度来控制地区形势。①

不能否认战争对区域经济一体化的威胁有时候是致命的，这也是为什么很多区域一体化组织会将"好战分子"排除在外，如古巴之于加勒比共同体、伊拉克之于海湾合作委员会，而朝鲜始终被排除在任何区域经济合作组织之外。但是，这并不能妨碍冲突地区区域经济一体化的产生，世界主要的 25 个区域经济一体化组织中有 10 个出现于不稳定的撒哈拉以南非洲，而其他 12 个发展中国家的区域经济一体化组织也都不那么太平，其成员囊括了一些历史上敌对的国家，如印度与巴基斯坦、秘鲁和厄瓜多尔、摩洛哥和阿尔及利亚、埃塞俄比亚和厄立特里亚。可见，战争会扼杀区域经济合作，但是在一定程度上的冲突却可以成为区域经济一体化前进的动力。

这两种理论的逻辑都有其合理的一面，在国际关系现实中都有可能存在。在冲突发生风险较低的地区，预期一体化水平普遍较高，这印证了供给理论的观点，相对稳定的安全局势更易于使成员国克服相对收益的担忧，追求长期的稳定和繁荣；而在冲突发生风险较高的地区，既有一体化水平较低的案例，如南亚区域合作联盟和南部非洲发展共同体，也有一体化预期水平较高的案例，如西非国家经济共同体、西非经济货币联盟和中非国家经济共同体。

结合发展中国家区域经济一体化的现实，我们既可以发现区域经济合作与和平的良性循环，也可以发现的确存在供给理论所坚持的区域经济合作与冲突恶性循环的案例，两者的互动是一个你中有我、我中有你

---

① Virginia P. Fortna, *Peace Time*: *Cease-Fire Agreements and the Durability of Peace*, Princeton: Princeton University Press, 2004, p. 31.

的复杂的互动过程。如果说供给理论在一体化之初占主导，和谐的国家关系有助于区域经济合作的启动，那么需求理论将引导一体化的进程，一个良性的循环就会不断出现，如欧盟和东盟。但是，如果冲突导致了和平的需求，而一体化进程却未能有效地推进，那么脆弱的一体化进程很可能会被冲突所中断。但是，哪一种循环可以出现，还取决于很多其他的因素。

中美洲共同市场就是一个典型的例子。中美洲区域经济一体化的进程始于1958年，在拉丁美洲经济委员会（ECLA）专家工作组的推动下，中美洲五国签署了多边自由贸易协定和中美洲一体化条约，希望通过定期多边谈判在10年内建成中美洲自由贸易区。同时，五国还签署了中美洲一体化产业协定，旨在实现自由贸易的收益均衡分配。1959年，五国签署了中美洲关税均衡协定（Agreement on Tariff Equalization），目标是5年内实现共同对外关税。1960年，五国正式签署了中美洲经济一体化总协定。1965年，中美洲关税计划中已经实现了94%的商品自由贸易，占区域内贸易值的95%，但由于各成员国在很大程度上自给自足，贸易量并不大。同时，中美洲共同市场也像其他发展中国家一样面临着资源缺乏和组织管理低下以及收益分配不平等等难题。直到1969年，哈斯还将其看作是"难而不倒"的典型，中美洲共同市场遇到了上述所有的困难，但却"没有崩溃"。[①] 然而，1969年萨尔瓦多与洪都拉斯之间爆发了一场因足球而起的100小时战争，让中美洲共同市场成为唯一一个成员国间因武力冲突而导致一体化中断的区域经济一体化组织。斯图尔特·费根（Stuart Fagan）认为，对于能够带来显著溢出效应、国家精英之间互动增加、强有力区域制度权威的区域经济一体化组织来说，区域经济一体化是不可能被

---

① Ernst B. Hass, "Foreword", in Stuart I. Fagan, *Central American Economic Integration: The Politics of Unequal Benefits*, Research Series, No. 15, Institute of International Studies, University of California, Berkley, 1970.

战争所中断的，对于中美洲国家而言，战争只是强化了原有的政治、经济趋势，而不是破坏。①

值得一提的是，区域经济一体化本身甚至也可能引发新的政治冲突。一方面，成员国各自情况不同，财富和权力的分配如果不均，很可能导致原有的差距加大，尤其是在成员国间缺乏信任和透明度的情况下；另一方面，区域合作也并不必然创造出信任的纽带，贸易失衡和对相对收益的担忧还会引发成员国间的嫉妒心理。20 世纪 80—90 年代，在欧盟的推动下，西非法语区国家的商品实现了自由流动，但是却缺少恰当的财富再分配机制，贸易自由化和一体化的负面成本加剧，从而致使该地区陷入高失业和社会动荡，冲突加剧。② 对于大多数发展中成员国而言，贸易自由化常常意味着痛苦的自我约束和调整以及更激烈的竞争，竞争总会有胜利者和失败者，对于某些弱势产业来说，它将带来产业收缩、失业和社会动荡，甚至贫困加剧。对于政府而言，贸易自由化也并不意味着财富的扩大，反而会因为税收的减少导致财政收入紧缩。还有学者认为，监督区域一体化的经济成本也不容忽视，东非共同体的建立以及运行就在成员国内部和成员国之间引发了激烈的争论。③ 此外，经济一体化还会引发社会不稳定和社会变革，带来一系列社会文化的挑战，如西雅图曾经爆发的反全球化骚乱甚至一度使全球多边贸易谈判陷入低谷，并在很大程度上影响了美国的对外贸易政策。

————————

① Stuart I. Fagan, *Central American Economic Integration*: *The Politics of Unequal Benefits*, Research Series, No. 15, Institute of International Studies, Berkley: University of California, 1970, p. 1.

② Oil Brown, *EU Trade Policy and Conflict*, Geneva: International Institute of Sustainable Development, 2005, p. 13.

③ J. Wu, "Trade Agreements as Self Protection", *Review of International Economics*, Vol. 13, No. 3, 2005, p. 476.

本章小结

概念的界定有助于明确研究对象，而对研究对象的了解和事实观察则是一切研究的起点。区域贸易制度是发展中国家区域经济一体化进程的直接成果和载体，经历了两次一体化浪潮的洗礼之后，发展中国家参与区域贸易合作的动机、预期目标均有了较大的变化，并且呈现出鲜明的区域性特征。从根本上看，发展中国家区域经济一体化的进程受到了国际和地区政治经济环境的直接影响。但是，伴随着区域经济一体化的进程，发展中国家还普遍面临着领土、宗教、民族和资源等历史遗留问题的困扰，武力冲突的多发不仅恶化了地区安全局势，而且也给区域经济一体化带来了负面的影响。冷战结束之后，和平与发展成为时代主题，区域经济合作的战略地位上升，使得发展中国家区域内冲突整体有了缓和的态势，但其负面影响仍然在很多地区显著存在。区域贸易制度在何种条件下才能摆脱冲突的桎梏并且发挥抑制冲突升级的和平效应，有待进一步的实证分析。

第三章

区域贸易制度和平效应的影响
因素与限制条件

明确和了解研究对象之后，本章将分三步对发展中国家的区域贸易制度和地区冲突之间的相关性和影响因素做进一步实证分析。首先，从整体上考察发展中国家区域贸易制度与地区冲突水平之间的关系，发现两者之间存在负相关关系的条件；其次，将观察的对象进一步缩小，就两者之间可能存在负相关关系的案例进行比较性分析，确定可能起作用的影响因素；最后，选定一个案例，对其进行历史进程追踪，发现和平效应存在的限制条件。

第一节　一体化水平与冲突水平的
相关性分析

基于前文的概念界定，本书选定 19 个较为活跃的发展中国家区域贸易制度安排作为研究对象，目的是考察其一体化水平与冲突实际发生数量之间的相关性。一体化水平既包含经济一体化进程的指标，同时也包含制度层面的因素，从贸易与制度两个层面体现出一体化制度的成熟程度。哈夫特将其细分为经济活动、决策机构和制度独立性三个层面，其中，经济活动包括贸易自由化、关税同盟、服务流动、资本和投资流动、劳动力流动、货币一体化与宏观经济协作、部门协调与合作、发展和工业化、讨价还价能力九个方面，制度独立性则表现为区域官僚和争端解决机制。如果按照上述指标计算每个区域贸易制度的得分（有为 1 分，没有即为 0 分），0～10 分记为低水平，10～20 分为中等水平，20～29 分为高水平。①

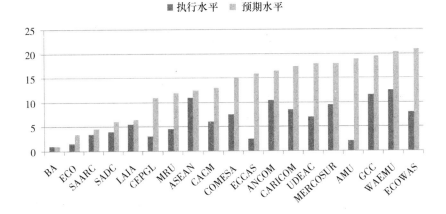

图 3 - 1　1982—1997 年 19 个发展中国家区域贸易制度的一体化水平

　　将上述 19 个案例的预期一体化水平与实际一体化水平对比，可以发现（见图 3 - 1）：从对一体化水平的预期来看，中等水平的组织有 12 个，低水平 5 个，高水平 2 个。但实际情况远没有如此乐观，处于低水平的有 15 个，其余 4 个也仅刚刚达到中等程度，这也从实证的角度印证了发展中国家一体化水平较低并且存在执行不力的情况。具体而言，有些组织的实际一体化水平与预期差别并不大如东盟，而阿拉伯马格里布联盟和中非国家经济共同体的落差最大；对一体化预期最高的是西非国家经济共同体

①　Yoram Z. Haftel, *Regional Economic Institutions and Conflict Mitigation：Design, Implementation, and the Promise of Peace*, Ann Arbor：The University of Michigan Press, 2012, p. 83.

和西非经济和货币联盟，而实际一体化水平相对较高的是西非经济和货币联盟、海湾合作委员会、东盟和安第斯共同体。值得一提的是，非洲和拉美的一体化预期水平整体要高于亚洲，而亚洲明显两极分化，既有东盟和海湾合作委员会等一体化水平较高的有雄心的一体化组织，也有南亚区域合作联盟这样动力不足的负面典型。

为了进一步观察区域经济一体化给地区冲突形势带来的变化，这里引入了一个新的概念"冲突的基线风险"，它所揭示的是不考虑区域贸易合作的情况下该地区发生冲突的可能性。风险指数越高，说明该地区的安全局势越恶劣；指数越低，说明该地区的安全局势越稳定。[1] 结合不同区域的基线风险水平和图 3 - 1，表 3 - 1 列出了每一组案例对应的预期和实际一体化水平以及每 5 年实际发生的军事冲突的平均数。

表 3 - 1   区域贸易制度一体化预期水平、实际水平与军事冲突比较[2]

一体化组织	冲突的基线风险	预期一体化水平	实际一体化水平	每 5 年平均实际冲突数目
南方共同市场 海湾合作委员会	很低（5 年内军事争端次数 0—1 次）	18 19.5	9.5 11.5	0.00 0.75
阿拉伯马格里布联盟 大湖国家共同体 马诺河联盟 中非关税和经济联盟	低（0—1.5 次）	19 11 12 18	2 3 4.5 7	0.00 1.25 2.25 0.50
中美洲共同市场 加勒比共同体 安第斯共同体 东盟	中（1.5—2.5 次）	13 17.5 16.5 12.5	6 8.5 10.5 11	4.75 2.00 3.75 2.25

① Virginia Fortna, *Peace Time: Cease-Fire Agreements and the Durability of Peace*, Princeton: Princeton University Press, 2004.

② 部分数据参考了 Yoram Z. Haftel, *Regional Economic Institutions and Conflict Mitigation: Design, Implementation, and the Promise of Peace*, Ann Arbor: The University of Michigan Press, 2012, p. 87.

续表

一体化组织	冲突的基线风险	预期一体化水平	实际一体化水平	每5年平均实际冲突数目
曼谷协定	高（2.5—4 次）	1	1	3.00
中非国家经济共同体		16	2.5	5.00
南部非洲发展共同体		6	4	2.50
拉美一体化协会		6.5	5.5	4.75
西非经济和货币联盟		20.5	12.5	1.75
经济合作组织	很高（>4 次）	3.5	1.5	7.66
南亚区域合作联盟		4.5	3.5	6.33
东南非洲共同市场		15	7.5	21.75
西非国家经济共同体		21	8	8.00

对上述数据进行斯皮尔曼等级相关系数分析，① 可以发现预期一体化水平与实际冲突数目之间存在显著的负相关关系（见表3-2）。分析结果显示，如果区域贸易制度的一体化程度达到预期水平的话，那么对于减少国际冲突来说，它们的作用是不容忽视的 （-0.392，0.097）。当然，就一体化水平的实际情况来讲，区域贸易制度和平效应的产生还有相当长的路要走。因此，乐观的判断是，随着一体化水平的提高，地区组织的和平效应也会更加突出。

表3-2 斯皮尔曼等级相关系数 （N=19）

相关系数（显著性）	预期一体化水平	实际一体化水平	每5年平均实际冲突数目
预期一体化水平	1.000	.642（.003）**	-.392（.097）
实际一体化水平	.642（.003）**	1.000	-.241（.321）
5年平均实际冲突数目	-.392（.097）	-.241（.321）	1.000

注：** 在0.01水平上，相关性最显著。

_____

① 斯皮尔曼等级相关系数是一种衡量两组变量之间相关性的统计方法。由于国际关系事实的复杂性，对一种状况的描述常常无法用精确的数字来表示。斯皮尔曼等级相关系数是将两组变量转换成等级序列，再用斯皮尔曼公式测定两个等级序列之间的相关程度的一种方法。对于有限的、非国家对的数据来说，斯皮尔曼等级相关系数要比常用的皮尔森系数更适合。

基于不同基线风险水平的分组数据，可以得出如下判断：

第一，从整体上看，冲突的基线风险水平与预期一体化水平之间没有明显的规律，但是从分组来看，在冲突基线风险为很低、低和中的三组内，一体化水平普遍较高，而在冲突基线风险为高和很高的两组内，既有高水平的一体化组织，也有低水平的一体化组织。

一般来说，预期一体化水平体现了成员国在成立区域经济一体化组织时的期待，那么它是否会与地区安全局势有一定的相关性，这一直是很多学者关心的一体化与冲突之间的内生性问题。学术界对于区域经济合作的动机有两种理论，一种是"供给理论"，另一种是"需求理论"。"供给理论"认为，成员国间的暴力冲突或敌对状态会妨碍它们之间的区域经济合作，只有在和平的环境中，区域经济一体化才能实现。敌对的国家常常会出于对相对收益的担忧，而限制区域贸易制度的独立性和制度化。[1] "需求理论"则认为，正是因为冲突或敌对的存在，才会让这些国家产生和平的需求和渴望，从而成为区域经济一体化的推动力。和平的障碍越大，对改变动机、减少动荡和事件预防的机制需求就越强烈，在安全环境面临众多挑战的地区，更容易建立区域贸易制度来控制地区形势。[2]

这两种理论的逻辑都有其合理的一面，在国际关系现实中都有可能存在。在冲突发生风险较低的地区，预期一体化水平普遍较高，这印证了供给理论的观点，相对稳定的安全局势更易于使成员国克服相对收益的担忧，

---

[1] Joseph M. Grieco, "Anarchy and the Limits of Cooperation: A Realist Critique of the Newest Liberal Institutionalism", in David A. Baldwin, ed., *Neorealism and Neoliberalism: The Contemporary Debate*, New York: Columbia University Press, 1993, pp. 116 – 140; Joseph M. Grieco, "Systemic Sources of Variation in Regional Institutionalization in Western Europe, East Asia, and the Americas", in Edward D. Mansfield and Helen V. Milner, eds, *The Political Economy of Regionalism*, New York: Columbia University Press, 1997, pp. 164 – 187.

[2] Virginia P. Fortna, *Peace Time: Cease-Fire Agreements and the Durability of Peace*, Princeton: Princeton University Press, 2004, p. 31.

追求长期的稳定和繁荣；而在冲突发生风险较高的地区，既有一体化水平较低的案例，如南亚区域合作联盟（SARRC）和南部非洲发展共同体（SADC），也有一体化预期水平较高的案例，如西非国家经济共同体（ECOWAS）、西非经济和货币联盟（WAEMU）和中非国家经济共同体（ECCAS）。

基于上述逻辑，冲突地区的安全局势与一体化预期水平之间的确存在一定的相关性，有可能正相关，也有可能出现负相关。但是，在区域经济一体化组织建立之后，内生性并不会妨碍区域经济一体化进程对冲突局势产生影响，原因在于制度本身具有相对稳定性和约束力，它会逐渐摆脱原有的政治动机而最终独立发挥作用。一旦一体化不再受到地区冲突局势的影响，那么它就具备了成为政治关系"压舱石"的功能，而这也是和平效应发挥的前提。

第二，对比实际一体化水平与冲突发生数目两组数据，可以看到在区域经济一体化进程与冲突水平之间是否存在相关性，以便于考察和平效应是否存在。首先，从整体来看，区域经济一体化对于军事冲突的发生没有表现出抑制的作用，之所以出现这种情况，是因为军事冲突的发生会受到许多其他因素的影响，尤其是该地区原有的安全局势。在没有控制其他变量的情况下，区域经济一体化对冲突的影响非常不显著。

其次，如果只是对处于同一基线风险水平的案例进行观察，可以发现：（1）在冲突基线风险水平为中等和高的两组案例中，一体化水平越高、实际冲突的发生次数越少这一规律相对比较突出。例如：西非经济和货币联盟由于一体化水平最高，其实际冲突发生数量最少；加勒比共同体比中美洲共同市场的实际冲突数量要少，而前者的一体化水平也高于后者。但是每一组也都出现了一个例外情况，加勒比共同体的制度化水平虽然仅排在同组的第二位，但是其冲突发生数目却是最低的，这固然有其他因素的影响，但是它的预期一体化水平是最高的，这在很大程度上可以成为冲突国家在冲突中保持克制的动力；拉丁美洲一体化协会的冲突水平之所以居高不下，更多是因为秘鲁和厄瓜多尔两国之间久拖不决的边界争端，相比之下，委内瑞拉与哥伦比亚的争端由于一体化而保持了谨慎的克制。①

（2）在基线风险为很低、低和很高的三组中，一体化水平与实际冲突之间没有呈现出这种相关性。例如：海湾合作委员会虽然一体化程度要比同组的印度海洋委员会高，而前者的实际冲突次数却高于后者；基线冲突风险很高的西非国家经济共同体和东南非洲共同市场，其一体化水平虽然高于同组的南亚区域合作联盟，实际发生的冲突数目却远远高于后者。之所以出现这样的情况，是因为当冲突发生风险很低的时候，区域经济一体化的和平效应没有实际的意义，因而不可能表现出相关性；而在冲突发生风险很高的地区，战争的发生常常涉及国家至关重要的核心利益，有着不得不发生的理由，这个时候，战争发生与否主要取决于冲突的利益在国家利益中的排序和国内政治的博弈，区域经济一体化作为低级政治，很难将一体化效应溢出到安全领域，反而会受到冲突的负面影响，这也是区域经济一体化对军事冲突影响的一个盲区。

基于上述分析，可以得出如下判断：第一，发展中国家区域经济一体化的预期水平主要体现了成员国的一体化动机，它会受到该地区安全局势的影响，不论是在冲突高发地区还是在低发地区。但是，一旦制度产生，随着一体化水平的不断提高，制度的独立性也随之增强。当区域经济一体化不再受到地区冲突的掣肘的时候，它就有可能成为遏制地区冲突升级的和平力量。第二，只有当地区冲突风险为中和高时，地区冲突存在但是处于可控状态，区域经济一体化才可能会产生和平的力量，抑制武力冲突的发生，因为处于这个水平的地区冲突，更具备调解和退守的空间；但是，

---

① Alejandra Ruiz-Dana, "Peru and Ecuador: A Case Study of Latin American Integration and Conflict", in Shaheen Rafi Khan, ed., *Regional Trade Integration and Conflict Resolution*, London and New York: Routledge, 2009.

当地区冲突风险很低和很高时，区域经济一体化或者被成员国赋予的政治动机不足，或者冲突的发生有着根深蒂固的缘由，是区域经济一体化的利益难以超越的。

第二节　区域贸易制度和平效应的影响因素

基于上述观察，选取冲突基线风险水平为中等水平以上的七个区域贸易制度安排（中非国家经济共同体、西非国家经济共同体、南部非洲发展共同体、加勒比共同体、安第斯共同体、中美洲共同市场和东南非洲共同市场）做进一步的案例分析，以考察不同因素在区域贸易制度和平效应中的作用。

考察变量包括：一体化时间、成员国数目、一体化预期目标；民族宗教特征、殖民地归属、力量分布；组织结构、决策机制；安全合作机制内容、安全合作动机、安全合作时间、可替代安全合作机制。其中：第一组变量是区域经济一体化的基本特征，也是最可能直接影响成员国之间安全合作的因素，其中，预期目标直接体现了区域贸易制度安全的程度和范围，决定了成员国的预期收益；第二组变量考察的是成员国的人文历史特征和权力分配，民族宗教体现了成员国之间在文化上的亲近与否，殖民地归属的历史渊源则是成员国外交政策制定的一个重要变量，是否有大国推动则从权力层面决定了一体化组织的发展和走向，同时也会影响到冲突的管理机制运行；第三组变量体现了区域贸易制度的制度特征，它决定了一体化组织在讨论新议题时的程序及决策方式；第四组变量是关于框架下是否存在政治安全合作机制，如果有，它的动机和内容是什么，这个变量的存在与否会直接影响到冲突管理机制的可选择性（见表 3 - 3）。

表3-3　　　　发展中国家区域贸易制度安排与安全合作的影响因素

要素 组织	一体化基本特征			成员国特征			制度特征		安全合作			
	时间①	成员国数目②	预期目标	民族宗教	殖民地归属	力量分布	组织结构	决策机制	时间	动机	内容	替代安全机制
中非国家经济共同体	1983/1966	11/10③	共同市场	多民族多宗教、差距较大	不同	相近	部长理事会、议会、法院	首脑会议	1994 1999 2010	地区冲突	互不侵犯协定、和平与安全理事会、互助条约；维和部队	非盟
西非国家经济共同体	1975	16/15	经济联盟	民族差别很大、多宗教，伊斯兰多数	不同	尼日利亚占优	部长理事会、议会、法院	首脑会议	1986 1999	大国力量退出、地区冲突	共同安全和防务、维和	非盟、部分国家ANAD
东南非洲共同市场	1994/1981	24/19	经济联盟	很大	不同	相近	部长理事会、法院、结算银行	首脑会议	—	—	—	非盟东非、南非
南部非洲发展共同体	1991/1980	11/15	经济联盟	民族差别很大，基督教、天主教为主	不同	南非	部长理事会、常设理事会、法庭	首脑会议	2001 2007 2011	地区冲突、安全局势	政治防务安全机构、后备部队、马达加斯加局势	非盟
中美洲共同市场	1962	5/6	关税同盟	相似天主教、西班牙语	相同	相近	三方委员会、秘书处	部长委员会	—	—	—	中美洲国家组织
加勒比共同体	1973/1968	15	经济联盟	宗教不同、种族相同、英语为主	大体相似	相近	部长理事会、议会、法院	首脑会议	2001	边界争端	协调立场、会议声明	加勒比联盟、美洲国家组织
安第斯共同体	1991/1969	5/4	共同市场	宗教、民族、语言均相同	相同	相近	部长理事会、议会、法院	总统理事会	1979 1999 2003	国际环境变化	卡塔赫纳授权书/共同外交/共同安全防务	美洲国家组织

①　后面的时间是该一体化组织前身成立的时间。

②　前面是成立时的成员国数；后面是当前的成员国数目。

③　中非经济共同体创始成员国有11个：安哥拉、布隆迪、卢旺达、喀麦隆、中非、乍得、刚果（布）、刚果（金）、加蓬、赤道几内亚、圣多美和普林西比，2007年卢旺达退出（由于同时还是东非共同体和东南非洲共同市场的成员国，卢旺达退出是为了更好地专注于东非的区域经济一体化）。

在上述七个案例中，有五个区域一体化组织实现了安全领域或外交领域的协调合作，对缓和地区冲突发挥了积极的作用，它们是中部非洲国家经济共同体、西非国家经济共同体、南部非洲发展共同体、加勒比共同体和安第斯共同体；中美洲共同市场和东南非洲共同市场在缓和地区冲突方面建树不大。下面，分析这些组织的具体情况。

中非国家经济共同体的很多成员国饱受连年战乱的困扰，尤其是在非洲中东部大湖地区。这块面积700多万平方千米、约2亿人口，同时是非洲自然资源最富集的地区，也是世界上战乱、饥荒、瘟疫和难民最集中的地区，被称为"非洲的火药桶"。刚果（金）连年战乱不仅制约了国家内部的稳定和发展，还将该地区其他的国家卷入其中，卢旺达和安哥拉各支持一派，在战争中兵戎相见。在20世纪90年代中后期，该组织由于一度缺少会费的支撑而陷入"休眠"状态，在刚果（金）的冲突中并没有发挥积极的作用。

为了稳定地区局势，1994年9月9日，中非国家经济共同体成员国共同签署了一项互不侵犯协定。1999年2月，在联合国"中非安全问题顾问委员会"主持召开的高峰会议上，中非国家经济共同体成员国决定在框架下成立"中非和平与安全理事会"以推动和维持该地区的和平与安全。该理事会计划下设三个技术机构：中非早期预警体系，负责早期监控和危机预防有关数据的收集和分析；防务和安全委员会，由各成员国军队将领、警察和宪兵部队指挥官组成，其职责是向共同体决策机构提供建议并在需要的时候计划和组织统一军事行动；多国部队，它将由各成员国共同出资组建，负责执行地区内的维和、安全以及人道主义任务。2000年1月，加蓬组织举办了共同体内部的一次区域维和军事演习，以提高共同体在维和、冲突预防和管理方面的能力。2003年10月，共同体"国防参谋长会议"在刚果（布）首都布拉柴维尔举行，会议决定创建一支旅规模大小的维和部队，以应对动荡的中非局势；会议还建议各成员国成立一个专门的小组负责维和部队组建的细节，共同组建一个维和培训中心，并且每两年进行一次军事演习。2010 年 10 月，共同体各成员国军方代表在刚果（金）首都金沙萨召开会议，交流多国联合军事演习经验，并就建立编制一个旅的地区性多国维和部队的细节进行探讨。

与中非国家经济共同体相似，西非国家经济共同体、南部非洲发展共同体也在经济一体化的框架下开展了防务安全领域的合作，并组建了联合部队。1981 年，西非国家经济共同体成员国共同签署了一项共同防御援助的议定书，决定成立一支联合部队和监督小组；1990 年，共同体成员国签署了互不侵犯协定。90 年代以来，西非国家经济共同体先后参加了塞拉利昂、利比里亚、科特迪瓦等国的维和行动，并积极参与斡旋以缓解地区冲突。为了更好地维护西非地区的安全与稳定，2005 年 7 月，西共体宣布将在未来 5 年内组建一支由 6500 名各国军人组成的西非多国维和干预部队，以应对可能出现的危机局势。南部非洲发展共同体成立于 1991 年，其前身是 1980 年成立的南部非洲发展协调会议。2001 年，该共同体对条约进行了一次重要修正，在共同体的机构中正式设立了南部非洲发展共同体的政治、安全以及防务机构，实现了共同体安全防务领域合作的机制化；2007 年 5 月，共同体成员国在坦桑尼亚首都达累斯萨拉姆举行会议，筹划组建一支特遣旅，负责共同体应对危机与维护和平等军事行动；8 月，共同体后备部队在赞比亚首都卢萨卡正式成立，这支部队共由 554 人组成，分别来自南共体 11 个成员国。

与非洲的表现不同，拉美国家区域经济一体化框架下的政治合作主要表现为外交政策和立场的统一和协调，表现为以一种集体的力量在国际事务中所扮演的角色和地位，这也是由拉美地区的安全局势所决定的。拉美主要的区域经济一体化组织有三个：加勒比共同体、安第斯共同体和南方共同体①。2001 年 7 月，在加勒比共同体第 22 届政府首脑会议上，15 个成员国的国家元首或政府首脑重新修订了《查瓜拉马斯条约》，决定将共同体的发展目标从"建立共同市场"变更为"实现区域内的单一市场和经济"，"增强成员国之间外交和对外经济政策上的协调"；② 会议决定建立共同体法院，并就伯利兹与危地马拉、圭亚那与委内瑞拉的领土纠纷、多米尼克等东加勒比国家与委内瑞拉的领海纠纷问题进行讨论，最后发表声明支持其成员国的领土和领海完整，反对危地马拉对伯利兹、委内瑞拉对圭亚那等国的领土、领海要求。

安第斯共同体框架下的政治合作始于 20 世纪 70 年代末。1979 年 5 月，共同体五国政府首脑在哥伦比亚位于加勒比海南端的历史名城卡塔赫纳签署了《卡塔赫纳授权书》，将安第斯集团的活动由经济合作扩大到政治领域。《卡塔赫纳授权书》明确表示，该地区的一体化不仅是经济一体化，而且也包含了政治、社会、外交等各个领域；各成员国将协调彼此在外交政策上的立场，在共同关心的问题上制定共同的外交政策，增强该组织成员国在国际舞台上的声音。③ 1979 年 9 月，五国在第六次不结盟国家首脑会议上发表联合声明，坚持不结盟运动的根本原则；10 月，五国总统或总统代表签署《巴拿马纪要》，支持巴拿马和美国签订的运河新条约。1982 年 4 月，五国就英国和阿根廷的马岛冲突发表联合声明，全面支持阿根廷，谴责欧共体对阿根廷实行经济制裁。

安第斯共同体在 1995 年的秘鲁和厄瓜多尔因边界问题爆发的武力冲

---

① 南方共同体成立于 1991 年，其成员包括巴西、阿根廷、巴拉圭和乌拉圭。由于该组织成员国之间基本不存在军事冲突的历史和隐患，因此该组织的政治合作主要体现在人权、民主制度和外交立场的协调，其冲突的基线风险很低，故没有选为案例进行分析。

② http：//www. caricom. org/jsp/community/community_ index. jsp? menu = community.

③ "Andean Subregional Integration Agreement'CARTAGENA AGREEMENT'"，http：//idatd. eclac. cl/controversias/Normativas/CAN/Ingles/Cartagena_ Agreement. pdf.

突中发挥了积极的作用。首先，它为秘鲁和厄瓜多尔两国领导人提供了彼此沟通的机会，两国领导人在会晤中达成了妥协的一致愿望，并且在其他成员国的调停下促成了两国官员之间的和解谈判；① 其次，出于防止安第斯共同体因战争而崩溃的忧虑，敌对双方在关键时刻都保持了高度的克制，以避免更多的利益损失，"因为双方都受到了来自从一体化中受益的经济势力的强大压力"②。1999 年 5 月，在第 11 届首脑会议上，五国确定了最迟在 2005 年建立共同市场的目标，并决定逐步实施共同对外政策。2003 年 6 月，共同体第 14 届首脑会议在哥伦比亚基拉马市召开，五国首脑签署了《基拉马宣言》，决定加快制定安共体共同外交和安全政策。

中美洲共同市场成立于 1962 年 8 月，是发展中国家成立最早的区域经济一体化组织，成员包括中美洲五国。它的宗旨是促进中美洲的经济一体化，协调各成员国的经济政策，逐步取消各成员国之间的关税，统一对外关税，最后实现地区贸易自由化，建立自由贸易区和关税同盟。中美洲共同市场从关税同盟直接起步，20 世纪 60 年代在减免和统一关税方面取得了较大的成绩，1969 年，对成员国 95% 的商品实施了关税互免，并对98.4% 的区域外商品征收统一关税。③ 但好景不长，1969 年洪都拉斯与萨尔瓦多发生武装冲突，爆发了百小时的"足球战争"，两国封锁边界，洪都拉斯一度退出共同市场；再加上危地马拉、尼加拉瓜等国家陷入多年的内战和游击战，一体化进程在 70 年代和 80 年代陷入停顿。直到 90 年代，中美洲共同市场才得以重新焕发了生机，它致力于实行对外统一关税和农业行动计划，建立自由贸易区，争取尽早建成经济共同体。1993 年 2 月，

---

① Agence France Presse, "Andean Community to Speed up Integration Process", March 11, 1996.

② Estrella Gutierrez, "Andean Community: Last Ditch Effort to Keep Peru in", *Inter Press Services*, April 25, 1997.

③ 李明德编：《简明拉丁美洲百科全书》，中国社会科学出版社 2001 年版，第十四章"地区一体化"。

随着中美洲一体化体系①正式成立，中美洲共同市场被纳入进来，成为一体化体系的重要组成部分，1993年10月，中美洲六国（包括巴拿马）元首签署《中美洲经济一体化总条约》，明确提出建立经济联盟的最终目标。

值得一提的是，旨在终结中美洲国家战乱和冲突的《埃斯基普拉斯协议》并不是在中美洲共同市场的框架下实现的。1986年5月，在哥伦比亚、委内瑞拉、墨西哥和巴拿马［被称为孔塔多拉集团（Contadora Group）］等国的斡旋下，中美洲五国签署了《第一次埃斯基普拉斯协议》；1987年8月，在哥斯达黎加总统阿里亚斯（Oscar Arias）的推动下，中美洲国家签署了《第二次埃斯基普拉斯会议协议》，协议涉及实现和解、结束冲突、推动民主化进程、停止支持非正规部队、控制武器流通以及援助难民等多方面重要内容，对结束中美洲多年的战乱起到了重要作用。但是，这些安全领域的合作并没有被纳入到共同市场的议程或声明当中，21世纪初，尼加拉瓜与哥伦比亚和洪都拉斯由来已久的领海争端在海牙国际法庭的裁决下得以解决。

东南非洲共同市场的前身是成立于1981年的"东部和南部非洲特惠贸易区"，1994年12月更为现名，是非洲地区最大的次区域经济一体化组织，现有19个成员国。它的宗旨是通过加强成员国的贸易和投资联系实现成员国之间的经济一体化，到2020年建立起货币联盟，发行共同货币，最终实现经济一体化。从目前的经济一体化进展来看，东南非洲共同市场是较为成功的一个，它在2000年10月31日正式启动了非洲第一个自由贸易区，有9个成员国成为自由贸易区首批成员；2009年6月，正

---

① 1991年12月，中美洲国家组织8个成员国（共同市场成员国、巴拿马、伯利兹、多米尼加）在洪都拉斯首都特古西加尔巴签署《特古西加尔巴纪要》，决定建立中美洲一体化体系，旨在协调和推进中美洲政治、经济和社会的一体化进程，促进中美洲地区的和平、民主与发展。

式建立关税同盟。其最高决策机构是首脑会议，每年举办一次，下设部长理事会、结算银行、法院、秘书处等机构。从目前该组织的发展进程来看，安全合作并不在其议程之内。

结合这些区域组织的历史发展过程，可以得出如下观察：

第一，区域贸易制度安排的预期目标体现了成员国对区域经济合作的收益预期，并直接决定了区域经济一体化的制度水平。从一体化的形式来看，只有在共同市场以上的一体化目标才会设立相应的制度机构，如高层会晤机制、议会或者法院，而初级的特惠贸易安排、自由贸易区和关税同盟都不必需上述制度机构和官僚制度。不少发展中国家的区域经济一体化组织在发展进程中提升了一体化目标，如成立于1983年的中非国家经济共同体的前身是1966年的中部非洲关税和经济联盟；1980年成立的南部非洲发展协调会议在1991年更名为南部非洲发展共同体。由于预期目标的提高，绝大多数以建立共同市场、经济联盟为目标的区域贸易组织都设立了首脑会议的决策机制、议会和法院。这些组织机构确保了成员国首脑和高层官员之间的互动以及共同体条约的制定、解释和强制遵守，从而为未来和潜在的政治安全合作提供了必要的制度保障。

首脑会议、秘书处、议会和法院的建立和效用体现了制度化水平的高低，在冲突的缓和中发挥了一定的作用。从制度层面分析，区域经济一体化组织机构的设置是由成员国对经济一体化的目标所决定的。一体化的目标越高，成员国让渡的权力就越大，它所需要的制度保障就越完善。高层会晤机制有助于成员国首脑之间增加对贸易利益的预期、实现更多的信息共享和建构高层互信，因而有助于冲突的谈判和解决，议会、法院、秘书处等官僚制度是否具有和高层会晤机制相同的和平效应，在每个案例中则会有不同的表现形式。

第二，区域内不存在其他可替代政治安全机制是区域贸易制度发挥和平效应的前提。虽然每个区域经济组织的成员同时都至少是一个政治合作组织的成员，但并没有一个和区域经济组织成员完全吻合的政治安全组织可以替代。例如，非洲国家都是非盟的成员国，拉美国家也有美洲国家组织、拉美及加勒比国家联盟以及南美洲国家组织，但这些组织的成员往往覆盖整个洲，常常不如次区域的区域经济组织能够更快、更有针对性地采取政治合作。还有一种情况是，在同一个区域经济合作组织内部，部分国家属于一个安全合作机制。以西非国家经济共同体为例，马里和布基纳法索等六个法语国家签署了"互不侵犯与安全协助协议"（ANAD），但整个组织的成员之间却存在一个安全真空。

从反面的案例也可以看到，中美洲共同市场成员国之间虽然长期存在地区冲突但却没能在框架下实现安全合作，最重要、最直接的原因就是冲突国家均是中美洲国家组织的成员，有可替代的安全机制；东南非洲共同市场的成员各自有东非共同体和南部非洲发展共同体，但该组织却没有实现安全合作的现实需求。

第三，区域框架内权力结构是少数国占优还是各国实力基本相近对于和平实现的路径有直接的关系。如果政治安全合作是出于所有成员国的共同需要，那么区域贸易制度安排的安全溢出就是必然的，这时，区域内的力量分布不会对结果产生什么影响。但是，如果政治合作并非出于所有成员国的强烈、共同意愿，区域内是否有大国推动就会影响到安全合作的结果。例如，西非国家经济共同体之所以在部分成员组成 ANAD 的情况下仍然将安全合作纳入一体化框架，很重要的一个原因是区域大国尼日利亚的推动。作为石油大国，尼日利亚迫切希望通过西非国家经济共同体这个平台实现其地区大国的梦想，从而发挥与其经济实力相对称的政治影响力，这也是尼日利亚推动建立西非国家经济共同体并且在区域内倡导安全合作的重要因素。

从路径上看，在没有明显共同动力的前提下，大国推动是实现区域经济一体化框架内安全合作的一个动力；如果既没有大国推动，也没有共同意愿，政治合作就不可能实现。这里还存在一种情况，在大国推动的情况下，政治合作应该对其他成员国是有利或者至少是无害的，如果这种合作与其他某些成员国的利益发生了冲突且难以调和，那么鉴于大国的主导地位，就会发生该成员国退出的情况，这在非洲区域经济一体化发展进程中经常可以看到。

第三节 区域贸易制度和平效应的限制条件

为了进一步考察上述影响因素发挥作用的限制条件，本书采用历史进程追踪的方法对西非国家经济共同体进行个案分析。在表 3 - 1 中，西非国家经济共同体属于高基线风险的国家，而其制度水平为中等，因此它的实际冲突发生水平也相对较高；表 3 - 3 显示，西非国家经济共同体成立于 1975 年，其预期目标是建立经济联盟，其成员民族差别很大，文化多元化，但伊斯兰教占多数，在成员国中尼日利亚的实力明显占优；其制度组成包括部长理事会、议会和法院，最高决策机构是首脑会议。目前，该一体化组织达成了共同安全和防务协定以及实现了区域内维和。在不少研究中①，西非国家经济共同体被认为是发挥了积极和平效应的一个例证。因此，以其作为个案考察，在此基础上提出假设会更有针对性。

一 概述

西非国家经济共同体（以下简称"西共体"）是非洲重要的次区域经

---

① David H. Bearce and Sawa Omori, "How Do Commercial Institutions Promote Peace?", *Journal of Peace Research*, Vol. 42, No. 6, 2005, pp. 659 - 678.

济合作组织。在尼日利亚和多哥的推动下，16 个西非国家①于 1975 年 5 月签署了《西非国家经济共同体条约》，旨在促进西非地区国家的经济一体化，推动成员国经济、社会和文化的发展与合作。虽然共同承诺了经济一体化的目标，但这些成员国的经济理念、经济发展水平和文化却有着相当大的差异：既有支持西方资本主义发展模式的法语区国家，如赛内加尔，也有像几内亚比绍这样信奉马克思主义的前葡萄牙殖民地，对外经济联系方面，分别与法国、英国和葡萄牙这些前宗主国保持着或多或少的联系；领导人中既有军事掌权者，也有民主选举产生的总统，既有非洲的马克思主义者，也有穆斯林。这些显著差异意味着西共体的经济一体化进程不会一帆风顺。

西共体的产生是与当时的国际和国内环境紧密相关的。首先，20 世纪 70 年代初，经济一体化进程在西欧已经显示出强大的活力，并对非洲国家产生了巨大的示范效应。很多西非国家多年来处于贫困线以下，基础设施落后，经济严重依赖与殖民地时期的宗主国的联系，依靠咖啡、木材、铁矿石以及其他矿产等自然资源的出口。对于这些国家来说，区域和次区域经济一体化无疑被认为是摆脱经济依赖和落后的关键战略。② 其次，70 年代初，欧佩克国家将石油用作对抗西方国家的武器，抬高了石油价格，提升了自身的国际政治经济地位，给予美国等西方国家重重的一击。对于拥有 1.1 亿人口、丰富的石油资源和 GDP 在西共体内占 1/3 强的尼日利亚而言，石油不仅给它带来了巨大的经济财富，也带来了称霸地区的政治雄心，它迫切希望有一个平台能够满足它对地区事务主导权甚至

---

① 它们是：贝宁、布基纳法索、多哥、佛得角、冈比亚、几内亚（2009 年 1 月被暂停成员资格）、几内亚比绍、加纳、科特迪瓦、利比里亚、马里、毛里塔尼亚（2002 年退出）、尼日尔、尼日利亚、塞拉利昂和塞内加尔。

② Stephen Riley, "West African Subregionalism: the Case of the Economic Community of West African States", in Glenn Hook and Ian Kearns, eds. , *Subregionalism and World Order*, Basingstoke: Macmilian Press Ltd. , 1999, p. 80.

是全球影响力的渴望。这不仅最终促成了西共体的诞生，而且也决定了尼日利亚在西共体发展进程中的主导地位。

西共体于 1977 年 3 月正式设立了组织机构。最高权力机构是国家元首和政府首脑会议，每年召开一次，必要时还可召开特别首脑会议；会议执行主席由各成员国轮流担任，任期一年；部长理事会每年召开两次。此外，西共体还设立了一系列正式或临时的委员会、理事会以及工作组，以便应对突发事件或危机。90 年代以后，西共体增设了一些新的机构，如西共体监督小组（ECOMOG）和西共体五国委员会，前者在 1990—1997 年利比里亚内战期间对西共体的干预进行了监督，后者的功绩是 1997 年对塞拉利昂内部冲突的调停。

从经济效果来看，一体化进程对成员国间的贸易、投资和生产活动的影响并不大，而是更多延续了殖民地和前殖民地时期的贸易和经济模式。西共体成立之初，区域内贸易占总贸易额的 3%，20 年之后，这一数字也仅为 6%。① 虽然 6% 已经达到了实现地区一体化的最低水平，但这些贸易其实仅仅反映了某些沿海国家与内陆国家之间不可避免的贸易行为，如尼尔利亚与尼日尔之间、英属殖民地黄金海岸国家与布基纳法索或马里之间，并不具有地区内的普遍性。有学者研究表明，经济一体化过程中的投资和贸易效应并没有明显促进非洲国家的经济增长，贸易开放甚至削弱了非洲国家的经济增长能力。② 西共体的经济一体化进程之所以受挫，一方面是各成员国内部的经济政策无法协调，非法贸易猖獗，另一方面也与国际环境有关。西非国家为了获得世界银行的援助和贷款，不得不按照世界银行的要求进行经济结构调整，国家作用的减弱无疑大大打击了以国家为主要推动力的一体化进程。此外，法国在西非的政治和经济存在也使得西

---

① Stephen Riley, "West African Subregionalism: the Case of the Economic Community of West African States", p. 65.

② 张彬：《国际区域经济一体化比较研究》，人民出版社 2010 年版，第 248 页。

共体内部出现了分裂。

与经济一体化进程相比，西共体在成员国间的安全和防务合作上倒是取得了不小的进展。早在西共体成立之初，尽管条约本身并没有关于防务合作或维和等方面的具体规定，但西共体始终对成员国面临的传统安全问题非常关注。[①] 1980 年西共体首脑会议之后，西共体于次年签署了一项共同安全和防务协定，但协定中由各成员国防务和外交部长组成一个防务委员会并且最终成立一支联合部队的内容并没有落实。这项协定直到 1986 年才最终被各成员国批准。

伴随着西共体在安全防务合作上的努力，西共体成员国之间的政治冲突却有完全不同的结局。1988 年，加纳和多哥之间因"西多哥"问题关系紧张，两国边界一度关闭，但是凭借西共体首脑会议这个平台，两国首脑之间实现了和解，关系逐渐缓和。这个冲突也成为西共体贸易制度推动和平的一个所谓经典案例。但是，回顾西共体的发展史，1985 年马里与布基纳法索因对资源丰富的阿加彻地带（The Agacher Strip）存有主权争议，冲突最终升级为阿加彻地带战争；1989 年，塞内加尔与毛里塔尼亚因互相驱逐对方民族居民，冲突迅速升级。西共体在这两起冲突中均进行了调停努力，但没有成功。

由此可见，西共体经济一体化进程的停滞不前并没有阻碍成员国在安全和军事防务上的合作，特惠贸易安排中嵌入的安全合作也不必然能够有效抑制冲突的升级。马里和布基纳法索、赛内加尔和毛里塔尼亚与加纳和多哥一样同属于西共体的成员国，同样拥有西共体首脑会议这一交流平台，但政治冲突的升级却并没能得到抑制，那么区域贸易制度和平效应的

---

① J. E. Okolo, "The Development and Structure of ECOWAS", in J. E. Okolo and S. Wright, eds., *West African Regional Cooperation and Development*, Boulder: Westview, 1990, p. 39; M. A. Sesay, "Civil War and Collective Intervention in Liberia", *Review of African Political Economy*, Vol. 23, No. 67, 1996, p. 43.

发挥会存在哪些限制条件？

二　历史进程追踪

为了探究在西共体框架下不同冲突演变结果的原因，本书选取马里与布基纳法索的阿加彻地带战争、塞内加尔与毛里塔尼亚的边界冲突以及加纳与多哥的边界争端三个案例进行比较分析。

（一）马里与布基纳法索的阿加彻地带战争

马里与布基纳法索的冲突是围绕阿加彻地带的边界争端。阿加彻地带是一条位于布基纳法索西北部的长约 160 千米、宽约 30 千米的狭长地带，富含大量的油气和矿产资源，与马里南部接壤。1904 年，上沃尔特（1984 年后更名为布基纳法索）与马里同时被化为法属殖民地，后于1958 年和 1960 年先后获得独立。由于两国现有的边界均是在殖民地时期被宗主国任意划定的，丝毫没有考虑到两国民族的实际边界，因此独立之后，两国就阿加彻地带大约 2000 平方公里的边界产生了争议。[①] 为了争夺资源，马里与布基纳法索在 1974 年就曾经为此爆发了小规模军事冲突，在非盟的调停下，双方决定停火。但是，由于谈判失败，两国间冲突的根源始终没有得到解决，终于在 1985 年 12 月 25 日的圣诞之夜，爆发了持续 5 天的阿加彻地带战争。

从冲突演变的进程来看，冲突的升级和战争的出现与这两个国家的国内政治和经济状况有着直接的因果联系。第一次武装冲突发生于 1974 年，当时，布基纳法索和马里国内都普遍面临着严峻的政治形势。在布基纳法

---

① 2010 年 2 月 1 日，马里政府领土管理和地方行政部发布公报说，马里和布基纳法索已于 1 月 29 日完成两国定界工作，并于同日签订了关于划定两国边界的协定。记者陈顺、报道员波利，《马里和布基纳法索划定两国边界》，新华网巴马科 2010 年 2 月 1 日电。

索，由于一党专政和军事干预，国内政治形势十分动荡。1960 年独立之后，布基纳法索共发生了五次军事政变，政治权力在平民政府与军事政府之间不断更替。在经济领域，1970 年，布基纳法索在遭受了 5 年的旱灾之后，全国范围内又出现了饥荒，经济混乱，社会动荡。1970 年上台的阿布巴卡尔·桑古尔·拉米扎纳上将也迫切希望通过战争摆脱国内的政治困境。在马里，1968 年靠政变上台的穆萨·特拉奥雷（Moussa Traore）同样境遇堪忧，反对派不断向其施压要求释放所有的政治犯并恢复立宪政府。这个时候，与布基纳法索的边界冲突正好给了特拉奥雷转移国内视线的借口，即使战争将付出巨大的经济代价也在所不惜。况且，与布基纳法索相比，马里的军事力量占有明显的优势，尤其是在空中打击方面布基纳法索几乎没有还击的能力。军事优势和作战的决心使得马里更急于通过战争获取阿加彻地带的丰富资源。

第二次武装冲突出现在 1985 年末，这时两国的国内形势依然未见好转。1982 年，布基纳法索政权再次更迭，年轻军官托马·桑卡拉（Thomas Sankara）依靠军事政变后上台执政，并提出了改革政府的口号，在阿加彻地带的问题上，新政府坚持认为该地区属于主权领土。同一时期，在马里国内发生了一起未遂政变，特拉奥雷总统于 1979 年重新执政，并在 1985 年再度当选总统。政变之后，马里国内的政治动荡和政治迫害迅速蔓延开来。在经济上，两国在 1985 年之前均遭受了一场长达 7 年之久的旱灾，但是当 1985 年 10 月旱灾终于结束的时候，雨季的来临却又冲毁了道路，国内运输陷入瘫痪，食品和医药无法送达灾区。12 月，马里驻布基纳法索的一名外交官被驱逐，两国边界会谈均无果而终，两国的外交关系不断恶化。与此同时，布基纳法索的媒体攻击马里做好了战争准备，马里又反过来指责布基纳法索纵容了冲突的升级。[①] 因此，由于国内的政治

---

① 《阿加彻地带战争》，全球军事网（http：//baike. militaryy. cn/doc-view - 1301. html）。

经济困境，战争已经成了两国政府走出国内困境的必然选择。战争持续的时间仅为 5 天，说明战争是为了转移视线，不是为了战争而战争；战争很快进入解决程序，说明战争的目的是为了最终推动谈判。

在西非"互不侵犯与安全协助协定"（ANAD）的调停下，马里与布基纳法索决定停火并启动谈判。冲突解决的过程中，这个由六个西非法语国家组成的安全合作组织发挥了重要的作用。1986 年 1 月，ANAD 峰会在科特迪瓦首都亚穆苏克罗举行，布基纳法索和马里两国总统桑卡拉与特拉奥雷均表现出了和解的意愿，双方同意将军队撤回到战争前的位置。2 月，在 ANAD 的监督下，两国互换战俘；6 月，两国关系恢复正常。但由于两国间的边界争端并没有最终解决，紧张局势仍未消除。但是，这场持续数十年的军事较量很快就因为经济的捉襟见肘而不得不停止。在 ANAD 的调停下，两国最终决定将争端提交国际法庭。根据 ANAD 提交的冲突地区地理报告，1986 年 12 月 22 日，国际法庭裁决基本保留了两国独立时的边界，对于有争议的阿加彻地带则一分为二，马里得到了阿加彻地带的西半部分，布基纳法索得到了东半部分，面积大致相等。马里总统特拉奥雷表示对这个裁决"非常满意"，这是两国人民的一次"胜利"。①

（二）塞内加尔与毛里塔尼亚的边界冲突

1989 年 4 月，因毛里塔尼亚推行的土地改革导致两国间民族矛盾激化，塞内加尔与毛里塔尼亚在两国边界塞内加尔河谷地区发生武装冲突，两国外交关系一度中断。直到 1991 年 7 月 18 日，两国接受了迪乌夫总统提出的和解方案，结束了持续两年的武装冲突和敌对。从表面上看，这是一起边界冲突，但是在更深层次上它是阿拉伯民族与黑非民族争夺水资源的族群冲突。

---

① Tom Cooper, "Burkina Faso and Mali, Agacher Strip War, 1985", *Western and Northern Africa Database*, July 31, 2004, http：//www. acig. org/artman/publish/printer_460. shtml.

　　毛里塔尼亚是一个伊斯兰国家，人口主要包括摩尔族和黑非民族两大类，其中：摩尔族占总人口的70%，主要居住在北部，从事畜牧业；黑非民族占30%，主要居住在河谷附近，以农业为生。20世纪70年代，毛里塔尼亚遭遇了严重的沙漠化和旱灾，对其北部摩尔族的畜牧业影响很大。为了寻求更多的草场，摩尔族开始从北部向南方的河谷地区迁移。以河谷为界，黑非民族按照居住地被划分为两个国家，北部是毛里塔尼亚人，南部是塞内加尔人，但由于黑非民族常常跨河耕种，两国的边界实际上可以随意穿越。① 摩尔人的到来打破了河谷原有的权力均衡，黑非民族的耕地被大量挤占。1984年，毛里塔尼亚出台了一项土地改革计划，授权政府在河谷重新进行资源分配。这项改革从1988年5月开始实施，黑非民族在毛里塔尼亚一边的土地被剥夺，被政府划归于南下耕种的摩尔人。此举激起在河对岸拥有土地的塞内加尔黑非洲人的强烈不满，他们认为这绝不仅仅是对河谷附近黑非洲人的权力侵犯，更是对所有塞内加尔人的挑衅。由此毛里塔尼亚国内的冲突跨越国界，演变为毛里塔尼亚与塞内加尔两国间的边界冲突。

　　为什么毛里塔尼亚政府的土地改革计划会迅速升级成一场军事冲突？冲突发生之初，两国政府均试图淡化冲突，声称应保护本国外来族群的安全和福利。但很快，他们意识到低估了事态的严重性，并且迅速与国内的大众情绪保持了一致，指责对方应为冲突负责。在冲突升级的过程中，两国政府均没有采取必要的措施去控制局势的发展，反而采取了放任的态度。两国政府的态度从克制到纵容的转变同样可以从国内政治中得到解释。

　　对毛里塔尼亚政府来说，借此打压国内黑非民族的反抗是其首要考虑的。1966年，毛政府下令将阿拉伯语作为中学的必修课，引发黑非民族

---

① Mark Doyle, "The Rift Widens", *West Africa*, May 29 – June 4, 1989, p. 868.

的不满和国内骚乱，此后，政府规定不允许公开讨论族群冲突问题。1983年，三个反政府的黑非民族派别联合组建了"毛里塔尼亚非洲解放力量"（FLAM），强烈抗议政府推行种族隔离政策，甚至在 1987 年发动了政变，但没有成功；随后，毛政府开始对黑非民族进行大规模的清洗。此外，毛政府还面临着阿拉伯民族内部强硬派的压力。毛国内的阿拉伯民族分为两个阵营，一方是伊拉克支持的激进派，另一方是亲利比亚的温和派。激进派对政府在族群问题上的处理方式极为不满，指责政府不够强硬。为了去除黑非洲人的潜在威胁，激进派在国内煽动和指使哈拉提内人①对黑非洲人进行了大规模的清洗。在两方面的压力下，毛政府不得不将纯粹因放牧权问题引发的边界冲突置于族群冲突的大背景下，放任冲突的升级。

在塞内加尔，国内政治斗争的压力和反对派的鼓噪使得政府不得不在冲突中采取强硬的立场。作为法国在西非的大本营，塞内加尔的国内政治局势也并不安定。1981 年，阿卜杜·迪乌夫当选总统后，开始在国内逐步推行多党制，并在 1983 年和 1988 年的选举中以压倒性多数赢得连任，但反对党指责选举中有舞弊行为，导致其几名核心成员被抓，党派冲突开始激化。② 这一时期，塞国内经济形势十分严峻，食品生产停滞、贸易条件恶化、外债增加，政府不得不接受国际货币基金组织贷款采取了经济紧缩政策，停止农业补贴和减少投资造成国内失业大幅增加。1988 年 2 月，反对党在国内发动了多起反政府大罢工，塞政府面临着政治和经济的双重压力。河谷冲突发生后，一些来自河谷的反对党领导人对政府未能保护土著黑人的利益进行了激烈的批评，要求政府采取强硬立场。③ 反对派的推

---

①　哈拉提内人也是黑非洲人，殖民地时期是摩尔族人的奴隶，废除奴隶制后仍与摩尔人保持了亲近的关系。

②　Amadou Moctar Gueye, "Herculean Tasks", *West Africa*, 18 – 24 September 1989, p. 1551.

③　Mark Doyle and Chris Simpson, "Another Week of Terror", *West Africa*, 8 – 14 May 1989, p. 725.

波助澜和公开挑衅使得塞政府不得不拒绝谈判和调停，任由事态恶化。

这场军事冲突在持续两年之后终于宣告落幕，两国边界重新开放。回顾冲突的演变进程，国内政治和国家利益的考量是其中最重要的因素。争端升级为军事冲突之后，毛里塔尼亚和塞内加尔均感受到了冲突带来的不利影响。一方面，武装冲突虽然能够暂时转移国内政治的压力，实现国内各派别的团结，但由于国内斗争的根源没有解决，国内冲突迟早还会出现，毛里塔尼亚总统甚至担心阿拉伯的激进派会成为政府新的威胁；另一方面，两国冲突也导致彼此的经济利益大幅受损。在塞内加尔，毛里塔尼亚人控制着大多数的贸易，并向穷人提供小规模的信贷；在毛里塔尼亚，塞内加尔人也是不可或缺的熟练技术工人，尤其是在捕鱼、机械等行业。此外，两国间的敌对关系还造成国外投资大幅减少。正是出于国内政治和经济利益的考量，毛里塔尼亚和塞内加尔最终选择了和平。

（三）加纳与多哥的"西多哥"归属之争

加纳与多哥的边界之争是非洲国家冲突中较为持久的一个，也同样是殖民主义时期的历史遗产。艾维族（Ewe）是多哥的主体民族，1890 年，因德国和英国殖民者的入侵，艾维族被一分为二，东边是"德属多哥"，西边是英属"黄金海岸"。1918 年一战结束之后，战败国德国的殖民地被英国和法国瓜分，东部被法国殖民者占领，成为法国殖民地，德属多哥的西部，即"西多哥"被英国占领并纳入"黄金海岸"。1957 年，"黄金海岸"更名加纳。然而，边界的存在以及两个殖民宗主国之间的斗争使得长期在此生活的艾维族人被人为割裂为法语和英语两个不同的区域，跨界贸易和旅行都被禁止，两岸人民的生活水平也出现了显著差异。[①] 二战之后，由于政治现实已很难改变，艾维族的精英们不得不放弃民族独立的理想，转而提出取消现有边界、实现德属多哥统一、恢复一战前边界的政治

---

① D. E. K. Amenumey, "The Ewe People and the Coming of European Rule", M. A. thesis, University of London, 1964.

目标。① 1960 年，多哥脱离法国宣布独立，要求加纳归还"西多哥"，1963 年，多哥发生军事政变，多哥新政府上台后，在 1963—1965 年间关闭了两国边界。

经历了短暂的缓和期，70 年代中期之后，"西多哥"的归属权问题再度升温。多哥政府多次声称拥有对"西多哥"的主权，并且暗中向加纳的艾维分离主义组织"西多哥民族解放运动"（Tolimo）提供财政和军事上的支持，以对抗加纳的"新殖民主义"。加纳对此做出了强烈反应，大力镇压和取缔 Tolimo，打击边界走私，其领导人指责多哥在边界策划颠覆活动并试图利用走私和外汇黑市搞垮加纳经济，声称如果爆发战争则完全是多哥的责任。② 80 年代，两国关系仍是龃龉不断。1983 年 6 月，上台不久的加纳军政权在国内遭遇了一场政变，大多数反对派据称均来自多哥；1985 年 8 月，多哥指责加纳在洛美策划了一系列炸弹爆炸事件；1986 年 6 月，流亡在加纳的多哥反对派在多哥策划政变未遂，加纳和多哥两国关系紧张再度关闭边界；1988 年 7 月，多哥驱逐了 124 名加纳人。直到 1988 年的西共体峰会，两国总统就缓和边界争端达成共识，边界的紧张局势开始缓解，两国关系也开始逐步改善。③

从冲突的进程来看，两国政府始终在冲突中保持了克制，避免了冲突

---

① David Brown, "Anglo-German Rivalry and Krepi Politics, 1886 – 1894", *Transactions of the Historical Society of Ghana*, Vol. 15, 1974, ii.

② "Interviews with Bawa and Dumoga", *Africa Research Bulletin*, 1977, p. 4555.

③ 80 年代末，边界问题的缓和其实并没有真正解决两国间的政治关系。1993 年 1 月，多哥军队在洛美攻击和枪杀了数名民众，导致数以万计的多哥民众逃亡加纳，加纳军队不得不在边界高度警戒；1994 年 1 月，多哥首都洛美发生了一起试图推翻埃亚德马政权的突然袭击，多哥政府指责加纳直接或间接地参与了这次袭击，并逮捕了加纳驻洛美的事务代办。多哥军队轰炸了加纳的一处边界哨所，造成 12 名加纳人死亡；位于加纳的多哥难民营也遭到了轰炸。加纳政府宣称多哥政府应对死难者家属进行赔偿。两国关系真正和解是从 1994 年下半年开始的：8 月，多哥支持加纳总统罗林斯当选西共体主席，并成立了一个联合委员会商讨边界争端；11 月，加纳向多哥派驻大使，结束了两国 12 年未互派大使的历史。随后，多哥重新开放了两国边界。

的升级。例如在 1977 年危机时，多哥总统埃亚德马公开表示并不希望激化与加纳的矛盾，而是希望找到和平解决问题的办法，尽管多哥国内反对加纳的声音十分强烈，多哥政府却迅速转向与加纳复交的政策。多哥政府首先加强了便捷的安全控制，在防范加纳政变的同时，也抑制了便捷的走私和黑市活动，而后者是加纳政府长期以来希望多哥政府做的一件事；其次，由于加纳扬言要对多哥政府支持 Tolimo 进行报复并拒绝就边界问题进行谈判，多哥总统埃亚德马不得不软化立场。危机过后，埃亚德马已经深知边界问题难以短期内解决，他并不愿意使争端升级为公开的冲突，因此开始减少对 Tolimo 的财政支持，并寻求改善两国关系。[①]

从深层次看，边界争端的起伏始终受到两国经济形势的影响。对处于争端中心的艾维族人来说，他们最关心的还是各自所享受到的经济福利。进入 60 年代以来，加纳经济开始陷入停滞。从 1960 年到 1970 年，加纳的人均 GDP 从 298.2 美元跌至 259.4 美元，下降了 13%。[②] 对加纳的艾维族来说，他们还面临着政府支出减少，农业收入下降，国内和进口消费品短缺以及通胀率的增加。[③] 相比之下，多哥经济进入了一个快速增长时期，其人均 GDP 从 1960 年的 79.5 美元增加到 135.2 美元，经济增长势头一直保持到 70 年代中期。而多哥的艾维族居住区则是多哥增长最快的地区。进入 70 年代，加纳的经济下滑态势更加严峻，不断增大的福利差距直接导致了 1977 年的边界冲突。

因此，加纳和多哥两国政府最为关注的还是国内的经济增长和社会稳

---

① David Brown, "Borderline Politics in Ghana", *The Journal of Modern African Studies*, Vol. 18, No. 4, 1980, p. 592.

② United Nations Economic Commission for Africa, *Survey of Economic Conditions in Africa*, the United Nations, 1973, p. 22.

③ 加纳的年均通胀率在 1953—1960 年不到 2%；1961—1964 年超过 5%；1965—1970 年接近 10%；1971—76 年已经达到 35%。E. O. Boateng, *Inflation in Ghana: Problems and Prospects*, Legon: University of Ghana, 1978, pp. 5 – 10.

定，其中边界走私问题是两国矛盾的焦点。从 1965 年至 1971 年，多哥的国民收入中有 30% 来自从加纳走私的可可出口，而加纳则因此损失了可可收入的 1/4，而多哥出口的咖啡中有 1/3 是从加纳走私入境的，而多哥每年从加纳走私的消费品多达 1500 万美元。① 加纳政府始终希望两国政府能够合作解决边界走私问题，以挽救加纳经济。对于多哥政府来说，虽然边界走私给本国带来了巨大的经济收益，但是在电力供给方面它必须依靠从加纳进口，这也是为什么多哥政府不希望两国关系恶化的重要原因。因此，加纳与多哥两国的边界争端表面上看是关于"西多哥"的归属，但本质上仍然是经济问题，它之所以能够在西共体的框架内得以缓和，其根本原因在于"西多哥"的归属并不涉及两国政府的核心利益。

三 比较分析

对冲突的历史进程进行追踪，选取殖民地时期归属、冲突原因、冲突的进程、冲突进程的决定性因素以及冲突解决的框架几个要素（见表 3 - 4），运用求同和求异法进行比较分析，可以得出如下结果。

表 3 - 4　　　　　　　　　　西共体冲突要素比较

要素 案例	殖民地归属	冲突进程	冲突原因	进程决定因素	冲突解决框架
1. 马里 vs 布基纳法索	法国—法国	升级	领土划界 资源争夺	转移国内压力	ANAD
2. 塞内加尔 vs 毛里塔尼亚	法国—法国	升级	民族冲突 资源争夺	转移国内压力	双边
3. 加纳 vs 多哥	英国—法国	缓和	领土划界 民族冲突	经济相互依赖	ECOWAS

---

① Samuel Decalo, *Historical Dictionary of Togo*, N. J. : Metuchen, 1976, p. 150.

首先，对案例 1 和案例 2 的比较可以看出：两起冲突的结果都是冲突升级，这几个国家有着相同的殖民历史，都曾经沦为法国殖民地，两起冲突的表现也有所不同，案例 1 表现为领土划界，案例 2 的起因是民族冲突，但深层次矛盾均是对资源的争夺；导致冲突升级的决定性因素都是为了转移国内的政治、经济压力，政府迫切需要一场武装冲突。这两起冲突最终解决的框架不同，案例 1 是在法语区国家的安全框架内解决的，案例 2 则是两个当事国之间的协定。

可以判断：第一，资源争夺涉及国家的核心利益，是导致冲突升级的根本原因。非洲国家大多资源匮乏，资源对冲突国家而言事关国家的经济发展、社会的经济福利以及政府的政权稳定，因而具有极其重要的意义。第二，国内政治是导致冲突升级的直接原因。冲突国家的政府均在国内面临着严重的政治、经济和社会危机，反对党的压力和政治斗争迫使政府不得不通过武力来解决冲突或推动冲突的解决，以维护政权的稳定。第三，冲突不同的解决途径反过来说明，西共体对这两起冲突没有发挥和平效应。西共体成员在政治、经济和文化方面的差异很大，在调停冲突方面的影响力十分有限。以马里和布基纳法索的冲突为例，西共体调停冲突的能力就远不如成员均属法语区的 ANAD。

其次，将案例 3 和案例 1、案例 2 进行比较可以发现，两组冲突有着不同的结果，前者是冲突缓和，而后者是冲突升级。从要素来看，案例 3 中冲突的起因与案例 1 或案例 2 相同，分别涉及领土归属和民族统一问题，但不同的是并未涉及资源的争夺。① 不同的因素还包括：决定冲突进程的是两国间的经济因素和经济相互依赖；两个冲突国在殖民地时期分属英国和法国；冲突缓和的框架是西共体。

---

① 在加纳与多哥的冲突中，虽然也涉及可可、咖啡的走私以及多哥希望掌控加纳水坝项目的电力资源，但这些资源属于加纳是没有争议的，因而不涉及两国对资源的争夺。

可以判断：第一，冲突的起因与冲突的升级与否没有因果联系，但深层次的冲突性质决定了冲突的进程。对于加纳和多哥两国政府而言，它们最为关切的是国家的经济发展，"西多哥"的归属不属于政府的核心利益，因而不会导致冲突升级，这也是冲突得以缓和的必要条件。第二，冲突国家间的经济相互依赖是冲突缓和的根本原因。与其他两组冲突不同，加纳与多哥在经济上互有所求，无论是边界走私问题还是电力资源问题都事关两国核心的经济利益，而这些利益只有通过两国间的合作才能实现，武力是不可能解决的。第三，西共体框架的和平效应一方面源于两国对经济合作的重视，另一方面也与两国殖民地时期的归属不同有关。经济问题当然需要在经济框架内解决，因此作为次区域经济一体化的制度安排，西共体是一个解决两国冲突的合适框架。此外，加纳与多哥分属不同国家的殖民地，因而也没有像 ANAD 这样的平台可以利用。

综上所述，西非国家经济共同体的个案分析可以得出如下结论：在同样的制度化框架下，和平效应的实现与否并不完全取决于制度化层面的共性因素，而是取决于冲突的性质和国内政治环境。由表 3 - 1 可知，西非国家经济共同体属于冲突基线风险水平很高的案例，制度化水平为中等，实际冲突发生水平也比较高，制度化水平与实际冲突的发生并不存在明显的相关性。但是，由于在制度框架内建立了安全合作机制，成功抑制了某些冲突的升级。简言之，当冲突涉及两国的核心利益和强大的国内政治压力时，冲突会升级，特惠贸易安排的和平效应不发挥作用；反之，只有当冲突不涉及两国的核心利益并且冲突国之间存在经济相互依存时，特惠贸易安排的和平效应才能够显现。

本章小结

本章的目的是对发展中国家区域贸易制度与冲突形势进行实证分析，

考察发展中国家区域贸易制度发挥和平效应的影响因素和限制条件。通过逐层递减、逐步缩小观察范围的分析路径，结果发现：（1）在冲突基线风险水平排除极低或极高的情况下，区域贸易制度的一体化水平与冲突发生水平之间的确存在较为明显的负相关关系，区域贸易制度抑制冲突升级的可能性更大；（2）区域贸易制度可以通过预期目标、首脑会议机制、官僚机构等要素在冲突升级和调解过程中发挥作用；（3）即使是在同一个区域贸易制度框架下，和平效应能否发挥一方面取决于冲突的性质，另一方面也受制于地区权力结构和国内政治的考量。在地区权力结构的影响下，只有当贸易利益在国内政治机制中的分量超越了冲突利益，区域贸易制度的和平效应才能最终实现。

第四章

区域贸易制度和平效应的路径分析

纳西姆·塔勒布（Nassim Taleb）在其著作《黑天鹅：如何应对不可知的未来》中指出，越来越多的数据就如同一个庞大的"干草垛"，而我们想要寻找的那根针却不知深埋于何处。实证分析结果提示了区域贸易制度与冲突水平之间可能存在的相关性，并揭示了和平效应发挥作用的影响因素。但是，这些变量之间的关系是否有现实意义，以及发挥和平效应的路径和条件却不能直接从上述事实观察中发现，而是需要以演绎的方法对其进行理论解释。演绎的目的是从逻辑上建立两个变量之间的联系，从而表明其相关性。因此，仅仅从实证研究中发现要素之间的相关性是不够的，还必须从机制上阐释区域贸易制度推动和平的条件性和发生作用的具体路径，实证研究的结果才更有意义。

第一节　区域贸易制度如何推动和平

区域贸易制度有助于推动和平是自由制度主义的核心观点。其理论依据是它可以从两个层面发挥和平效应：第一个层面是经济层面，即区域贸易自由化可以增加成员国之间的经济相互依存程度。商业自由主义者认为，经济相互依存可以通过三种路径实现和平：一是经济相互依存可以增加军事冲突的成本，国内利益集团会通过游说政府，抑制其采取军事行动；二是相互依存的经济可以被用作制裁的手段，同样可以达到发动军事冲突的目的；三是经济相互依存通过改变国内精英的政策偏好和民意，促使政府在冲突利益和经济开放之间进行重新定位和评估，做出更有利于经济发展的决策。① 第二个层面是制度层面，即制度能够促进国家间的合作。新制度主义的代表人物罗伯特·基欧汉认为，国际制度将会在推动以自我利益为中心的国家之间进行合作和沟通方面发挥不一样的作用，制度有助于改善市场失灵，解决一体化行动中的集体行动问题，通过提供互惠来促进合作，而区域性的国际制度增强了各国解决争端和相互合作的动机。②

显然，区域贸易制度并不能阻止冲突的发生，但是却可能通过特定的路径促进国家间的合作，从而抑制冲突的升级。那么，为什么国家会在某些情况下选择武力而在另一些情况下选择合作呢？根据詹姆斯·费伦（James D. Fearon）在 1995 年提出的理性主义军事冲突模型，军事冲突的发生源于国家间谈判的失败。③ 这里隐含了三个重要的假设：其一，武力冲突对国家而言是一种代价高昂的行为，无论结果如何，双方都要消耗巨大的资源和作出人员的牺牲；其二，国家是理性的决策者，所谓理性，是指他们会依据自身的利益准则进行成本收益分析，并最终选择代价较低、风险较小的决策；其三，争端出现之后存在和平解决的谈判空间。费伦认为，通过谈判，国家可以用和平方式来解决争端，并实现战争手段最终想要达成目标。

---

① Miles Kahler and Scott Kastner, "Strategic Uses of Economic Interdependence: Engagement Policies on the Korean Peninsula and Across the Taiwan Strait", *Journal of Peace Research*, Vol. 43, No. 5, 2006, pp. 523 – 541.

② Robert Keohane, *After Hegemony: Cooperation and Discord in the World Political Economy*, Princeton: Princeton University Press, 1984; Robert Axelrod and Robert O. Keohane, "Achieving Cooperation under Anarchy: Strategies and Insititutions", in Kenneth A. Oye, ed., *Cooperation under Anarchy*, Princeton: Princeton University Press, 1986.

③ James D. Fearon, "Rationalist Explanation for War", *International Organizations*, Vol. 49, No. 3, 1995, pp. 379 – 414.

　　国家间的谈判常常由于以下三个原因而导致失败的结果：第一，谈判的目的是希望在争端议题上实现利益共享，但是争议有时候对国家而言是不可分割的，要么全部得到，要么全部失去，限制了谈判中该议题与其他问题的可联系空间，致使谈判失败。第二，由于信息的失灵，国家决策者对对方军事意图和军事能力的不了解，常常会导致对对方军事资源和能力的误判。如果决策者认为发动军事冲突的代价可以承受，利大于弊，那么它就会选择以武力解决争端。第三，缺乏互信，即使知道战争的代价并了解对方的军事能力和意愿，但由于缺少对对方的信任，决策者知道即使达成了协议，和平协定的执行仍然会是一个未知数。与其达成一个前途不可知的"和平协定"面临再次爆发军事冲突的可能，还不如现在就承担使用武力的风险（见图4-1）。

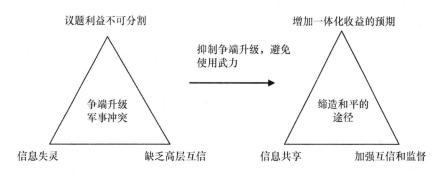

图 4 - 1　贸易制度抑制军事冲突的分析框架

　　据此，区域贸易制度能够在以下几个方面有效避免上述谈判失败的风险：首先，区域经济合作常常包含多个议题，通过创造或扩大谈判议题范围可以克服议题的不可分割性风险。区域经济一体化在多个议题上的推进可以产生可预期的收益，改变国家对成本收益分析的判断，增加武力冲突的成本和和平的收益，促进争端的和平解决。其次，区域贸易制度框架内设有高层官员定期会晤的机制，有助于增加信息沟通和高层官员的互动，在冲突时面对面的交流可以增进彼此的了解，避免发生误判。最后，区域贸易制度的一个重要特征是多边约束，无论是框架内的监督机制还是维护诚信名誉的需要，都能够提高违约的成本和代价，从而强化履约的可信度。简言之，区域贸易制度可以通过机会成本机制、信息机制和冲突解决机制三个路径来降低冲突升级的风险。

机会成本机制是指区域贸易制度可以提高国家对经济合作收益的预期，增加发动战争的代价和机会成本。成员国参加区域贸易制度安排的收益预期主要是贸易自由化带来的经济效应，如贸易和投资的创造和转移、市场规模扩大和产业结构升级、贸易与投资便利化、宏观经济协调，共同应对全球经济冲击等。此外，作为一种政府行为，政府决定加入区域多边合作的动机往往包含了某种政治动因，只是由于政治动机较为复杂和隐蔽，常常因国而异，如融入地区或全球经济一体化应对新环境和新形势、寻求国家身份在制度内的认同、加强政治协调等。一旦冲突升级为战争，区域贸易制度的预期收益很有可能难以持续，而成为必须付出的代价。因此，区域贸易制度的一体化水平越高，冲突升级所带来的机会成本就越大，决策者在冲突中就会更加谨慎。

信息机制是指通过信息的定期交换来推动成员国间重要信息的共享，解决信息失灵的问题，避免发生误判。作为国家的最高决策者，领导人之间的沟通和良好的个人关系有助于增加互信，既是领导人之间信息交流的一个重要途径，同时也为相关部门之间的合作和交流奠定良好的基础。新自由制度主义者强调，国家间合作的失败主要是源于国际行为体在相互交往中的欺骗行为以及各方对于对方欺骗行为的担心，而国际制度可以通过加大或减少国家之间的交易成本和提供可靠的信息，减弱政治市场的失灵，实现国家间的合作。[①] 特别是，不少发展中国家的区域贸易制度框架

[①]　参见秦亚青《权力、制度、文化》，北京大学出版社 2005 年版，第 87—111 页。

下还包含了军事合作的条款，军事信息的交流和沟通会更加容易和便捷。因此，增加互信和减少误判是信息机制的主要作用。

冲突解决机制则是指区域贸易制度在冲突和平解决过程中发挥的作用。当成员国之间发生冲突之后，要么是以战争手段打到底，要么是通过和平谈判得以解决。科尔曼（Herbert C. Kelman）认为，冲突解决是要形成新的政治和社会安排，使当事各方获得满足对于身份和安全的最基本需求，并建立起一个与各方福利和发展相一致的稳定的合作关系。① 从冲突解决的路径上看，国家间冲突的解决主要依靠两国间直接的谈判，但是第三方力量的斡旋和调停往往可以发挥更大的作用，如加强冲突方之间的信息沟通、防止事态进一步恶化、为冲突方解决冲突提供平台等。区域贸易制度作为一个多边的合作制度框架，成员国之间有共同的经济利益作为纽带，领导人之间彼此熟悉，因而能够更积极地主动担当起斡旋、调停和监督者的角色。

因此，结合前文中实证分析的结果，区域贸易制度发挥和平效应的影响因素涉及一体化水平、预期收益、首脑会晤机制、官僚机构、冲突的性质以及国内政治，将这些因素纳入分析框架中，区域贸易制度可以从以下路径实现和平效应：（1）区域贸易制度的一体化水平越高，机会成本机制的作用就越大，成员国间冲突升级的可能性就越小；（2）定期举行的高层会晤机制有助于增强领导人之间的沟通和了解，通过信息机制和冲突调解机制，避免成员国间冲突的升级；（3）争端解决机构等官僚机构的独立性越强，在冲突中调解的约束力越强，冲突实现缓和的可能性就越大。此外，区域贸易制度和平效应的发挥还受到诸多条件的约束，首先是冲突的性质，冲突的重要性和紧迫性越强，区域经济一体化抑制冲突升级

① Herbert C. Kelman, "Forword", in Dennis J. D. Sandole & Hugo Van der Merwe eds. , *Conflict Resolution Theory and Practice: Integration and Application*, Manchester: Manchester University Press, 1993.

的和平效应越小；其次是国内政治，国际、国内战略和政治环境的变化是决定冲突利益与经济利益在政府决策中优先顺序的重要变量。只有当冲突利益在国内政治中让步于经济利益的时候，区域贸易制度才能够通过上述三个机制发挥和平效应。

第二节　区域贸易制度和平效应的机会成本机制

区域贸易制度之所以能够通过机会成本机制来抑制冲突升级并推动和平，源于区域经济一体化的程度和范围。一体化的程度越深，合作的范围越广，成员国对区域经济合作的收益预期越大。收益预期是机会成本机制发挥作用的关键干预变量，它在理性决策中直接表现为冲突升级的机会成本，机会成本越高，成员国通过谈判缓和冲突的动力越大，冲突升级为战争的可能性也就越小（见图4-2）。

图4-2　区域贸易制度和平效应的机会成本机制

一　"对贸易收益的预期"变量的引入

作为国家行为，国家在决定加入区域经济合作时考虑的不仅是当前的经济收益，同时也包含了对未来收益的预期。因此，借鉴自由主义关于成本收益的分析方法，本书引入一个新的干预变量——"对贸易收益的预期"，即"一体化水平"并不能直接导致关系变量"国家决策"——战争还是和平，抑或冲突升级还是合作解决——的变化，而是有赖于国家决策者"对贸易收益的预期"这个干预变量的变化。或者说，国家决策者对贸易收益的判断决定了贸易的发展是否能够抑制冲突的升级，实现国家间的和平。

前提假设是：（1）当两国发生冲突时，一旦冲突升级，就必然会发生军事冲突和战争。而一旦出现这种情况，两国间正常的贸易关系就必然会中断。（2）国家是单一的、理性的决策者，一个贸易国在决策时会在贸易收益与战争收益之间做出权衡和取舍。如果贸易收益要大于战争收益，它就会抑制冲突的升级，尽量合作解决冲突；反之，如果战争的收益要优于贸易收益，就会支持冲突的升级，不惜动用武力。（3）战争的收益是指战争给国家带来的净收益，不仅要考虑战争获胜带来的经济和政治收益，更需要计算战争所耗费的人力、物力和财力成本。因为战争的收益值与贸易水平无关，所以它是一个常数。基于此，对贸易收益的判断将会在很大程度上左右国家的决策，是任由冲突升级还是合作解决冲突。①

贸易收益是指区域贸易合作给国家带来的既有的和潜在的经济和其他相关收益。从经济上看，贸易可以为贸易国节约经济成本，提高经济效率；从政治上看，贸易还可以增进两国的信任，换取某些领域的合作。而国家"对贸易收益的判断"不仅基于对当前和过往贸易水平的认识，更重要的是，它需要根据对方的政策变化来判断双边贸易的未来走势，无论是积极的还是消极的。也就是说，对贸易收益的判断还应该反映出双边贸易的潜在收益。

虽然"对贸易收益的预期"是一个主观变量，但是我们仍然可以从

---

① 国家决策事实上涉及了复杂的国内政治和机制，如国内利益集团的压力、决策机制、决策者个人的因素等。为了便于分析，本书假定国家是理性的，在两国间发生冲突时会比较如果关系恶化而发生军事冲突将要付出的成本与获得的收益，这也是继承了自由主义者的理论逻辑。诚然，国际关系现实中的很多战争可能是非理性的。例如，不久前发生的黎以冲突，无论是黎方还是以方都承认这场局部战争的发生欠理性考虑。

一些客观的指标中对其进行分析和把握。这些指标包括：（1）双边贸易额：这是一个反映贸易量的指标，它的大小直接反映了双边贸易的规模，也是衡量贸易收益的最基本的一个指标。在其他条件不变的情况下，贸易额越大，对贸易的依赖性就越强，贸易的收益也就越大。（2）贸易商品的范围和结构：这是一个反映贸易质量的指标，贸易的商品结构是否具有可替代性决定了国家对贸易的依赖程度。如果贸易商品中含有对本国发展至关重要的原材料或能源，那么它对贸易的依赖性就强，贸易的收益也就越大；反之亦然。（3）贸易额在国家进出口总额中的比重：这也是衡量贸易依赖性的指标，比重越大，依赖性就越高，贸易收益也就越大；反之同理。（4）双边关系中其他领域的合作收益：贸易的收益同时还包含了和平贸易所能带来的政治红利，即增进双方的信任，促进在其他领域的合作，这些领域的合作越多，国家从和平贸易中获得的政治收益也就越大。（5）对贸易伙伴国政策的分析和解读：如果根据伙伴国的政策、领导人谈话或政府官员言论认为，伙伴国对双边贸易非常重视，双边贸易的前景看好，那么潜在的贸易收益就越大；反之，如果认为双边贸易会由于对方的政策受到威胁，潜在的贸易收益就越小。

从上述指标来看，前四项指标反映的是比较客观的贸易收益，它是现存的并且不以决策者的意志为转移的；最后一项指标反映的则是决策者主观的判断，是对未来贸易收益的预期。后者也反映了在双边关系的政治框架下贸易收益的安全性和持久性。就二者的关系而言，它们是互为补充的。如果没有了现存的贸易收益，判断未来的贸易收益也就失去了意义；同样，如果对潜在贸易收益的判断是消极的，现存的贸易收益也就显得苍白无力。当然，在不同的历史时期进行比较时，并不是上述所有的指标都需要进行考察，而我们只需要分析那些发生了显著变化的指标，而忽略其他保持不变的指标。

对某一对国家而言，战争的收益值是一个固定数值，但在不同的国家之间，战争的收益又有所不同。在实力相近的国家之间，如大国之间或小国之间，由于实力差距很小，运用武力手段解决冲突不仅要付出巨大的代价，而且达到预期目标的可能性也微乎其微。尤其是在双方都具有核武器的情况下，发动武力攻击的结果很可能是两败俱伤。在这种情况下，本章假定战争的收益接近于零。① 还有一种情况是在实力差距较大的国家之间，其中一方的实力（当然也包括军事实力）远远超过了另一方，如强国和弱国之间，这时强国运用武力解决冲突应该是可以达到预期目标的，我们认为战争的收益值为正。对于弱国而言，由于实力差距较大，通过军事手段实现政治目标的获胜概率很小，因此通常不会主动挑起战争，战争的收益值为负。在后一种情况中，当国家认为可以从战争中获得很高的收益时，它发动战争的信心会很坚决，此时贸易的力量是无法左右的；同样，当国家认为发动战争必败时，无论贸易的情况如何，它也不会发动战争，因此贸易的力量也是无效的。所以，只有在认为：战争的收益值接近于零时，即发动战争胜算很小，但是如果一旦获胜则将会得到回报时，贸易这个变量才有了介入的空间。

由此，在战争的收益值近乎为零的情况下，如果国家"贸易收益的预期"是积极的，贸易的收益值为正数，贸易的收益值超过了战争的收益，国家会选择和平贸易，尽可能地合作以解决冲突，避免冲突升级；反之，如果预期是消极的，贸易的收益值为负，国家此时就会在"两害中取其轻"，选择武力解决冲突。

以上是针对一个国家进行的分析，如果将两个国家都考虑进来，就会出现以下三种情况：一是两个国家都选择了冲突升级；二是两个国家都选择了和平贸易；三是一国希望和平贸易而另一国更倾向于使用武力。前两

---

① 这里借鉴了 Dale C. Copeland 在 "Economic Interdependence and War" 中的前提假设。Dale C. Copeland, "Economic Interdependence and War", *International Security*, Vol. 20, No. 4, 1996, pp. 4–51.

种情况的结果都不难判断，第一种情况下武力冲突难以避免，第二种情况下双方都会努力保持克制，通过合作解决冲突。第三种情况则比较复杂，它涉及两个国家之间的外交博弈。如果选择和平的国家能够为此做出足够的让步，满足另一国在冲突中提出的要求，那么和平即可实现；反之，冲突仍然难以避免。这时就需要具体情况具体分析。

二 区域贸易制度、未来收益预期与机会成本机制

区域贸易制度是具有多边约束力的制度，它的力量在于它可以增强成员国对区域经济合作收益的信心，确保区域经济合作的稳定性和可预见性；同时，它也有助于增强私人企业对区域内市场准入的期待。国家政府是理性行为体，其外交决策的出发点是成本收益判断。对加入区域经济一体化而言，国家所要付出的成本是让渡部分经济或政治主权，承担区域一体化的义务，制定国内相关经济政策时面临一定的局限性；而它能够获得的收益则包括创造贸易机会、推动经济增长，以及增加一个区域国家间互动的信息共享和高层互动的平台。从这个意义上看，国家政府签署区域贸易安排的核心动机，并非仅仅着眼于从区域经济一体化中获得的短期经济收益，而是包含了未来经济和政治收益的预期目标。因此，制度框架下的经济相互依存会给决策者带来稳定的未来收益预期，一旦冲突升级为战争，这些预期的收益都将成为发动战争的机会成本而必须放弃。

自由制度主义者强调，在相互依赖的行为体之间，会形成共同利益，为了实现共同利益，行为体会协调各自行为，形成集体行动；为了使集体行动能够持续与稳定，他们会通过制度化的方式建立特定的秩序。[①] 区域

---

① 李少军等：《国际体系：理论解释、经验事实与战略启示》，中国社会科学出版社 2012 年版，第 95 页。

贸易制度就是各成员国协调各自政策以实现共同经济利益的相互合作，而区域贸易安排则是集体行动所形成的合作机制。相比于安全领域的合作机制，区域贸易制度由于政治性较"低"而更可能实现彼此的政策协调；相比于全球性的贸易制度，如关税贸易总协定（世贸组织），由于成员国数量较少、地缘毗邻，通过讨价还价达成共同目标的可能性更大。作为正式的制度，区域经济一体化可以通过强制的手段使各成员国按照共同的目标行事，这也对应了奥尔森在《集体行动的逻辑》中的观点：大集体形成合作机制，要么存在有效的强制，要么能给予合作者集体利益之外的好处。①

国家对贸易收益判断的机会成本，即国家将要因此遭受的收益损失。在大多数的实证研究中，贸易收益通常是由贸易额或贸易额在 GDP 中的比重所代表的，因为这些数字可以最直观地反映出贸易扩大所带来的收入增加。但是，如本章前面所述，从事贸易活动的主体是企业，作为社会行为体的一员，它们才是贸易额所体现出的贸易利益的获得者。对作为贸易制度直接推动者的国家而言，贸易额并不能完全体现出国家对于贸易制度未来收益的预期，而贸易制度中所规定的经济一体化的目标却可以充分表达出决心加入贸易制度的国家所期望从中获得的收益，因为它包含了国家现在和未来可以从贸易一体化中获得的收益。例如，1995 年秘鲁和厄瓜多尔发生武力冲突之后，在其他成员国的帮助下，签署了若干能够在未来产生收益的协定。西蒙斯（Beth Simmons）认为，两国之所以决定结束敌对是因为"前瞻性的制度安排指明了持续合作可以带来的未来收益"②。科普兰（Dale C. Copeland）进一步认为，"国际制度之所以会增加和平的可能性，

---

① ［美］奥尔森：《集体行动的逻辑》，陈郁等译，上海人民出版社 1995 年版，第 2 页。

② Beth Simmons, "Forward-Looking Dispute Resolution: Ecuador, Peru, and the Border Issue", in I. William Zartman and Victor Kremenyuk, eds. , *Peace versus Justice*: *Negotiating Forward-and Backward-Looking Outcomes*, MD: Rowman and Littlefield, 2005, p. 244.

是因为这些制度可以固化未来的收益预期，从而减少了战争的动机"①。

成员国对未来收益的预期目标直接决定了区域贸易安排的具体形式和制度结构。如果成员国对区域经济一体化的未来预期仅仅是扩大贸易、调整产业结构或增加就业机会等经济目标，那么它们建立的区域贸易制度的组织形式就很可能仅仅是特惠贸易安排、自由贸易区或关税同盟，因为这些较低层次的一体化目标所涉及的政治目标较少，成员国需要让渡的政治主权也较少；如果成员国对区域经济一体化的预期目标更高，那么就意味着它们愿意让渡更多的国家政策制定权并收获更大的利益，它们所建立的区域贸易制度的形式就会是共同市场、经济联盟或者完全一体化。随着一体化程度越来越高，其合作的范围也越来越多，从单一的关税特惠逐步扩展至非关税壁垒、产业合作、技术规范、生产要素流动、经济政策协调和经济政策一体化。随着经济合作的范围越来越大，对成员其他领域的政策协调要求也会越来越高，而合作的领域也往往会从经济领域扩展至外交、安全以及价值观层面。可以说，贸易制度所涉及的经济一体化程度愈深，那么国家从贸易合作中获得的收益预期就愈高；反之，如果经济一体化程度愈浅，那么国家对贸易合作收益的预期则愈小。随着一体化最终目标的程度逐渐加深，其中所涉及的政治因素也就越多，它所要求的制度结构也就更为复杂。

目前，不同区域贸易安排之间的合作领域有着很大的差别。一些区域经济组织，如欧盟和海湾合作委员会（GCC）的合作领域非常广泛，包括一系列众多的经济议题；而区域经济合作组织（ECO）② 和阿拉伯马格里

---

① Dale C. Copeland, "Economic Interdependence and War", *International Security*, Vol. 20, No. 4, 1996, p. 41.

② 经济合作组织（Economic Cooperation Organization）是一个国际性的地区组织，于 1985 年由伊朗、巴基斯坦、土耳其三国发起成立。该组织成立的目的是促进成员国之间经济、技术、文化合作与交流。1992 年该组织新增七个成员国，它们是：阿富汗、阿塞拜疆、哈萨克斯坦、吉尔吉斯斯坦、塔吉克斯坦、土库曼斯坦和乌兹别克斯坦。

布联盟（AMU）的合作领域则有很大的局限性。在贸易层面，自由化的程度越高，贸易流动额就越大。对于那些致力于大力削减贸易壁垒的区域经济组织（如东盟）或者是超越壁垒削减以消灭非关税壁垒建立共同对外关税的区域组织（如欧盟、南方共同市场和安第斯共同体）来说，它们会比其他组织更能够推动区域内的商业活动。① 这也就意味着，这些组织的成员国之间如果出现战争，它们所面临的机会成本就要更高。因此，就机会成本机制而言，区域经济合作的范围越广泛、一体化程度越高，成员国从中获益就越大，一旦发生武力冲突就必须要付出更大的代价，这样的区域经济合作也就会带来更大的和平效应。

此外，区域贸易安排框架内常常包含多项议题，不同议题之间的相互联系有助于成员国之间平衡利益分配，有利于克服争端利益的不可分割性，增加成员国的收益预期。重要的是，它还可以增加区域经济合作的转移支付渠道，减少相对收益不同引发的利益分配问题。尽管所有的成员或多或少都会从区域经济一体化中获益，但是收益却并非是在各成员国中平均分配的，有研究表明，经济较发达的成员国相对而言能够获得更多的好处，如果利益分配的不平衡得不到有效的解决，很可能会导致经济一体化进程的停滞甚至夭折。② 以东非共同体为例，正是由于肯尼亚的经济获益是以牺牲坦桑尼亚和乌干达这两个弱国的利益为代价，致使共同体内局势紧张，并最终导致了共同体的分裂。③ 另外一个造成区域经济合作摩擦的

---

① Faezeh Foroutan, "Does Membership in a Regional Preferential Trade Arrangement Make a Country More or Less Protectionist?", *World Economy*, No. 21, No. 3, 1998; World Bank, *Trade Blocs: A World Bank Policy Research Report*, New York: Oxford University Press, 2000.

② Faezeh Foroutan, "Regional Integration in Sub-Saharan Africa: Past Experience and Future Prospects", in Jaime de Melo and Arvind Panagariya, eds., *New Dimensions in Regional Integration*, New York: Cambridge University Press, 1993, pp. 256 - 260.

③ Andrea Goldstein and Njuguna S. Ndungu, "New Forms of Co-operation and Integration in Emerging Africa: Regional Integration Experience in the Eastern African Region", *Technical Paper* 171, OECD Development Center, Paris, 2001, p. 11.

根源是不同成员国之间的比较优势差异。一般来说，区域一体化会给予那些区域竞争力与全球竞争力相一致的成员国，而惩罚那些区域竞争力与全球竞争力相左的国家。因此，如果区域一体化组织内部包含了比较优势差距较大的成员，那么很容易引发利益的不平衡分配，解决不好的话，就会在区域内关税和共同对外关税上发生冲突。

区域贸易安排的多议题化有助于解决上述利益不平衡分配的问题。在一个议题上处于绝对或相对劣势的国家，可以在其他议题中寻求利益补偿，所谓"失之东隅，收之桑榆"。世界银行曾在报告中论证，区域经济一体化组织"将很多不同议题放在一个谈判桌上，将其置于一个更大的框架协定之下，有助于降低补偿性转移的大小，更易于达成一致"①。区域经济合作所涉及的范围越广，可供联系的议题也就越多，它不仅有助于一体化谈判的顺利达成，也会增加区域经济合作的利益平衡。例如：北美自由贸易区协定的达成，就是在劳动力和环境议题被纳入协议之后才实现的；欧洲一体化进程的顺利推进也得益于广泛的议题联系，如果在一个领域违约也会影响到另一个领域的利益，正是因为这种连带机制，欧洲一体化的制度才能成功走过数十年的风雨。② 同样的原因也让南方共同市场成功度过了 21 世纪初的危机，多领域的经济合作有效缓解了一些成员国的不满，阻止了一些成员国的分裂。③ 因此，区域经济一体化往往包含了很多议题，为成员国提供更多收益的同时，也增加了武力冲突的机会成本；区域经济合作的程度越深、范围越大，成员国间冲突升级为战争的可能性

---

① World Bank, *Trade Blocs: A World Bank Policy Research Report*, New York: Oxford University Press, 2000, p. 22.

② Miles Kahler, *International Institutions and the Political Economy of Integration*, Washington, DC: Brookings Institution Press, 1995, pp. 85 – 86.

③ Andrew Hurrell, "The Politics of Regional Integration in Mercosur", in Victor Bulmer-Thomas, ed., *Regional Integration in Latin America and the Caribbean: The Political Economy of Open Regionalism*, London: Institute of Latin American Studies, 2001, p. 203.

就越小。

第三节 区域贸易制度和平效应的信息机制

区域经济一体化框架下定期举行的高层会晤在增进成员国高层之间的信息交流和沟通方面有独特的优势，它可以为冲突国家的高层首脑之间创造增信释疑的机会，也有利于其他成员国领导人创造性地提出新的冲突解决思路，增加冲突解决的可能性（见图2）。

图 4 – 3 区域贸易制度和平效应的信息机制

一 冲突中的首脑外交

外交是国家在国际关系活动中广为使用的一种治国之道。外交（diplomacy）一词源自古希腊文的 diploma，由 diplo［意为"折叠为二"（fold in two）］，以及 ma［意为"物件"（an object）］所组成。它原指折叠的文件，用以证明持有人的身份，以及所赋予的通行和其他的权利。在罗马帝国时代，diploma 指可以在帝国道路旅行或过境的文件如护照或通行证之类。18 世纪，法国人开始称呼他们与外国使馆打交道的官员为"外交人员"。外交的目的通常以维护国家主权的独立、完整和安全为首要目标，其最大特征是"不以暴力为手段来达成协议"，即以和平手段来实现国家利益目标。主权国家可以在外交活动中相互沟通，交换信息或者进行和平谈判。

对于主权国家而言，外交和武力是国家解决争端的两种手段。但是，对于外交在解决冲突中的作用却有着不同的观点。一些学者认为外交手段在冲突解决过程中效果甚微，更有观点认为外交只是毫不费力的空谈，不过是不值钱的"空话"（cheap talk）；正因为如此，其他国家也不会相信这些外交的言论，更不会在谈判中相信这些话，无助于双方建立互信的关系。① 还有学者持相反的观点，他们认为外交是缓和冲突升级的一个有效渠道。安妮·萨托利（Anne E. Sartori）认为，在和平时期保持连续外交互动的国家之间更易于分享共同利益，因而有更大的维护诚实信誉的动机；这种动机会让外交信息更具可信性，因而有助于冲突的缓和。② 胡斯（Paul K. Huth）则指出，地理相邻的国家之间外交活动更频繁，更易于产生共同的利益需求，而对一个国家的信誉判断对于邻国之间的谈判尤为关键。③ 总之，外交能够为争端双方提供有价值的信息，从而预防冲突的升级。

相比于间接的外交活动，领导人之间的直接会晤有着更大的和平优势。研究表明，面对面的沟通有助于争端双方给予或获得对方的合作承诺，扩大谈判范围，更易于相互妥协；定期经常性的面对面会晤更能够增进领导人之间的熟悉和了解，建立信任，增进彼此的信心。④ 以海湾合作委员会为例，其高层会晤机制促进了成员国之间的联系、磋商和合作，基

---

① Andrew H. Kydd, *Trust and Mistrust in International Relations*, Princeton：Princeton University Press，2005，p. 198；James D. Morrow，"Modeling the Forms of International Co-operation：Distribution versus Information"，*International Organizations*，Vol. 48，No. 3，1994，pp. 387 – 423.

② Anne E. Sartori，*Deterrence by Diplomacy*，Princeton：Princeton University Press，2005.

③ Paul K. Huth，"Reputations and Deterrence：A Theoretical and Empirical Assessment"，*Security Studies*，Vol. 7，No. 1，1997，pp. 72 – 99.

④ David H. Bearce，"Grasping the Commercial Peace"，*International Studies Quarterly*，No. 47，No. 3，2003，pp. 347 – 370；David H. Dunn，"How Useful is Summitry?"，in David H. Dunn，ed.，*Diplomacy at the Highest Level：The Evolution of International Summitry*，New York：Macmillan，1996.

于共同利益问题上的成功谈判和决定，产生了滚雪球的加速效应，最终导致了磋商和协作的机制化，为各成员国之间带来了更大的信任。① 可见，高层领导人之间的直接对话可以发挥信任建立措施的作用，有助于彼此之间可信任的信息交换。

二　区域贸易制度、高层会晤与信息机制

几乎绝大多数的地区贸易制度中都包含了首脑和高层官员交流和互动的平台，它们在化解成员国间的政治冲突、实现地区的政治凝聚力方面发挥了重要的作用。西非国家经济共同体的最高权威机构是西共体国家和政府首脑会议，每年召开一次。在其成员中，位于黄金海岸的加纳与多哥因"西多哥"问题长期关系不睦，1988 年的西共体峰会为两国首脑解决双方积淀已久的争端提供了宝贵的契机，在这个平台上，两国逐渐实现了政治和解。随着两国在经济一体化程度上的加深，两国首脑间的互信也逐步增强。1999 年，加纳与多哥在多哥直升机未经允许在加纳降落等问题上出现了争端，但双方均保持了克制。即使是一些苛刻的批评家也不得不承认西共体峰会对西非国家的领导人来说是很重要的，因为它让这些领导人能够私下聚在一起解决彼此的争端。② 有学者指出，首脑和外长会晤机制的互动帮助西共体成员国建立了彼此之间的信任，即使它们还没有享受到经

---

① Michael Barnett and F. Gregory Gause III, "Caravans in Opposite Directions: Society, State, and the Development of a Community in the Gulf Cooperation Council", in Emanuel Adler and Michael Barnett, eds., *Security Communities*, Cambridge: Cambridge University Press, 1998, p. 177.

② Stephen Riley, "West African Subregionalism: The Case of the Economic Community of West African States (ECOWAS)", in Glenn Hook & Ian Kearns, eds., *Subregionalism and World Order*, New York: St. Martin's, 1999, p. 67.

济一体化带来的经济互惠。①

与双边会晤相比，区域贸易制度框架下的高层会晤有着更多的优势。例如，在信息机制层面，它可以有效放大主权国家的名誉效应，因为有关意图和决心的信息披露会有更多的见证者。但是，更重要的是，多边框架下的高层会晤机制更有利于通过冲突管理机制而发挥其和平效应。

首先，它可以为争端双方提供一个非正式、私下沟通的轻松氛围，与正式的双边谈判和调停相比，在一个以经济合作为目的的框架内探讨政治问题，会谈更加灵活，而且往往更具成效。2003 年，印度和巴基斯坦签署的和平协定就是在南亚区域合作联盟高峰会上，两国领导人非正式会晤之后签署的。② 由于非正式高峰会谈难以被记录或者常常不公开，因此其作用常常被低估。③

其次，它能够为组织框架内未直接卷入冲突的其他成员国创造一个第三方调停冲突的机会。一般来说，在同一个区域内，邻国之间的政治争端一旦升级为武力冲突必然会影响到周边国家的政治、经济和安全利益，因而这些邻国有足够的动机去推动争端的和平解决。此外，这些国家之间往往彼此非常了解，对事态的发展也十分关注，而且它们往往有着相似的价值观和文化，也更容易互相沟通。因此，与其他多边机构相比，区域一体化组织对冲突的介入更具合法性。④

最后，从信息机制的层面来看，各成员国的决策者还能够为争端双方提供更多的信息和建议，有时甚至可以为双方的谈判提供创造性的解

---

① Augusto de la Torre, and Margaret R. Kelly, *Regional Trade Agreements*, Washington, DC: International Monetary Fund, 1992.

② "Back to Playing Cricket", *The Economist*, Jan. 6, 2004.

③ Rick Fawn, "'Regions' and Their Study: Where From, What For, and Where To?", *Review of International Studies*, Vol. 35, No. S1, 2009, p. 23.

④ Han Dorussen and Hugh Ward, "Trade Networks and the Kantian Peace", *Journal of Peace Research*, Vol. 47, No. 1, 2010, pp. 29 – 42.

决思路，给看起来难以进行利益分割的争端议题带来新的解决思路。已
有的研究表明，高级官员和决策者要比中层官员能够更成功地担任调停
者的角色。他们认为，"国家领导人和高层官员如外交部长或者总理更
具合法性，并且更有符合他们身份和地位的信誉和话语权"①。正因为
如此，地区冲突的调停总是不断地被纳入区域高层会晤的议题中来。例
如，在1985年布基纳法索和马里的边界争端中，西非经济和货币联盟
的部长级会议对争端的解决发挥了重要作用，它为两国高层官员营造了
一个轻松会晤的氛围，并且也使得其他成员国有机会参与争端的调
停。②

从制度层面上看，贸易制度框架内有关高层对话的渠道越多，高层之
间建立互信的可能性就越大。经常性的和制度化的对话是在相互对立的双
方之间建立互信的最有效的前提。只有通过接触和坐下来谈判，争端才有
可能解决，和平的曙光才可能显现，否则不要说实现和平，就是维持争端
不升级也几乎不可能。在贸易制度的框架内，最常见的是贸易部长级的对
话和会晤机制，但常常也包含了国家和政府首脑以及外长级的对话平台或
论坛。很显然，这些人员距离决策核心越近，他们对于战争与和平的决策
影响力就越大。虽然贸易制度框架内包含了各成员之间众多的日常交流，
但只有高层会晤才有助于增强贸易制度的和平效应。

与临时的特别会议不同，高层会晤机制更易于产生和平效应。前者通
常是就某一个突发事件临时召集的，目的性很明确，外界的期待也较高。

① Jacob Bercovitch and Allison Houston, "The Study of International Mediation: Theoretical Issues and Empirical Evidence", in Jacob Bercovitch, ed., *Resolving International Conflicts: The Theory and Practice of Mediation*, Boulder: Lynn Rienner, 1996, p. 26.

② BBC, "ANAD Communiqué on Meeting on Burkina Faso-Mali Dispute and Ceasefire", *British Broadcasting Corporation World Wide Monitoring*, Jan. 1, 1986; Jean-Emmanuel Pondi, "Compensation for Weak Asymmetry in the Mali-Burkina Faso Conflict, 1985 – 1986", in I. William Zartman and Jeffery Z. Rubin, eds., *Power and Negotiation*, Ann Arbor: University of Michigan Press, 2000, pp. 203 – 224.

但是，这样的会议参加者往往也是临时集聚的，彼此对对方的意图和手段缺乏长时期的了解。① 由于事件或危机的突发性，这样的会议组织仓促，并且可能缺少固定的程序和形式，而这些因素都易于导致会议的失败。但区域贸易制度下的高层会晤机制则不同，首先，它定期举行，会晤的参加者通常比较固定，也易于保持长期的交往和了解，因而更易于增强彼此的信任；而会议的主要目的是经济合作，因而得以进入会晤议题的其他议题在没有很高预期的非正式情况下，反而更易于就争端进行沟通，并且往往产生意料不到的效果。从这个意义上说，定期的会晤机制更适合就双方关注的敏感议题进行谈判。② 其次，经常性的会晤有助于这些高层官员之间保持长期的互动，增加对彼此关切和利益的了解，减少彼此之间的误判，也更易于就未来共同的利益在当前的争端中保持克制和达成妥协。最后，作为一种长期机制，会议的程序和形式已经过中层官员、技术专家的详细的准备并得到各成员国的认同，有助于避免会议各方因程序问题产生误解和争执，因此高层会晤往往会更加高效和具有针对性。邓恩（David H. Dunn）曾明确指出："系列的会议具有固定的议程、详尽的前期准备和与会者各方的相互了解和熟悉，高峰会已经成为国家间经常对话的重要组成部分。"③

几乎绝大多数的区域贸易制度中都设置了政府首脑和部长级官员之间相互交流和互动的平台。即使两国间的政治冲突或分歧并不能因为一次或两次的首脑会晤得到解决，但至少它为冲突双方的最高决策人提供了一个

---

① Peter R. Weilemann, "The Summit Meeting: The role and Agenda of Diplomacy at Its Highest Level", *NIRA Review*, Vol. 7, No. 2, 2000, pp. 16 – 20.

② G. R. Berridge, *Diplomacy: Theory and Practice*, 2nd edition, New York: Palgrave Macmillan, 2002, pp. 174 – 175.

③ David H. Dunn, "How Useful is Summitry?", in David H. Dunn, ed., *Diplomacy at the Highest Level: The Evolution of International Summitry*, New York: Macmillan, 1996, pp. 263 – 264.

相互交流的平台，这个缓冲大大减少了两国动用武力解决冲突的可能性。西共体和海合会在这方面都有突出的表现。

西共体的最高权威机构是西共体国家和政府首脑会议，即西共体峰会，每年召开一次。在其成员中，位于黄金海岸的加纳与多哥因"西多哥"问题长期关系不睦。1986 年 6 月流亡在加纳的多哥反对派在多哥策划政变未遂，两国关系紧张并关闭了边界，其后两国关系虽有所改善，但因时常互相遣返对方国家的人员而龃龉不断。1988 年的西共体峰会为两国首脑解决双方积淀已久的争端提供了宝贵的契机，在这个平台上，两国逐渐实现了政治和解。尤其是在 1994 年加纳总统罗林斯当选西共体主席后，两国关系日趋回暖：11 月，加纳向多哥派驻了大使，结束了两国 12 年未互派大使的历史；12 月，多哥重新开放了两国边界。随着两国在经济一体化程度上的加深，两国首脑间的互信也逐步增强。正是在此基础上，即使 1999 年加纳与多哥在多哥直升机未经允许在加纳降落等问题上出现了争端，但双方均保持了克制。此外，加纳与科特迪瓦的关系也从一度的"冰冻"状态逐渐升温。即使是一些苛刻的批评家也不得不承认西共体峰会对西非国家的领导人来说是很重要的，因为它让这些领导人能够私下聚在一起解决彼此的争端。① 除了首脑峰会之外，西共体还专门设立了一个部长理事会，为各成员国的外长们搭设了一个互动的平台。在这个外长委员会设立几年之后，有学者总结道："西共体之间的互动已经帮助其成员国建立了彼此之间的信任，即使他们还没有享受到经济一体化带来的经济互惠。"②

---

① Stephen Riley, "West African Subregionalism: The Case of the Economic Community of West African States (ECOWAS)", in Glenn Hook & Ian Kearns, eds., *Subregionalism and World Order*, New York: St. Martin's (pp. 63 – 87), 1999, p. 67.

② Augusto de la Torre, and Margaret R. Kelly, *Regional Trade Agreements*, Washington, DC: International Monetary Fund, 1992.

海合会峰会在解决海湾地区边界争端中也发挥了重要的作用。① 海合会的组织机构包括最高理事会、部长理事会和总秘书处。其中：最高理事会由各成员国的首脑组成，每年召开一次首脑峰会；部长理事会则是由各成员国外交部长或其代表组成，负责日常的沟通。在其成员国中，巴林和卡塔尔本是语言和文化一脉相承的"同根生"兄弟，但由于20世纪30年代英国入侵时期遗留问题的影响，两国多年来对位于波斯湾的富含石油和天然气的海瓦尔岛等地的领土主权存在争议，并曾因此于1986年发生了武装冲突。在冲突发生之后，海合会其他成员国进行了积极的调解，而更重要的是，两国领导人也积极寻求领土争端的解决，并做出了很多的努力，两国关系逐渐改善，1996年两国同意就领土争端接受海牙国际法庭的判决。虽然说两国历时多年领土争端问题的最终解决是由很多因素决定的，但两国领导人的积极斡旋却是其中最重要的一环。如果没有两国领导人之间共识的建立，争端的解决是不可想象的。而两国领导人在此问题上的共识，显然也是与他们在海合会峰会的沟通分不开的。

但是，并非所有区域一体化组织的高层会晤机制都能有效地发挥和平效应。有的组织只是不定期举办高层会晤，有的形同虚设。在发展中国家的区域经济一体化中，高层会晤的延迟或取消并不少见，如阿拉伯马格里布联盟原计划每年举行两次高层会晤，但事实上9年中仅举行了6次；南亚合作联盟原计划每年举办一次高层会晤，但在1990—1997年间仅举行了两次。② 此外，成员国首脑缺席高层会晤的情况更是屡有发生，2005

---

① 对此，约翰·杜克·安东尼（John Duke Anthony）1996年进行了详尽的论证。参见 John Duke Anthony, "Special Report: The Sixteenth GCC Heads-of-state Summit: Insights and Indications", *Middle East Report*, Vol. 4, No. 4, 1996, pp. 159 – 178.

② Robert A. Mortimer, "The Arab Maghreb Union: Myth and Reality", in Yahia H. Zoubir, ed., *State, Society, and Economic Transformation in the* 1990s, Gainesville: University Press of Florida, 1999, pp. 177 – 191.

年，由于摩洛哥的抵制，阿拉伯马格里布联盟的高峰会被迫推迟，并且造成了摩洛哥与阿尔及利亚的外交摩擦。制度未能落到实处更深层次的原因是区域经济一体化进程的推动不力，直接导致了成员国对一体化收益的预期下降，首脑峰会失去了应有的意义。

第四节　区域贸易制度和平效应的冲突解决机制

制度的独立性是指一个区域贸易组织能够独立行使和贯彻落实协定的能力，而不受到个别成员国或外来力量政策偏好的影响。杰维斯在《系统效应》一书中就论述过，所有的组织都具有"突现属性"，即国际组织一旦成立，就会拥有成员国所不具有的属性。制度的独立性越大，它的自主性、代表性越强，在处理争端时就能够更好地保持中立。独立性是衡量区域一体化组织是否有能力实现其既定目标和执行落实能力的重要指标，已有的研究表明，独立性有助于减少成员国间的误判，避免少数成员国滥用组织的权力，增加成员国对落实协定目标的信心。[1] 区域贸易制度的独立性主要体现为其组织结构——官僚制度的存在和权力大小以及争端解决机制的有效性。但是，它们在冲突解决中的角色并不一样，官僚制度所体现的是调停的能力，而争端解决机制所起到的则是仲裁的能力。区域贸易制度的独立性越强，它所具有的调停和裁决能力就越大，决议得以落实的可靠性就越大，从而避免谈判的失败，抑制冲突升级（见图4-4）。

---

[1] Yoram Z. Haftel, "Commerce and Institutions: Trade, Scope, and the Design of Regional Economic Organizations", paper presented at the annual convention of the International Studies Association, Montreal, Canada, March 15-18, 2011.

图 4 - 4　区域贸易制度和平效应的冲突解决机制

一　官僚制度与冲突解决

区域贸易组织的官僚制度通常由秘书处、委员会、议会或法院组成，负责管理区域贸易组织的日常活动以及决策。这些机构的人员组成是负责日常事务的官员以及一些技术专家，他们代表的是区域组织的利益，而不应该受到某些国家或其所属国家的影响。官僚制度的重要职能之一是收集和传播各成员国与一体化相关的活动的信息，这些信息有助于组织监督各成员国的协定落实情况，同时也帮助各成员国了解和沟通彼此之间的进展。①

秘书处作为一个重要的信息集散地，当区域内争端需要调解时，秘书处可以充分利用信息的优势，推动争端的和平解决。有些学者认为，秘书处所搜集的信息主要与区域经济一体化有关，如贸易和投资领域，而军事和其他战略层面的信息并不多，因而对争端解决的信息帮助并不大。② 但事实并非如此。目前，很多区域经济一体化组织框架下已经包含了政治、安全、外交层面的合作，因此，秘书处所采集的信息并不局限于经济层面。更重要的是，秘书处的优势不仅仅在于已经掌握的信息，而是它所拥有的信息采集通道，即使它有时并不掌握详细的争端信息，但是仍然可以利用现有的信息资源在短时间内组织展开对争端议题的考察和信息采集。此外，很多争端并非纯粹的安全议题，它不仅涉及安全和军事层面，也常

---

① Kenneth W. Abbott and Duncan Snidal, "Why States Act through Formal International Organizations", *Journal of Conflict Resolution*, No. 42, No. 1, 1998, pp. 3 - 32.

② David H. Bearce and Sawa Omori, "How Do Commercial Institutions Promote Peace?" *Journal of Peace Research*, No. 42, No. 6, 2005, p. 672.

常有经济层面的背景，如与资源有关的争端，秘书处的信息优势也可以帮助争端双方进行有效的沟通。

在多边合作框架内，信息的公开和披露对成员国在争端期间行为的信誉有直接的影响。不少学者认为，作为掌握组织整体信息的核心中枢，秘书处处于一个理想的"评判"地位，如果争端一方出现了违反协定的行为，秘书处可以点名加以批评，这会让违约者在整个区域合作框架内处于非常尴尬的地位，降低该成员国从区域合作中的净收益，对未来的合作也会产生消极的影响。[①] 举例来看，贝宁和布基纳法索同属于西非国家经济共同体的成员国，两国之间的紧张局势曾经一度导致贝宁关闭了两国边界，两国关系进一步恶化。面对紧张局势，西共体秘书处很快做出反应，指出贝宁的报复行为违反了区域经济合作框架内人员自由流动的规则。通过将政治争端与区域经济一体化相联系，秘书处的做法增加了贝宁行动的信誉成本，考虑到经济合作的收益，贝宁不得不作出让步，从而避免了冲突的升级。[②]

此外，官僚制度还可以在调停方面发挥积极的作用。当两个国家的争端无法通过两国谈判直接解决时，第三方的介入是一个很有效的办法。调停是冲突管理中一个非常重要和常见的途径，它致力于帮助争端双方以和平方式达成一致，避免了战争的风险。一般来说，调停的第三方必须得到争端双方的一致认可，同意接受调解，而第三方的立场应该是中立和公正的。很多学者认为，中立是第三方调停能否取得成效的先决条件，有时甚

① Robert O. Keohane, *After Hegemony: Cooperation and Discord in the World Political Economy*, Princeton: Princeton University Press, 1984; Sara McLaughlin Mitchell and Paul R. Hensel, "International Institutions and Compliance with Agreements", *American Journal of Political Science*, Vol. 51, No. 4, 2007, pp. 721 – 737.

② "ECOWAS Urges 'Maximum Restraint' in Benin-Burkina Border Crisis", *Agence France Presse*, January 31, 2006.

至是至关重要的特征。① 波卡维奇（Jacob Bercovitch）认为，"争端的调停要想有效，决策者无论其地位多么崇高，必须是公正的，得到争端双方的认可，值得双方的信任"②。调停者可以是个人和非政府组织，也可以是某个国家的领导人，而国际组织担任争端调停者的情况也并非少见。作为"诚实的中间人"，国际组织可以减少交易成本，提供某种偏好的信息，传递私下报价，克服谈判的僵局。③

自冷战结束以来，越来越多的区域贸易组织开始介入争端的调停，如安第斯共同体、东盟、加勒比国家组织、西非国家经济共同体等，而在这些组织中担任调停工作的是官僚制度中的高级官员，尤其是秘书长。作为调停者，他所代表的是区域组织的整体利益，而并非某个国家的利益，因而不会为了迎合某个国家而出现偏袒，在争端双方看来也更具合法性。杨（Oran R. Young）认为："既没有所属利益集团也没有扯后腿的伙伴的行为体，才可能不受干扰和自主的行动。"④ 调停者的个人信誉和魅力非常重要，其往往可以使争端双方在调停过程中做出更大的妥协和让步。作为区域经济组织的秘书长，他们的位置和威望足以令他们成为出色的潜在调停者。

2004 年 2 月，加勒比共同体成员国特立尼达和巴巴多斯之间关于捕鱼区域的争端骤然升级，两名巴巴多斯渔民在多巴哥海域捕鱼时，被特立

---

① Andrew H. Kydd, "When Can Mediators Build Trust?", *American Political Review*, Vol. 100, No. 3, 2006, pp. 449 – 462; Robert Rauchhaus, "Asymmetric Information, Mediation, and Conflict Management", *World Politics*, Vol. 58, No. 2, 2006, pp. 207 – 241.

② Jacob Bercovitch, "Mediation in International Conflict: An Overview", in I. William Zartman and J. Lewis Rasmusen, eds., *Peacemaking in International Conflict: Methods and Techniques*, Washington, DC: United States Institute of Peace, 1997, pp. 125 – 153.

③ Kenneth W. Abbott and Duncan Snidal, "Why States act through Formal International-al Organizations", *Journal of Conflict Resolution*, Vol. 42, No. 1, 1998, p. 24.

④ Oran R. Young, *Intermediaries: Third Parties in International Crises*, Princeton: Princeton University Press, 1967, p. 83.

尼达海岸警卫队抓获。巴巴多斯政府随后公布了一系列制裁措施，包括对所有特立尼达进口商品征收 100% 的关税，扣留所有进入巴巴多斯水域的特立尼达船只，以及派遣海岸警卫队为巴巴多斯渔船护航，两国贸易战一触即发，两国关系受到严重影响。特立尼达政府指出贸易制裁违反了加共体条约精神，曼宁总理亲赴巴巴多斯希望能协商解决争端，但遭到巴巴多斯的拒绝。两国所谓的渔业纠纷实质是一场资源之争，巴巴多斯不满足 12 海里领海的限制，它要求享有更大的海域，占有可能存在的油气资源。巴巴多斯对 1990 年特立尼达与委内瑞拉签署的海域划界协定十分不满，要求将该争端提交加勒比共同体解决。2006 年，该争端最终因国际法庭的判决有所缓和，而这与加勒比共同体秘书长的介入是分不开的。①

但是，并非所有的秘书处都具有调停者的能力和潜力，一个重要的原因是其独立性大小的差异。一些秘书处仅有信息采集和行政职能，还有些秘书处具备政策草拟和制定议程的职能。② 毫无疑问，秘书处的工作越主动、独立性越大，它的和平解决冲突的能力就越强。凭借秘书处所具备的中立地位，其高层官员可以以第三方的身份介入争端，并提出政策建议；其合法性越大，它对不合作方提出质疑的时候也就越不会受到带有偏见的指责。强大的秘书处可以充分利用区域经济组织为争端双方施压，呼吁他们和平解决争端，并在必要时对违反协定的一方做出谴责，增加其因不合作或违反协定所需要付出的名誉成本。

以安第斯共同体为例。安第斯共同体的秘书处独立性非常大，1999

---

① "CARICOM Confident Barbados-Trinidad Fishing Dispute will be settled micably", *BBC Monitoring Latin America*, February 13, 2004.

② Amitav Acharya and Alastair Iain Johnston, eds., *Crafting Cooperation: Regional International Institutions in Comparative Perspective*, Cambridge: Cambridge University Press, 2007; Yoram Z. Haftel and Alexander Thompson, "The Independence of International Organizations: Concept and Applications", *Journal of Conflict Resolution*, Vol. 50, No. 2, 2006, pp. 253 – 275.

年，它成功地介入了委内瑞拉和哥伦比亚的边界争端。由于两国的外交摩擦，委内瑞拉拒绝哥伦比亚卡车入境。秘书处随即对争端进行了调查，发现委内瑞拉违反了现有的协定，因此作出决议要求委内瑞拉取消其限制。① 虽然该争端并没有因为秘书处的决议立刻得到解决，但它对委内瑞拉违反协定的行为施加了必要的压力，阻止了冲突的进一步升级，促使争端双方重新回到温和的谈判立场上来。由此可见，秘书处的中立性和公正立场有益于争端的调停，秘书长作为最高长官可以在冲突管理中起到积极的作用。正如汉森（Holley Hansen）所指出的，"当他们与所属成员国脱离关系而独立的时候，他们可以成为最有力的调停者"②。

另一种观点认为，中立性未必会带来成功的调停，相反，带有偏见的调停者才更有效。他们认为，持有立场和倾向的调停者才会具备更大的调停力量，因为他们对支持的一方会有更大的说服力，更能够运用"胡萝卜 + 大棒"的办法迫使其放弃武力和平解决争端。③ 比如，让美国来劝说日本在中日钓鱼岛争端中放下武力要比让欧盟来调停更有效。还有观点认为，公正的调停者并非可靠信息的最佳传递者，因为他们对和平的珍视超越了争端双方的得与失，他们很有可能会利用虚假的信息来迫使双方就范；而清楚其动机的争端双方则会对其立场产生质疑和不信任，最终导致

---

① "Andean Communique Gives Venezuela 30 Days to Lift Ban on Colombian Trucks", *BBC*, July 20, 1999.

② Holley Hansen, Sara Mitchell and Stephen C. Nemeth, "IO Mediation of Inter-State Conflicts: Moving Beyond the Global vs. Regional Dichotomy", *Journal of Conflict Resolution*, Vol. 52, No. 2, 2008, pp. 295 – 325.

③ Christopher Gelpi, "Alliances as Instruments of Intra-Allies Control", in Helga Haftendorn, Robert O. Keohane and Celeste Wallander, eds., *Imperfect Unions: Security Insitutions over Time and Space*, Oxford: Oxford University Press, 1999, pp. 107 – 139; Saadia Touval and I. William Zartman, "International Mediation in the Post-Cold War Era", in Chester A. Crocker, Fen Osler Hampson, and Pamela Aall, eds., *Turbulent Peace: The Challenges of Managing International Conflict*, Washington, DC: United States Institute of Peace Press, 2001, pp. 427 – 443.

调停失败。但是有偏见的调停者则不同，他们更重视冲突的利益，因而会更加忠实地履行信息传递的责任。① 近期的一些实证研究也证实了这种观点。② 依据该逻辑，秘书处所关心的只是区域一体化的进程和整体利益，而并非争端双方的利益，因此中立的秘书处并不能成为有效的调停者。本书认为，这种情形的确存在，但显然不能一概而论，也不能就此抹杀秘书处的调停力量，这也是为什么和平效应并不是在所有情形下都会存在的原因，还需要在后面的案例中具体情况具体分析。

二　争端解决机制与和平

体现制度独立性的另一个特征是争端解决机制。在区域贸易安排中，争端解决机制意味着自主权、中立和代表性原则的大小，它的存在有助于推动成员国之间以及成员国内部不同政治和经济行为体之间的合作和交流。③ 在国际舞台上，争端解决机制的作用通常会受到制约，因为它意味着主权国家将部分立法权让渡给中间第三方。作为中立性的裁决机构，它们具备相当的自主权，以避免受到某些国家的控制或抗拒。

在区域贸易组织中，争端解决机制比较常见，其作用主要是解决区域经济合作中出现的经济纠纷，尤其是那些可能会导致军事冲突的经济

① Andrew H. Kydd, "Which Side Are You On? Bias, Credibility, and Mediation", *American Journal of Political Sciences*, Vol. 47, No. 4, 2003, pp. 597–611.

② Christopher Gelpi, "Alliances as Instruments of Intra-Allies Control", in Helga Haftendorn, Robert O. Keohane and Celeste Wallander, eds., *Imperfect Unions: Security Insitutions over Time and Space*, Oxford: Oxford University Press, 1999, pp. 107–139; Burcu Savun, "Information, Bias, and Mediation Success", *International Studies Quarterly*, Vol. 52, No. 1, 2008, pp. 25–47.

③ Kenneth W. Abbott and Duncan Snidal, "Why States Act through Formal International Organizations", *Journal of Conflict Resolution*, Vol. 42, No. 1, 1998, pp. 22–23; Yoram Z. Haftel and Alexander Thompson, "The Independence of International Organizations: Concept and Applications", *Journal of Conflict Resolution*, Vol. 50, No. 2, 2006, p. 261.

争端。[①] 对于发展中国家来说，大多数边界争端都与资源有关，如石油、渔业和矿物。那么，争端解决机制如何产生和平效应？与秘书处的信息集散功能相似，争端解决机制作为裁决机构，同样有权力收集目标信息，迫使争端双方为它们的行为做出解释和辩护；但与秘书处不同的是，首先，它被授予了更大的法律权威，并且可以运用法律来作出裁决。前面提到的委内瑞拉和哥伦比亚的争端最终提交给安第斯法院，由法院做出了支持哥伦比亚的裁决。[②] 其次，法院的中立性也增加了执政者的国内合法性，即使遭到国内利益集团的反对，决策者也可依据法院的判决做出决策。最后，法院的判决还会增加违反协定的名誉成本，同时也会降低对违约行为采取报复行动的名誉代价，从而推动成员国的服从和长期合作。[③]

以尼加拉瓜和洪都拉斯的争端为例。1999 年，洪都拉斯批准了一项与哥伦比亚的边界协定，对尼加拉瓜的利益造成了损害。为了报复，尼加拉瓜对洪都拉斯出口至该国的产品实施了关税报复。据报道，尼加拉瓜总统甚至与其国防部长探讨了对洪都拉斯实施军事打击的可能性。[④] 但是，由于关税报复违反了中美洲共同市场的规定，两国将争端提交到中美洲共同市场的法院。法院最终作出裁决，判定洪都拉斯与哥伦比亚

① Jon C. Pevehouse and Bruce Russet, "Democratic International Governmental Organizations Promote Peace", *International Organization*, Vol. 60, No. 4, 2006, pp. 969 – 1000; Edward D. Mansfield, "Preferential Peace: Why Preferential Trade Arrangements Inhibit Interstate Conflict", in Edward D. Mansfield and Brian M. Pollins, eds., *Economic Interdependence and International Conflict: New Perspectives on an Enduring Debate*, ANN Arbor: University of Michigan Press, 2003, pp. 222 – 236.

② BBC, "Minister Seeks to Ease Tension with Venezuela on Cargo Transhipment", *British Broadcasting Corporation Summary of World Broadcasts*, November 4, 2000.

③ Daniel Y Kono, "Making Anarchy Work: International Legal Institutions and Trade Corporation", *Journal of Politics*, Vol. 69, No. 3, 2007.

④ Jon C. Pevehouse and Bruce Russet, "Democratic International Governmental Organizations Promote Peace", *International Organization*, Vol. 60, No. 4, 2006.

的协定无效，暂时叫停尼加拉瓜的关税报复。但是，尼加拉瓜和洪都拉斯均不接受这一裁决，该争端最终被提交到国际法院。尽管如此，中美洲法院仍然暂时缓和了两国间的紧张局势，抑制了危机的升级。由此可见，区域经济一体化组织的争端解决机制虽然不一定最终解决成员国的政治争端，但是却能够抑制冲突的升级，缓和两国间剑拔弩张的紧张态势。

同样，并非所有的争端解决机制都具有相同的独立性。一些区域贸易组织仅为成员国间的争端提供不具有法律约束力的仲裁，有一些提供自动生效、具有强制约束力的判决，还有一些设立了永久的法院制度。法制化的程度越高，组织的独立性越强。一般而言，法院的设立标志着区域贸易组织的法制化程度达到最高水平。一体化的程度越高，对法制化的要求也就越大，争端解决机制独立性也就越强。因此，在很大程度上来说，法制化程度与一体化的水平是一致的。独立性强的争端解决机制往往更具有合法性，它们拥有更多的资源和渠道来收集发布信息，通过信息机制来推动争端解决的能力也就越强。正如波斯纳（Eric Posner）和刘（John Yoo）所言，"传统的智慧相信，国际法庭的有效与否与其独立性直接相关"①，而欧盟法院和安第斯法院被认为是高度独立和有效的法庭的代表。

但是，也有学者认为，区域贸易组织的争端解决机制主要是解决经济层面的争端，而对政治和安全争端的解决不感兴趣，因为它们既没有能力也没有意愿。他们认为，商业争端很少会升级到动用武力的地步，世界贸易组织、北美自由贸易区以及欧盟的贸易争端均没有升级到成员国间的武力冲突；区域经济一体化框架下的争端解决机制对于成员国间的边界争端

---

①　Eric Posner and John Yoo, "Judicial Independence in International Tribunals", *California Law Review*, Vol. 93, No. 1, 2005, p. 12.

没有管辖权和管辖能力。[①] 还有些观点认为，独立性越大的争端解决机制很可能造成权力的滥用，而成员国对忽视其利益的争端解决机制会因此敬而远之。[②] 因此，对于空有其表的争端解决机制，无论其独立性有多大，都无法推动和平。

但从实践来看，冲突解决机制能否发挥和平效应会受到多种因素的制约。有的区域经济组织由于担心政治争端干扰区域经济合作会将政治争端排除在章程之外，如南亚区域合作联盟；但更常见的情形是成员国会因为争端解决的惯例和传统而对框架内的争端解决机制"敬而远之"。最初，南方共同市场的争端解决机制是具有强制约束力、临时性的第三方仲裁，考虑到这种机制的局限性以及对国内法优越性的欠缺，南方共同市场决定设立一个永久性的评议法庭（Permanent Review Tribunal），以增强其专业性、合法性、独立性和连续性。但是，对其成员国来说，它们更喜欢或者习惯于通过双边外交谈判或者其他立法机构来解决政治争端。[③] 例如，阿根廷和乌拉圭之间因为乌拉圭开设纸浆厂而发生争端，久拖未决，但双方均拒绝将争端提交南方共同市场的永久性评议法庭。2007 年 10 月，该法庭的巴拉圭代表宣布辞职，并称其决定是因为四个成员国均没有显示出对法庭有效运转的政治意愿。[④] 由此可见，缺少成员国政治认可的争端解决

① Charles Boehmer, Erik Gartzke, and Tim Nordstrom, "Do Intergovernmental Organizations Promote peace?", *World Politics*, Vol. 57, No. 1, 2004, p. 15; David H Bearce, "Grasping the Commercial Institutional Peace", *International Studies Quarterly*, Vol. 47, No. 3, 2003.

② Eric Posner and John Yoo, "Judicial Independence in International Tribunals", *California Law Review*, Vol. 93, No. 1, 2005.

③ Jorge I. Dominguez, "International Cooperation in Latin America: The Design of Regional Institutions by Slow Accretion", in Amitav Acharya and Alastair Iain Johnston, eds, *Crafting Cooperation: Regional International Institutions in Comparative Perspective*, Cambridge: Cambridge University Press, 2007, p. 110.

④ Mario Osava, "Latin America: Mill Conflict Continues to Delay Integration", *Inter Press Services*, Jan. 3, 2008.

机制的确无法起到它应有的和平作用。但是，却不能据此认为，争端解决机制对和平无效的判断，因为任何机制的和平效应都是建立在其真正得以运转的基础之上，徒有其表的任何制度，不论是争端解决机制还是其他组织机构，甚至是前面提及的高层会晤机制和经济一体化进程，都不可能发挥其应有的效应。

第五节　区域贸易制度和平效应的条件性分析

区域贸易制度和平效应的发挥是一个渐进的过程，它取决于区域贸易制度经由机会成本机制、信息机制和冲突解决机制所产生效应的最终合力。一方面，它表现为区域经济一体化与地区冲突之间的博弈过程，免受地区冲突的反作用力是区域贸易制度发挥和平效应的前提；另一方面，和平效应的显现会受到国际和地区战略环境的影响，经由国内政治机制而最终影响到政府的外交决策。在博弈的过程中，上述因素就构成了区域贸易制度发挥和平效应的限制性条件。

一　区域贸易制度和平效应的内生性问题

探讨区域贸易制度对冲突的影响及路径，有必要论及区域冲突形势对区域贸易制度的影响。因为国际制度并不会凭空产生，它被寄托了所有成员国的政治或经济利益预期，它的构建和制度形式也体现了各成员国利益博弈后的最终结果。那么，区域贸易制度的和平效应究竟是源于区域贸易制度因素，还是它本身就受到其政治动机的影响，最终仍然是政治决定政治？这也是贸易制度和平研究所面临的内生性问题：究竟是区域成员之间的敌对或和平状态影响了区域贸易制度的建立和设计，还是区域贸易制度的设计和特征影响了成员国间的冲突与和平？

区域贸易制度虽然是以经济领域的形式表现出来的，但是作为区域经济一体化的重要载体，地区贸易制度安排通常都是由国家政府来推动的，其背后的政治动机往往也很明显：既有应对国际政治多极化环境的考虑，也有寻求区域层面的政治保护或构建区域政治凝聚力、化解政治矛盾的意图。例如，欧盟在 2004 年扩大为 25 个成员国之后，提出了建立"大欧洲自由贸易区"的构想。这一方面是欧盟希望扩大国外市场，另一方面也希望借此贸易安排将迟迟不肯加入北约的俄罗斯纳入进来。冷战结束后，北约成为全球仅存的一个军事政治集团。北约近年来持续东扩，已经将势力范围扩展到了俄罗斯的家门口，但俄罗斯为了实现自身的大国目标，在加入北约的问题上始终非常强硬，不论是 2008 年的俄格战争还是随后俄罗斯与乌克兰在天然气价格问题上的"斗气"，都有着俄罗斯对抗北约的大背景。欧盟不可能劝说俄罗斯加入北约，那么就只能把"欧洲自由贸易区"作为突破口。一旦这个构想成为现实，欧洲自由贸易区就必定会包含更多政治安全合作的内容，以弥补北约的缺失。2003 年 5 月，伊拉克战争结束之后，美国主动提出与中东地区国家在 2013 年前建立自由贸易区的倡议，也不难看出美国的"弦外之音"。

此外，一些区域贸易安排在条款中包含了政治军事合作的内容，成员国之间的这种共识能够有助于解决或搁置成员国之间的争端，从而产生出外溢的和平效应。有学者认为，经济理论充其量只能对这一过程中某个新步骤的开始提供解释，却不能对未来的发展做出合理估计，但制度主义和外溢效应往往能更完美地解释这一过程。① 有些贸易制度框架内嵌入了关于军事和政治信息交流的规定，如联合防务协定或联合军事演习等；也有些贸易制度虽然不包含这样的明文规定，但却为军事信息的交流创造了方

---

① 刘光溪：《互补性竞争论——区域集团与多边贸易体制》，经济日报出版社 2006 年版，第 390 页。

便的条件，如高层官员之间的会晤和军事人员交流。

　　边界争端是非洲国家间存在的最主要冲突，西部非洲也不例外。由15 个西非国家组成的西非国家经济共同体在 1957 年初创时因为力量还不足以应对本地区的战乱和冲突，因而将区域合作的重点放在经贸领域的合作。随着西共体的不断发展，1979 年，西共体成员国之间签署了一份不互相侵犯的协定，并在 1981 年通过了一份《防务互助议定书》，规定共同体在紧急需要时建立一支干预部队，以帮助成员国反对外来侵略。同样，由 6 个阿拉伯国家在 1981 年成立的海湾合作委员会（简称"海合会"）也被边界争端所困扰。最初，它致力于成员内部的经济一体化；直到 1983 年，海合会开始在成员国中进行联合军事演习，并最终成立了联合军事指挥部。由此可见，在区域贸易安排框架内的政治和军事合作使得成员国之间可以共享彼此原本"秘密"的军事信息。因此，有学者认为，相互交换"军事数据"和"有关军队和培训的军事信息"是海合会的两大重要成就。[①] 这些结构性特征能够增强框架内成员国之间对彼此军事能力的了解，也是和平效应产生的制度源泉。

　　目前的问题是，当有了这些政治和安全合作的成果，它们究竟是源于区域贸易制度本身还是源于与区域贸易制度无关的政治动机？学术界对于区域经济合作的动机有两种理论：一种是"供给理论"；另一种是"需求理论"。前者认为，成员国间的暴力冲突或敌对状态会妨碍它们的区域经济合作，只有和平的区域才会实现区域经济合作；后者则认为，正是因为成员国间的敌对状态才使得它们抱有对和平的需求和渴望，也才会有通过区域贸易合作来改变现状的动力。从发展中国家的区域经济一体化进程来看，这两种理论都是存在并成立的，只是它们作用的机制有所不同。其中，供给理论坚持区域贸易制度与和平之间存在内生性，强调区域合作的

---

　　① Emile A. Nakhleh, *The Gulf Cooperation Council*: *Policies*, *Problems and Prospects*, New York: Praeger, 1986.

限制因素以及合作的和谐氛围，旗帜鲜明地批判了区域贸易制度可以带来和平的因果机制；需求理论同样认可内生性的存在，但是更强调区域经济合作的需求和动机层面，它们认为政府之所以选择区域贸易合作，是因为它们无法通过其他途径来达到同样的目标，因而相信区域贸易制度可以带来和平效应。

供给理论认为，和平或冲突的环境影响了区域贸易制度的构建，而不是反向的因果关系；和平的安全环境会造就制度水平和独立性高的区域贸易制度，敌对的安全环境只会带来疲软的区域贸易制度。据此，区域贸易制度与和平之间并不存在因果关系，而是均受制于第三方因素，如共同的政治目标和安全利益、国际环境、外来威胁等。格里科（Joseph M. Grieco）强调，在一系列议题上并将部分权威让渡给区域贸易制度的合作倾向取决于国家对相对收益的敏感性，而敏感程度则来源于国家之间政治关系的历史和现状；敌对的关系会更加突出对相对收益的关注，限制区域贸易制度的独立性和制度化，而和谐的关系则有助于忽视对相对收益的担忧，成员国更加关注合作的绝对收益，有更大的意愿赋予区域贸易制度更大的主权和独立性，开展广泛深入的合作。[①] 有学者认为，南方共同体之所以具有相当的制度独立性是因为"阿根廷和巴西两国政治和安全关系的改善以及贸易的复苏，而不是相反"[②]，并且据此驳斥了经济相互依存

① Joseph M. Grieco, "Anarchy and the Limits of Cooperation: A Realist Critique of the Newest Liberal Institutionalism", in David A. Baldwin, ed., *Neorealism and Neoliberalism: The Contemporary Debate*, New York: Columbia University Press, 1993, pp. 116 – 140; Joseph M. Grieco, "Systemic Sources of Variation in Regional Institutionalization in Western Europe, East Asia, and the Americas", in Edward D. Mansfield and Helen V. Milner, eds., *The Political Economy of Regionalism*, New York: Columbia University Press, 1997, pp. 164 – 187.

② Jorge I. Dominguez, "International Cooperation in Latin America: The Design of Regional Institutions by Slow Accretion", in Amitav Acharya and Alastair Iain Johnston, eds., *Crafting Cooperation: Regional International Institutions in Comparative Perspective*, Cambridge: Cambridge University Press, 2007, p. 109.

会产生和平效应的观点。肯尼思·沃尔兹确信，区域经济合作的政治考量超过了经济动机，竞争国家之间的经济互动只会带来敌对而不是友谊。[1] 戈瓦（Joanne Gowa）等学者发现，盟国之间的贸易多于对手或者友好国家之间的商业往来多于关系尖锐的国家，充分显示出相似的政治理念和安全环境对区域经济合作与和平的影响。[2]

需求理论并不认为和平是区域经济合作的前提条件，而是相信区域贸易制度可以成为敌对成员国间消除敌意、建立和平的一个有效工具，当可能爆发冲突，或在安全挑战不断出现的地区，政府会更加愿意求助于国际制度的建立并赋予它们应有的权威。[3] 它强调，和平的障碍越大，对改变动机、减少动荡和事件预防的机制需求就越强烈，在安全环境面临众多挑战的地区，更容易建立区域贸易制度来控制地区形势。[4] 据此可以解释为什么区域经济合作组织中既包括友好关系的国家，也有许多传统上处于敌对关系的国家，如印度—巴基斯坦、印度尼西亚—马来西亚、秘鲁—厄瓜多尔。依据该理论，存在潜在冲突和争端的地区会更希望建立一个独立性更强的官僚制度和争端解决机制，以推动地区安全问题的和平解决；战争

①　Kenneth Waltz, "The Myth of National Interdependence", in Charles Kindleberger, ed., *The International Corporation*, Cambridge, MA: MIT Press, 1970.

②　Joanne Gowa, *Allies, Adversaries, and Internaitonal Trade*, Princeton: Princeton University Press, 1994; Omar M. G. Keshk, Brian M. Pollins, and Rafael Reueny, "Trade Still Follows the Flag: The Primacy of Politics in a Simultaneous Model of Interdependence and Armed Conflict", *Journal of Politics*, Vol. 66, No. 4, 2004.

③　Celeste A. Wallander and Robert O. Keohane, "Risk, Threat, and Security Institutions", in Helga Haftendorn, Robert O. Keohane, and Celeste Wallander, eds., *Imperfect Unions: Security Institutions over Time and Space*, Oxford: Oxford University Press, 1999, pp. 30 – 32.

④　Virginia P. Fortna, *Peace Time: Cease-Fire Agreements and the Durability of Peace*, Princeton: Princeton University Press, 2004, p. 31; David A. Lake, "Regional Security Complexes: A Systems Approach", in David A. Lake and Patrick M. Morgan, eds., *Regional Orders: Building Security in a New World*, University Park: Pennsylvania State University Press, 1997, pp. 53 – 55.

风险越大的地区，区域贸易制度的法制化程度就越强。区域贸易制度还有助于降低相对收益的担忧，允许强国在遵守平等的国际秩序的前提下表达本国的愿望；尽管它们常常可能背弃协定，但是背弃承诺的代价和风险会成为它们遵守承诺的最好保证。① 因而，区域贸易制度可以弥合不同成员国之间的利益分歧，能力和偏好的差异会带来更广泛的制度和联系议题。② 简言之，区域贸易制度的制度化和设计是由成员国的动机所驱动的，在冲突水平越高、利益分歧越大的地区，区域贸易制度的合作范围就越广泛，制度独立性越强。

鉴于国际关系的复杂现实，上述两种理论均有其合乎逻辑的解释。很多时候两种机制都在发挥作用，最后的事实呈现的只是两个方面角力的结果，还有些时候两种机制也可能互相加强。现实主义的供给理论在某些情况下是正确的，冲突的程度如果得不到控制，濒临爆发武力的时刻，区域经济合作必然不能实现；但是，如果在冲突已经给争端双方带来了负效应并且可控的情况下，但却因为信息失灵或缺乏互信而无法实现和平的时候，区域贸易制度可以更好地按照需求理论的逻辑通过信息机制、冲突管理机制和成本机制发挥和平效应。更重要的是，制度本身具有相对稳定和可持续的特点，一旦制度形成，即使原本导致制度形成的动机和条件发生了变化，制度本身的和平效应也可以脱离原动机而存在。正因为如此，无论区域贸易制度建立的动机是源于和平或是冲突的压力，它都可以在随后出现潜在军事冲突时使摇摇欲坠的和平得以稳固。

---

① Gaspare M. Genna, "Power Preponderance, Institutional Homogeneity, and the Likelihood of Regional Integration", in Joaquin Roy and Roberto Dominguez, Coral Gables, eds., *Regional Integration Fifty Years after the Treaty of Rome: The EU, Asia, Africa, and the Americas*, FL: Jean Monnet Chair of the University of Miami and Miami-Florida European Union Center of Excellence, 2008.

② Lisa L. Martin, "Heterogeneity, Linkage, and Commons Problems", *Journal of Theoretical Politics*, Vol. 6, No. 4, 1994.

　　结合发展中国家区域经济一体化的现实，我们发现既存在区域经济合作与和平的良性循环，也的确存在供给理论所坚持的区域经济合作与冲突恶性循环的案例，两者之间的互动是一个你中有我、我中有你的复杂的互动过程。如果说供给理论在一体化之初占主导，和谐的国家关系有助于区域经济合作的启动，那么需求理论将引导一体化的进程，一个良性的循环就会不断出现，如欧盟和东盟。但是，如果冲突导致了和平的需求，一体化进程未能有效地推进，那么脆弱的一体化进程很可能会因为冲突而中断。但是，究竟事态会遵循哪一个方向发展，还取决于很多其他的因素。

　　以中美洲共同市场为例。中美洲区域经济一体化的进程始于1958年，在拉丁美洲经济委员会（ECLA）专家工作组的推动下，中美洲五国签署了多边自由贸易协定和中美洲一体化条约，希望通过定期多边谈判在10年内建成中美洲自由贸易区。同时，五国还签署了中美洲一体化产业协定，旨在实现自由贸易的收益均衡分配。1959年，五国签署了中美洲关税均衡协定（Agreement on Tariff Equalization），目标是5年内实现共同对外关税。1960年，五国正式签署了中美洲经济一体化总协定。到1965年的时候，中美洲关税计划中已经实现了94%的商品自由贸易，占区域内贸易值的95%，但由于各成员国在很大程度上自给自足，贸易量并不大。同时，中美洲共同市场也像其他发展中国家一样面临着资源缺乏和组织管理低下以及收益分配不平等的难题。直到1969年，哈斯还将其看作是"难而不倒"的典型：中美洲共同市场遇到了上述所有的困难，但却"没有崩溃"。[①] 然而，1969年萨尔瓦多与洪都拉斯之间爆发了一场因足球而引起的100小时战争，却让中美洲共同市场成为唯一一个因成员国间武力冲突而导致一体化中断的区域经济一体化组织。斯图尔特·费根（Stuart

---

　　① Ernst B. Hass, "Foreword", in Stuart I. Fagan, *Central American Economic Integration: The Politics of Unequal Benefits*, Research Series No. 15, Institute of International Studies, University of California, Berkley, 1970.

I. Fagan）指出，对于能够带来显著溢出效应、国家精英之间互动增加、强有力区域制度权威的区域经济一体化组织来说，区域经济一体化是不可能被战争所中断的，因而对于中美洲国家来说，战争只是强化了原有的政治、经济趋势，而不是破坏。①

总之，区域贸易制度与冲突/和平之间的内生性问题的确存在，但内生性并不妨碍区域贸易制度独立发挥其和平效应，原因在于制度本身具有相对稳定性和约束力，一体化进程的推进将会逐渐摆脱原有的政治动机而最终发挥独立的作用。不论一体化建立之时政治动机如何强大，也不可能完全预测今后的冲突和安全形势，因此它不会与后发争端的决策产生直接的因果效应，在下一章的东盟案例分析中可以清晰看到这一脉络的发展。

二　区域贸易制度和平效应的国内政治因素

外交是内政的延续。区域贸易制度安排如何抑制冲突升级，它固然受到区域贸易制度层面的因素影响但最终还要回到国内政治的层面上来，因为一国的外交决策是战争还是和平，最终要取决于区域经济利益和冲突所涉及的利益在国家利益中的排序。如果区域经济合作的利益超越了冲突所涉及的利益，和平效应就会占上风；反之，冲突升级就会成为优先政策选择。当然，国家利益的排序并不是一成不变的，它会随着时间、国际和国内环境的变化而调整，因此不同时期、不同国家对利益的判定都需要具体情况具体分析，而区域贸易制度对冲突的影响也应在具体案例中加以解释。

假定国家是理性的行为体，不受个人层面的干扰，政府在外交决策时

① Stuart I. Fagan, *Central American Economic Integration: The Politics of Unequal Benefits*, Research Series No. 15, Institute of International Studies, University of California, Berkley, 1970, p. 1.

以国家利益为基础，优先考虑最为重要和紧迫的国家利益。① 对于复杂的国家利益，人们通常按照利益的性质概括为经济利益与安全利益。如果按照战略目标的轻重缓急，国家利益还可以划分为：生死攸关的利益、重要利益和其他利益。其中，生死攸关的利益是一个国家"不能放弃，不能妥协，要不顾一切加以维护"的利益，因为这种利益失去了，国家就无法生存或继续存在了。② 从战略选择来讲，国家并非总是面对着"生死攸关"的问题，而一旦"生死攸关的利益"受到了威胁，国家就必须要牺牲其他重要利益而不惜动用武力来捍卫它。③

贸易对于国家来说，基本上体现的是对经济利益的追求，但同时具有谋求安全的含义，如购买战略物资。和平问题则意味着国家的安全利益受到了严重的威胁，因而有可能会出现军事冲突。从决策的角度来看，贸易利益只是国家决策的因素之一，或者说贸易只是国家利益的一部分。它既不代表经济利益的全部，更不代表国家利益的全部，尤其是具体到某两个国家之间的贸易。贸易能够在多大程度上影响国家的和平决策，主要取决于两国间贸易在国家利益中的定位以及贸易利益与安全利益的排序。

影响贸易在国家利益中的定位的因素主要包括：贸易的依赖程度、国际局势和国内政治。

首先，从经济关系来看，国家对贸易的依赖程度取决于三个方面：一

---

① 为了简化分析，笔者排除了领导人个人因素的影响。在某些情况下，领导人的性格是可以影响到国家关系的，例如中日关系中，小泉不顾国内企业界的反对执意参拜靖国神社，尤其是其"恶作剧"的品质给中日关系造成了很大的伤害。在这里，我们更倾向于认为小泉的做法是出于国内政治的因素，而非个人因素。参见猪口孝《从日本的角度透视中国民族主义》，郎平译，《世界经济与政治》2005年第11期。

② 李少军编：《国际战略报告》，中国社会科学出版社2005年版，第49页。

③ 笔者假定随着战争的代价越来越大，国家只有在生死攸关的利益受到威胁的时候，才会动用武力。有学者认为，利益的重要性与军事力量的使用未必一致，即使动用了武力，但并不意味着这些问题涉及国家"生死攸关的利益"。参见李少军编《国际战略报告》，中国社会科学出版社2005年版，第234页。

是贸易额占国民生产总值或国民收入的比重以及与另一国贸易在本国贸易总额中的比重。这一比重越大，对贸易的依赖程度就越高。二是贸易的敏感性和脆弱性。敏感性是指贸易一方发生的变化能够以怎样的速度使另一方付出代价；脆弱性是指如果贸易一方出现了问题，另一方是否能够找到替代品。相较而言，贸易脆弱性的指标更为重要，因为它更能体现一国对贸易的依赖程度，也更关乎出口国将贸易与其他事务联系起来的能力，或者说关系到贸易衍生出的权力。三是贸易的商品结构。如果交易涉及武器、战略性自然资源等物品则与国家的经济和政治安全直接相关。这类商品进口越多，国家对出口国的依赖程度就越大。国家对贸易的依赖程度越高，贸易在国家利益中的地位就越重要。

其次，从国际局势来看，贸易的定位还同国际政治大环境和国家小环境有关。冷战结束后，国际大环境的改善为国家致力于发展经济创造了条件，传统军事安全的紧迫性大大下降，经济利益的重要性凸显。国家所处的小环境也不容忽视。对于一个国家而言，它与不同国家的关系是不一样的。以中国为例，中美关系的性质是既合作又冲突，贸易是两国政治关系重要的黏合剂；中日关系政冷经热，但经济利益也无法使中日政治关系走出低谷；中国和印度在搁置历史问题后，经贸合作促使两国关系步入了一个新的高潮。因此，国家不同，贸易对政治的影响也不同。

最后，贸易所带来的客观物质利益是可以衡量的，但贸易利益在国家利益中的定位是一个相对主观的判断，这就必然涉及国内政治和决策层观念的变化。前者如国内利益集团的影响力以及决策层的战略制定。国际贸易是一种市场行为，市场行为能够在多大程度上影响到一国的外交决策有赖于其传导机制。一是自下而上的传导，即国内利益集团或相关产业对国家决策层的影响力；二是自上而下的传递，即一国政府对贸易以及经济发展的战略定位。也就是说，贸易利益是通过复杂的机制才体现到国家利益中去的，国内利益集团的影响力越大，一国政府对两国间贸易越重视，贸易利益在国家利益中的分量就越重。

由此可见，两国间贸易利益在国家利益中的定位取决于客观和主观两方面的因素。其中，贸易的客观物质利益是相对固定的，而一国政府对贸易利益的主观判断和评估则是可变的，如对贸易现状及未来走势的判断，对两国贸易在本国经济发展中重要性的估计等。两国的贸易利益越重要，它对政治关系的影响就越大，贸易推动和平的作用也就越显著，而一旦出现贸易争端，它对两国政治关系的破坏力也就越大。

另外，冲突的性质在国家利益中的位置也很重要，贸易是否能够推动和平，主要取决于冲突所涉及的安全利益是否威胁到国家的"生死攸关"。如果两国冲突的安全利益不涉及国家的"生死攸关"，而只是一般的现实问题或者历史问题时，理性的国家就会以经济利益为先，用和平的方式解决冲突，确保两国贸易的发展能够有一个和平的国际环境。在这种情况下，贸易也会推动和深化两国的合作，实现经济与安全的良性循环，成为推动和平的力量。例如，中印边界争端是中国目前尚待解决的最大陆地边界问题。20世纪90年代以来，两国政治关系不断升温，经贸合作飞速发展。此时，边界的历史问题已经不涉及"生死攸关"，经济利益成为首要考虑，因此两国政府采取了暂时搁置，逐步谈判解决的和平方式。良好的政治氛围也为经贸领域的发展创造了条件，贸易反过来也把中国和印度更紧密地联系在一起。

如果两国冲突涉及国家重要的现实问题，存在生死攸关的情况，那么国家就不得不牺牲经济利益，以安全利益为重。一旦两国陷入军事冲突或战争，贸易的发展必然会受到政治关系的影响，也就无法发挥其对政治的影响力，从而进入一个恶性循环。这里还有一种情况，如果两国冲突是由于现实的贸易问题引起的，并且可能危及国家的战略安全，甚至是生死攸关的利益，那么贸易问题就会变成安全问题，不仅不会起到推动和平的作用，反而会引发国家间更多的冲突。从前面西非国家经济共同体的案例中可以看到，三起不同的成员国间冲突正是因为冲突在冲突国国内政治中的性质不同，它们的解决方式最后也不同，加纳与多哥之间的冲突不涉及资源争夺这样的核心利益冲突，因而得以缓和；而马里与布基纳法索、塞内加尔与毛里塔尼亚之间的资源争夺则更多涉及两国"生死攸关"的利益，因而区域经济合作的和平效应很难得以体现。

总之，区域贸易合作能够在多大程度上影响到国家的外交决策主要取决于区域经济利益在国家利益中的定位，而它是否能够成为推动和平的力量，则有赖于两国政府对经济利益与安全利益的判断和把握。尤其是在涉及一国生死攸关的利益时，更要特别谨慎，尽量避免在这个问题上发生冲突。另外，国家决策层的观念和对两国关系的认识尤为重要。在有正常贸易关系并且存在冲突的国家或地区之间，只要不存在生死攸关的情况，就可以通过发展和深化两国的经贸合作，进而改变两国政府对于冲突和合作利益的态度，最终实现两国政治关系的改善，使贸易成为推动和平的重要力量。因此，在进行案例分析时，除了考量区域制度层面的因素之外，也不能忽略国内政治的因素分析。

本章小结

基于实证分析的结果，区域贸易制度和平效应的发挥会受到一体化水平、高层会晤机制和制度设计所体现的独立性等因素的影响。基于费伦的理性主义军事冲突模型，区域贸易制度可以从三个路径来抑制冲突的升级，这三个路径分别是：机会成本机制、信息机制和冲突解决机制。具体而言，区域贸易制度的一体化水平越高，冲突国家发动战争的代价就越大，那么通过机会成本机制会促使国家选择合作解决冲突；首脑会晤机制可以增加领导人之间的信息交流，增进互信，经由信息机制解决争端中信息失灵的问题，避免谈判失败；秘书处等官僚制度以及争端解决机制有助于强化对成员国履约的监督，推动冲突的解决。当然，和平效应的发挥还面临着很多限制性条件。区域贸易制度对和平的影响还要考虑内生性问题，即和平或冲突局势对区域经济一体化的反作用。任何区域经济制度都会受到该区域冲突形势的影响，而它发挥和平效应的过程就是逐渐摆脱冲突影响并且反过来独立发挥积极效应的一个互动过程。当然，和平效应最终能否显现还取决于国内政治因素的考量，取决于冲突利益和合作利益在国家利益中的排序，并受到国际和地区战略环境的影响。

第五章

亚洲的区域贸易制度与案例检验

亚洲是一个民族、文化、历史呈现多样化的地区，其区域经济一体化的进程与拉美和非洲国家相比发展较为缓慢，主要集中在东南亚、南亚和东北亚这三个次区域。东南亚的区域经济合作历史最早，成效也最为显著，以东盟为中心的"10＋x"模式已经成为亚洲最为成功、最具活力的区域贸易安排；南亚的区域经济合作也由来已久，但是由于印度和巴基斯坦这对宿敌的不信任和猜疑，南亚区域合作联盟的一体化进展并不顺利，其效果和影响也不大；东北亚的区域经济合作发展最慢，目前尚在谈判的早期阶段，中、日、韩三国自由贸易区的谈判正在进行中，目前还没有形成一个制度化的区域经济合作组织。在安全层面，由于不同的殖民化历史，亚洲国家在二战结束之后大多面临着历史遗留的主权争端，如印度尼西亚与东帝汶、菲律宾与马来西亚、马来西亚与新加坡、印度尼西亚和马来西亚、印度与巴基斯坦；而除新加坡、文莱和马来西亚之外，大多数亚洲国家还面临着日益突出的内部冲突的威胁。

为了检验实证分析和理论诠释的结果，本书选取东南亚国家联盟（简称"东盟"）和南亚区域合作联盟（简称"南盟"）两个案例进行分析。在以往的学术研究中，东盟被认为是在推动地区冲突缓和、维护地区和平与安全方面发挥关键作用的典范,南盟则被看作是和平效应失败的案例。[1] 同位于亚洲的南部,这两个区域贸易安排虽然拥有相似的殖民历史背景和成员国多元化的特征,国家间冲突的背景和原因也很相似,但是却有着既相似又不同的发展轨迹以及不同的和平效应。东盟的发展进程和机制推动了地区的稳定,从而吸引了更多的对外直接投资,创造了良好的宏观经济环境;快速的经济发展(尤其是 1997 年金融危机之前)反过来进一步抑制了成员国间冲突的升级,形成了区域经济一体化和冲突缓和之间的良性循环。反观南亚区域合作联盟,印度与巴基斯坦之间的冲突大大干扰了南亚的区域一体化进程,区域经济一体化直到如今仍然受制于两国之间的政治和安全局势,和平效应仍然未能摆脱安全困境的桎梏。

第一节 东盟和平效应的路径分析

东盟成立于 1967 年 8 月 8 日,其前身是 1961 年马来西亚、菲律宾和泰国成立的东南亚联盟,旨在"本着平等与合作精神,共同努力促进本地区的经济增长、社会进步和文化发展,为建立一个繁荣、和平的东南亚国家共同体奠定基础,以促进本地区的和平与稳定。1999 年,柬埔寨加入东盟,其成员国由最初的 5 个扩大至 10 个[2]。到 2014 年,东盟涵盖了约 443 万平方公里的土地面积和 6.2 亿人口,GDP 总量达 2.6 万

---

① Benjamin E. Goldsmith, "A Liberal Peace in Asia?", *Journal of Peace Research*, Vol. 44, No. 1, 2007, pp. 5 – 27.

② 1967 年 8 月,印度尼西亚、泰国、新加坡、菲律宾四国外长和马来西亚副总理在曼谷举行会议,发表了《曼谷宣言》,正式宣告东南亚国家联盟成立;随后,文莱、越南、老挝、柬埔寨、缅甸相继加入,称为东盟十国。

亿美元，国际商品贸易总量 2.5 万亿美元，吸引外商直接投资 1360 亿美元。① 从实践来看，东盟在半个多世纪的岁月中，一方面，区域经济一体化进程历经波折逐渐推进，制度化建设日趋成熟和完善，2015 年 12 月 31 日，正式成立以经济、政治安全和社会文化为三大支柱的东盟共同体；另一方面，也经历了成员国间因不同问题而产生的大大小小的军事冲突和军事对抗。区域经济一体化与冲突/和平两个进程之间存在复杂的互动，紧密相关。

随着区域经济一体化的不断推进，东盟的一体化水平逐渐提高（见表 3 – 1），在 1982—2001 年的 20 年间，东盟的平均制度化水平相对较高，冲突基线风险为中等水平，而实际发生的军事冲突为每个成员平均 2.25 次，区域贸易制度的一体化水平与冲突之间存有明显的负相关。1979 年之后，虽然有零星的冲突事件发生（见表 5 – 1），但东亚地区（这里主要指东盟、中国大陆、日本、韩国、中国香港和中国台湾）没有出现过一次战争，除了 2011 年泰国和柬埔寨之间的边境冲突，该地区在 1988 年以来甚至没有一次严重的国家间军事冲突（见图 5 – 1）。② 正因为如此，东盟被学界称作区域贸易制度推动地区和平的积极案例。此外，与拉美和非洲相比，东南亚国家还经历了 1997 年的亚洲金融危机，作为一个重要的经济事件，它对东南亚一体化的冲击和影响也不容忽视。本章将从东盟的历史进程出发，沿着该组织的发展脉络，从五个不同的时期对东盟一体化的制度建设与冲突之间的各自变化及互动进行对比和梳理，检验不同路径在区域贸易制度发挥和平效应过程中的作用。

---

① "Selected Basic ASEAN Indicators", as of Aug. 2015, http：//www. asean. org/ storage/2015/09/selected_ key_ indicators/table1_ as_ of_ Aug_ 2015. pdf.

② Avery Goldstein and Edward D. Mansfield, eds, *The Nexus of Economics*, *Security*, *and International Relations in East Asia*, Stanford, CA：Stanford University Press, 2012.

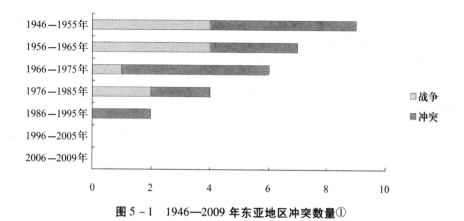

图 5 - 1　1946—2009 年东亚地区冲突数量①

表 5 - 1　　　　1960—2011 年东盟国家间的主要武力冲突一览表②

时间	争端国 1	争端国 2	争端描述
1963—1965 年	印度尼西亚	马来西亚	对抗；多起事件，数百人死亡
1968 年 4 月	马来西亚	菲律宾	科雷吉多尔事件，两艘马来西亚炮艇和一架飞机入侵菲律宾领土
1979 年 11 月	马来西亚	菲律宾	马来西亚特遣队占领了南沙群岛的一个组礁
1980 年 6 月	马来西亚	菲律宾	菲律宾一艘军舰在沙巴向一艘马来西亚渔船开火
1985 年 9 月	马来西亚	菲律宾	马来西亚炮舰和直升机在一次打击海盗行动中袭击了 Maddanas 群岛，杀死和绑架了 53 人
1988 年 5—8 月	马来西亚	菲律宾	马来西亚军队在南中国海抓捕了 49 名菲律宾渔民，双方军事对峙升级

①　Uppsala Conflict Data Program, Peace Research Institute Oslo, available at http: // www. prio. no/CSCW/Datasets/Armed-Conflict, accessed August 23, 2010.

②　Daniel M. Jones, Stuart Bremer, and David Singer, "Militarized Interstate Disputes, 1816 - 1992: Rationale, Coding Rules, and Empirical Patterns", *Conflict Management and Peace Science*, Vol. 15, No. 2, 1996; Alan Collins, "ASEAN: Challenges from Within and Without", in Christopher M. Dent, ed. , *Asia-Pacific Economic and Security Cooperation: New Regional Agendas*, New York: Palgrave Macmillan, 2003, pp. 136 - 151; Alan Collins, *Security and Southeast Asia: Domestic, Regional, and Global Issues*, Boulder: Lynne Rienner, 2003; Faten Ghosn, Glenn Palmer, and Stuart A. Bremer, "The MID3 Data Set: Procedures, Coding Rules, and Description", *Conflict Management and Peace Science*, Vol. 21, No. 2, 2004; Holly Haywood, "Examining ASEAN Capacity in the Context of the Thai-Cambodian Border Dispute", *NTS Alert*, September (issue 1), Singapore: RSIS Center for Non-Traditional Security Studies for NTS-Asia, 2011.

续表

时间	争端国 1	争端国 2	争端描述
1992 年 4 月	马来西亚	新加坡	一艘新加坡巡逻艇和马来西亚巡逻船在争端领土白礁岛发生交战
1995 年 5 月 30 日	泰国	越南	两国海军在泰国湾发生交火
1998 年 8 月	菲律宾	越南	菲律宾加强了在南沙群岛争议海域的巡逻
1998 年 12 月	缅甸	泰国	一艘缅甸舰艇攻击了一艘泰国军舰，两名泰国海军军官死亡
1999 年 1 月	缅甸	泰国	泰国巡逻船与缅甸护卫舰交火，3 名缅甸船员死亡
1999 年 10 月	菲律宾	越南	越南军队在南沙群岛击落一架菲律宾空军飞机
2001 年 2 月	缅甸	泰国	边界冲突，数十名缅甸居民丧生
2005 年 4 月	印度尼西亚	马来西亚	两国军舰在争端海区安巴叻发生冲撞
2009 年 6 月	印度尼西亚	马来西亚	两国海军在争端海区安巴叻对峙
2008 年 10 月至 2011 年 5 月	泰国	柬埔寨	两国在争端领土柏威夏寺附近发生多起交火和小规模战斗，百名士兵伤亡

从开始酝酿至今，东盟的发展进程大致可以划分为五个阶段：1960—1967 年酝酿时期；1967—1976 年早期阶段；1976—1992 年稳步发展期；1992—1997 年成熟发展期；1997—2015 年金融危机之后的东盟。从这五个阶段的发展历程可以看到，伴随着东盟的一体化进程，东盟区域经济一体化对成员国冲突的和平效应也经历了一个日渐显著的过程。

一 1960—1967 年：东南亚联盟与马菲印尼联盟

60 年代初，去殖民化的战争接近尾声，一批新的民族国家在东南亚地区诞生，随之而来的不仅有结束殖民历史的喜悦，还有纠缠不休的领土争端。这一时期的领土冲突主要集中在马来西亚与菲律宾、马来西亚和印度尼西亚之间。1957 年 8 月 31 日，马来亚独立；1963 年 9 月 16 日，在英国的支持下，马来西亚联邦正式成立，它包括马来亚、沙巴、沙捞越与新加坡（1965 年 8 月退出）。菲律宾认为，沙巴应属于菲律宾领土，不应归属于马来西亚，但是菲律宾的主权要求被马来西亚单方面拒绝。虽然这一主权争端在当时并没有引发军事对抗，但却为两国关系在 1963—1965 年间不断恶化并最终兵戎相见埋下了导火索。印度尼西亚与马来西亚之间的军事冲突始于 1963 年 9 月，印度尼西亚认为"马来西亚计划"是包围印度尼西亚的新殖民主义，并随后出台了粉碎马来西亚的计划。这起冲突持续了两年时间，至 1965 年结束。在对抗期间，两国之间爆发了多起军事对抗，共造成约 700 人在战争中丧生。这起冲突也被认为是东盟历史上成员国之间最为惨烈的军事冲突。[①]

此时，东盟国家也开始了区域一体化的初步尝试。1961 年东南亚联盟（泰国、马来西亚和菲律宾）和 1963 年 8 月马菲印尼联盟的成立是该地区首次出现完全本土的区域国际组织。马菲印尼联盟的目标是为成员国之间的政治磋商提供一个平台，以避免马来西亚、印度尼西亚和菲律宾之间的领土争端升级。虽然这个组织并不以区域经济合作为目的，而且仅持续了几周的时间就不幸夭折，但是它却是该地区国家通过加强成员国间合作来缓和地区冲突的最初尝试。[②] 东南亚联盟则是一个功能性组织，其主要目标是加强成员国之间在政治、经济和文化等各个领域的合作，并提出了建立特惠贸易区和加强农业、旅游、交通、教育和卫生等各方面合作的计划。[③] 该组织的最高决策机构是外交部长委员会，计划每年会晤一次，在制度建设上还包括一个常务委员会、不同领域的专家委员会以及各国的

---

① Peter Lyon, *War and Peace in South-East Asia*, London: Oxford University Press, 1969, p. 188.

② Russell H. Fifield, *National and Regional Interests in ASEAN: Competition and Cooperation in International Politics*, *Occasional Paper* 57, Singapore: Institute of Southeast Asian Studies, 1979, pp. 4 – 5.

③ Estrella Solidum, *Towards a Southeast Asian Community*, Quezon City: University of Philippines Press, 1974, pp. 43 – 44.

秘书处。但是，早期的东南亚联盟在组织运转上并不稳定，其组织活动在1963—1965 年一度停滞，随后在 1966 年恢复，并于次年被东南亚国家联盟所取代。

那么，这两个区域组织在抑制地区冲突上是否发挥了和平效应？对马菲印尼联盟来说，即使它并非区域经济一体化组织，不在本书考察之列，但答案很明显也是否定的。它的存续仅仅几周的时间，根本不足以推动任何安全领域的合作。马来西亚和印度尼西亚在 60 年代的对抗期间，没有任何区域合作框架对其政治和外交行为加以约束；尽管两国之间有着紧密的商业交往①，但是却并没有将其制度化，因而根本谈不上制度的和平效应。相反，东南亚联盟在缓和马菲冲突中发挥了一定的作用。尽管东南亚联盟最初的经济合作领域很小而且尚未初见成效，但是其成员国的领导人却相信他们将在未来收获更多的果实。② 正是基于这样的预期，马来西亚和菲律宾在沙巴争端中将区域贸易合作看作是一个有力的杠杆，或者说将切断经济联系作为"武力冲突"的替代品。有学者认为："在双方的讨价还价中，东南亚联盟代表了一份未来收益的承诺，尽管它是属于未来；马来西亚和菲律宾将它们的共同成员身份当作一个杠杆，期望区域合作中的承诺可以让对方改变在沙巴问题上的立场。"③ 此外，东南亚联盟也在一定程度上为争端双方高层官员之间的信息交流和沟通提供了平台和渠道，而泰国则发挥了一个中间人的角色，因为"泰国外长相信，如果没有东南亚联盟这一纽带的存在，马来西亚与菲律宾之间的领土争端将会持续

---

① Timo Kivimaki, "The Long Peace of ASEAN", *Journal of Peace Research*, Vol. 38, No. 1, 2001, pp. 5 – 25.

② Bernard K. Gordon, *The Dimensions of Conflict in Southeast Asia*, New Jersey: Prentice Hall, 1966.

③ Arnfinn Jorgensen-Dahl, *Regional Organization and Order in South-East Asia*, Hong Kong: Macmillan, 1982, p. 195.

恶化"①。

但是，由于经济合作领域和范围较小、不完善的制度建设和落实不力的情况，该组织的和平效应大打折扣。由于该组织创建的主要目的是出于缓和政治冲突的需要，区域经济合作尚未起步，区域合作完全受制于地区冲突，尤其是马来西亚和菲律宾在沙巴争端问题上互不妥协，两国外交关系的破裂直接导致了东南亚联盟 1963 年的停摆。时任菲律宾总统马卡帕加尔·阿罗约曾经对其外交部长表示："你一定要在东南亚联盟这件事情上放慢一点，我们的外交政策重点应该放在沙巴问题上，其他的议题都要放在后面。"② 乔根森·达尔（Arnfinn Jorgensen-Dahl）认为："在沙巴危机中，东南亚联盟的功能水平很低，而制裁的使用等同于对区域合作的放弃，因为没有什么制裁可以从现有的合作领域中被独立出来。"③ 对区域经济合作收益的预期可以在冲突解决中起到威慑作用，但是威慑作用的大小则最终取决于合作领域和范围的大小，合作的领域和范围越大，它所能发挥的抑制冲突升级的力量就越大。此外，由于高层会晤机制在 1963—1966 年的中断，它的信息沟通和交流功效也十分有限，而沙巴危机缓和的直接原因则是由于新一届菲律宾政府上台后将危机暂时搁置的缘故。

二　1967—1976 年：东盟的早期阶段

1967 年，东南亚国家联盟正式成立。作为一个政府间的、一般性区域组织，东盟创立的本意是效仿西欧的功能主义合作模式，希望通过经

①　Bernard K. Gordon, *The Dimensions of Conflict in Southeast Asia*, New Jersey: Prentice Hall, 1966, p. 185.

②　Ibid., pp. 25 – 26.

③　Arnfinn Jorgensen-Dahl, *Regional Organization and Order in South-East Asia*, Hong Kong: Macmillan, 1982, p. 196.

济、文化和社会各领域的合作实现功能性外溢，最终实现区域内经济增长、地区稳定和和平。但是由于成员国之间的政治分歧和领土争端的敏感性，东盟在《曼谷宣言》中，不得不放弃了对地区稳定与和平的追求，首先追求经济、社会和文化领域的合作。[①] 在早期的发展中，东盟基本上沿用了原有东南亚联盟的经济合作项目，启动了与欧洲经济共同体的经济协定谈判以及在多边贸易框架 GATT 谈判中的立场协调与合作。在最初的10 年中，东盟最大的成就或许就是成功地生存了下来，除此之外则屈指可数，有学者称"东盟最初的八年在开展实质性的合作方面进展不大"[②]。

在安全领域，为了遏制共产主义的扩散和获得国际认同，东盟五国在1971 年签署了一项宣言，致力于将东盟建设成为"一个自由、和平和中立的地区"（Zone of Peace，Freedom and Neutrality，ZOPFAN）。虽然它折射出东盟五国试图通过团结自立，摆脱外来力量干预、避免成为两个超级大国权力斗争牺牲品的强烈政治意愿，但这一宣言仅仅停留在口头而没有任何后续跟进和实际进展。[③] 东盟常常被看作是一个致力于地区冲突的政治组织，但是它在早期根本没有任何实现集体安全或是争端解决的正式安全机制存在，因此在一定意义上，东盟仍然是一个以经济合作为主导的区域经济组织。[④]

东盟在成立后不久就遭遇了成员国之间的首次军事冲突。1968 年，

---

① Ramses Amer, "Expanding ASEAN's Conflict Management Framework in Southeast Asia: The Border Dispute Dimension", *Asian Journal of Political Science*, Vol. 6, No. 2, 1998; Rodolpho C. Severino, *Southeast Asia in Search of ASEAN Community: Insights from the Former ASEAN Secretary-General*, Singapore: Institute of Southeast Asian Studies, 2006.

② Frank Frost, "ASEAN Since 1967: Origins, Evolution, and Recent Developments", in Alison Broinowski, ed. , *ASEAN into the 1990s*, London: Macmillan, 1990, p. 5.

③ Roger Irvine, "The Formative Years of ASEAN, 1967 - 1975", in Alison Broinowski, ed. , *Understanding ASEAN*, New York: St. Martin's, 1982, pp. 27 - 29.

④ Yoram Z. Haftel, *Regional Economic Institutions and Conflict Mitigation: Design, Implementation, and the Promise of Peace*, Ann Arbor: University of Michigan Press, 2012, p. 160.

马来西亚与菲律宾围绕沙巴的领土争端再次升级，在科雷多吉尔事件中，菲律宾训练民兵组织在沙巴渗透的举动激怒了马来西亚，马来西亚要求菲律宾放弃沙巴的领土主权要求，并承认其主权归属于马来西亚，但遭到了菲律宾的拒绝。1968 年 4 月，马来西亚军舰和战斗机入侵菲律宾领土，低烈度军事冲突时有发生，从 1968 年 4 月至 1969 年 12 月，两国外交关系再度中断。① 此时，东盟成立不足一年的时间，制度建设并没有大的进步，争端解决机制欠缺，秘书处也未建立，尽管如此，东盟仍然在一定程度上推动了沙巴争端的和平解决。

它的和平效应主要体现在两个方面：第一，东盟的制度框架为争端双方提供了一个信息交流和调停的平台。在东盟外长会议上，东盟其他成员国劝说马来西亚和菲律宾放低各自的姿态接受一个"冷静期"。② 印度尼西亚总统苏哈托扮演了一个调停者的角色，尽管其努力只取得了部分的成功。还有学者认为，在 1969 年下半年，东盟是一个"保全面子的重要工具"，尤其是对菲律宾而言；借助这个渠道，争端双方的关系逐渐回归正常状态。③ 第二，尽管区域经济合作并未给成员国带来可见的利益，但是对未来收益的预期仍然是东盟成员国决策者们在动用武力时必须要考虑的因素。马来西亚外长公开声明说"出于区域合作的考虑，马来西亚和菲律宾一致同意在没有任何前提条件的情况下修复两国外交关系"；东盟外长会议的联合公报称"因为马来西亚和菲律宾对东盟的极度重视，双方一致

---

① Mely Caballero-Anthony, "Mechanisms of Dispute Settlement: The ASEAN Experience", *Contemporary Southeast Asia*, Vol. 20, No. 1, 1998.

② Amitav Acharya, *Constructing a Security Community in Southeast Asia: ASEAN and the Problem of Regional Order*, London: Routledge, 2001, p. 50; Rodolpho C. Severino, *Southeast Asia in Search of ASEAN Community: Insights from the Former ASEAN Secretary-General*, Singapore: Institute of Southeast Asian Studies, 2006, pp. 165 – 166.

③ Arnfinn Jorgensen-Dahl, *Regional Organization and Order in South-East Asia*, Hong Kong: Macmillan, 1982, p. 208.

同意恢复外交关系"。① 东盟在这个时期的经济合作主要是部门间的合作，虽然尚未涉及经济一体化，但是这些领域的合作对成员国来说无疑意味着巨大的潜在价值。罗杰·欧文（Roger Irvine）相信，"东盟在抑制沙巴争端升级方面发挥了切实的影响力"②。

在沙巴争端结束后的数年中，东盟地区维持了基本的稳定与和平，没有出现较大的武力冲突。这段和平时期的出现被很多学者和决策者归功于东盟的力量。

首先，东盟接受了联合国报告的建议，逐渐扩大了经济合作的领域和范围。1972年，联合国向东盟转交了一份专家报告，该报告详细论述了东盟能够更好地推动地区合作的方式并提出了相应的建议；③ 这份研究报告被东盟采纳，它所描述的经济合作的美好前景深深打动了各成员国的决策者。尽管由于经济合作的有限性和执行不力的原因，区域经济合作的实质进展有限，但它无疑大大提升了成员国对区域合作未来收益的预期，他们认为这是东盟向建立持久和广泛经济伙伴关系迈出的第一步。④

其次，东盟的外长会议机制为高层官员之间的互动和非正式信息交流提供了一个平台。阿查里雅（Amitav Acharya）认为，"东盟之所以促进了和平，是因为它培育了一种社会化和信任的氛围，这种氛围有助于压制成员国中间出现像苏加诺那样的军事民族主义情绪，促使他们相信合作的好

---

① Michael Leifer, *ASEAN and the Security of South-East Asia*, London: Routledge, 1989, p. 35.

② Roger Irvine, "The Formative Years of ASEAN, 1967 – 1975", in Alison Broinowski, ed., *Understanding ASEAN*, New York: St. Martin's, 1982, p. 20.

③ Arnfinn Jorgensen-Dahl, *Regional Organization and Order in South-East Asia*, Hong Kong: Macmillan, 1982, pp. 142 – 143.

④ Amado A. Castro, "Economic Cooperation and the Development of an ASEAN Culture", in R. P. Anand and Purification Valera-Quisumbing, eds., *ASEAN: Identity, Development, and Culture*, Qeezon City, Philippines: University of the Philippines Law Center and the East West Center Culture Learning Institute, 1981, p. 244.

处远大于对抗"①；时任马来西亚副总理图恩·伊斯梅尔（Tun Ismail）明确表示，"官员之间经常性的联系和沟通有助于缔造一种合作和团结的习惯"②。一些学者认为，"东盟年度部长会议机制的基本功能是保证成员国之间关系的稳定和友好，一是促进成员国间高层官员之间的熟悉，加强对彼此问题和利益的了解，增进共识；二是作为将对话习惯制度化的论坛；三是双边或区域争端进行磋商和意见交流的场所；四是在东南亚信任建立措施方面发挥核心作用"③。此外，东盟的决策机制逐渐形成，它包含了"协商"和"一致"两项原则，也被称为不干涉成员国内政的"东盟模式"。这些制度和原则意味着东盟成员国在面临冲突和分歧时，可以通过非正式的对话，在轻松的氛围内寻求一致认可的解决方案，而将重大的分歧放在一边。

这个时期，东盟的成立与当时的冲突形势有着直接的关系，印度尼西亚和马来西亚之间对抗的结束为东南亚国家带来了短暂的和平局面，这也为东南亚国家达成区域合作提供了条件。但是，对战争的担忧仍然回荡在决策者的脑海里，他们深知脆弱的和平必然要依靠区域合作来加以维持和管理。这里，供给理论和需求理论得到了完美的结合。由于一体化水平不高和高层会晤机制的不成熟，区域经济合作的发展仍然受到冲突的制约。马来西亚与菲律宾在沙巴争端上的僵持曾经导致东盟的活动停滞长达一年之久，甚至有学者认为，"东盟有长达 8 个月的时间彻底沉寂，有好几次

---

① Amitav Acharya, *Constructing a Security Community in Southeast Asia*: *ASEAN and the Problem of Regional*, London: Routledge, 2001, p. 204.

② Roger Irvine, "The Formative Years of ASEAN, 1967 - 1975", in Alison Broinowski, ed. , *Understanding ASEAN*, New York: St. Martin's, 1982, p. 22.

③ Hadi Soesastro, "ASEAN in 2030: The Long View", in Simon S. C. Tay, Jesus P. Estanislao, and Hadi Soesastro, eds. , *Reinventing ASEAN*, Singapore: Institute of Southeast Asian Studies, 2001, p. 282.

的情形看上去东盟的消失只是时间问题"①。直到 1972 年联合国报告的发布，东盟的区域经济一体化建设终于有了明确的方向，和平效应才开始显现。经济合作领域的扩大提高了成员国对未来收益的预期，高层会晤机制以及东盟模式的建立通过信息机制和冲突解决机制为和平效应的发挥打通了路径，为东盟带来了一段时期的和平。

三 1976—1992 年：稳步发展期

这个时期是东盟的稳步发展期，1976 年的巴厘峰会为东盟的发展注入了新的活力，各成员国签署了《第一巴厘公约》，确立了保持地区活力、推动社会公正和国家发展、和平解决争端以及创立东盟共同体的目标，决定在政治、经济、社会、文化、安全和改善东盟制度化运作等方面展开合作。在经济层面，东盟开展了一系列拓宽经济合作领域的计划和项目，包括一项特惠贸易协定，启动新的区域产业项目，签署货币互换协定，强化其对外经济谈判的集体能力等；在制度建设层面，东盟终于设立了秘书处，尽管其作用非常有限；建立了高度分散化的外长会议机制和部长级高级委员会，前者致力于推动成员国间的合作，后者则为争端提供解决建议。在安全领域，东盟各成员国签署了一项《友好合作条约》（TAC），强调了和平共处、尊重彼此主权、领土完整、互不干涉内政和不使用武力等原则，要求各成员国就国际和地区事务加强磋商，协调政策和行动，呼吁和平解决区域内政治冲突，并同意建立争端解决机制。② 在1978 年 12 月爆发的越南入侵柬埔寨问题上，东盟克服了内部分歧，对外

---

① Arnfinn Jorgensen-Dahl, *Regional Organization and Order in South-East Asia*, Hong Kong: Macmillan, 1982, p. 208.

② Frank Frost, "ASEAN Since 1967: Origins, Evolution, and Recent Developments", in Alison Broinowski, ed., *ASEAN into the* 1990s, London: Macmillan, 1990, p. 9.

协调立场，实现了一个声音说话，并力争获得国际社会的重视；在1979—1980 年石油危机中加强了区域内的经济政策协调，借助于1985 年广场协议的美元贬值而迅速实现了经济复苏。这一时期，东盟逐渐以一个新的姿态出现在国际舞台上，成为东南亚和亚洲的一支重要政治力量，凭借其"内部承诺和对外声誉"被誉为发展中国家区域合作的典范，① 也有学者称这一时期是东盟的全盛时期。

随着区域经济合作的不断推进，东盟在安全层面也处于一段"相对和平"的时期。从表5－1 中可以看出，这一阶段，马来西亚和菲律宾之间爆发了零星的、短期的、低烈度的摩擦和事件，但并没有升级为两国之间的军事对抗。这样的低烈度冲突既不能抹杀政治争端的存在，更不能说明争端已经解决，它所体现出的是各成员国在争端中保持的谨慎克制。1977年，菲律宾决定放弃对沙巴的主权要求，菲律宾总统费迪南德·马科斯公开表示"菲律宾正在采取确定的步骤去除东盟的负担，放弃菲律宾对沙巴的主权要求，我们希望这将是菲律宾对东盟团结、力量和繁荣的永久贡献"②。尽管事实表明菲律宾并没有真正做到言行一致，但是这也足以说明巴厘峰会后东盟所隐含的巨大利益已经深入各成员国领导人的心中。赫胥黎（Tim Huxley）指出，"在东盟不同成员国之间仍然存在着广泛的、具有潜在风险的争端和利益碰撞，但是其政府和媒体都在极力弱化这些争端的程度和危险性"③。

那么，如何解释这一时期东盟对区域内冲突的影响呢？

首先，不得不从柬埔寨战争说起。越南入侵柬埔寨的战争共持续了

① Shaun Narine, *Explaining ASEAN: Regionalism in Southeast Asia*, Boulder: Lynne Rienner, 2002.

② M. Lean Brown, *Developing Countries and Regional Economic Cooperation*, Westport, CT: Praeger, 1994, p. 105.

③ Tim Huxley, "ASEAN Security Cooperation: Past, Present, and Future", in Alison Broinowski, ed., *ASEAN into the 1990s*, London: Macmillan, 1990, p. 93.

11 年零 8 个月，直到 1990 年才最终落幕。这场战争是东盟成立以来首次面对共同的外部威胁，它一方面转移了成员国对区域经济合作的关注，但另一方面也加强了成员国在危机中的信息沟通和协调，强化了东盟信息沟通的传统和危机管理机制，促使各成员国加强外交立场的磋商和协调。在这场战争中，东盟成员国之间的立场存有分歧，泰国和新加坡坚持对越南进行强硬的打击，而印度尼西亚和马来西亚则持相对温和的立场。① 但是，在面对共同威胁时，东盟成员国还是暂时搁置了内部的争端和分歧。这也是外部事件作为干预变量，通过国内政治机制，推动和平效应的一个重要例证。

其次，由于经济合作范围和程度的扩大，东盟在各成员国决策者天平上的砝码也逐渐加大。在贸易领域，东盟的特惠贸易协定含金量很低，成员国所提供的特惠关税仅仅局限于很少的一些商品，尤其是一些东盟并不生产或交易的商品，最为可笑的例子是菲律宾的特惠关税产品清单中居然包含扫雪机设备，而印度尼西亚更是列入了核设施。② 不过，东盟的金融产业合作却取得了相当的进展，互换协定的签署被不少学者称为"一项重要成就"③；东盟能够以统一的立场参与区域外经济事务和对外经济谈判是另一个巨大的诱惑，新加坡总理李光耀多次强调形成统一的谈判立场对于东盟国家与日本和澳大利亚这样的经济强国谈判的重要性。④ 不论进展如何，乔根森·达尔认为，"加入东盟将会带来共同的经济依赖这一认识正在逐渐加深，它令成员国认识到，在东盟制定的各项目标面前，威胁和

---

① Hans Indorf, *Impediments to Regionalism in Southeast Asia: Bilateral Constraints among ASEAN Member States*, Singapore: Institute of Southeast Asian Studies, 1984.

② John Ravenhil, "Economic Cooperation in Southeast Asia", *Asian Survey*, Vol. 35, No. 9, 1995.

③ Srikanta Chatterjee, "ASEAN Economic Co-operation in the 1980s and the 1990s", in Alison Broinowski, ed., *ASEAN into the 1990s*, London: Macmillan, 1990, p. 73.

④ Lee Kuan Yew, *From Third World to First: The Singapore Story*, 1965–2000, New York: Harper Collins, 2000, pp. 332–333.

使用武力是对外交的毁灭性打击"①。因此，区域经济合作的扩大已经通过机会成本机制提升了各成员国对东盟的收益预期，扩大了议题之间可联系性，而经济合作进展的不尽如人意和执行不力同样使得该和平效应有所折扣。

最后，高层会晤机制在加强成员国间的信任和友好关系方面的和平效应逐渐显现。由于区域经济一体化的推进和柬埔寨战争的外部力量介入，东盟外长和财政部长得以经常相互磋商和协调，面对面的交流加深了彼此的了解和共同的凝聚力。与双边会谈相比，东盟框架下的多边磋商更有助于避免双边磋商对其他成员国的负面影响。1980 年，马来西亚和印度尼西亚领导人之间的双边磋商反而导致了其他成员国的疑虑，加剧了地区紧张局势。② 还有学者认为，主动提出进行双边会谈常常被误认为是一种示弱的姿态。③ 东盟模式的优势开始显现：非正式的多边磋商在双边沟通不畅时为争端双方提供了有效的磋商渠道，推动了一种包容的精神，因为"它有助于减少极端行为、改变过分的要求、鼓励妥协，而多边磋商的透明度也在更大程度上减少了破坏性谈判手段的使用"④。《南华早报》1991 年的一篇新闻分析指出："马来西亚和印尼以及泰国之间边界争端在东盟多边框架下得以悄然缓解，而这种情况在双边正式会谈中是很难见到的。"⑤ 此外，多边框架还有利于第三方调停的

---

① Arnfinn Jorgensen-Dahl, *Regional Organization and Order in South-East Asia*, pp. 176 – 177.

② Hans Indorf, *Impediments to Regionalism in Southeast Asia: Bilateral Constraints among ASEAN Member States*, p. 77.

③ Yoram Z. Haftel, "Regional Economic Institutions and Conflict Mitigation: Design, Implementation, and the Promise of Peace", p. 171.

④ Arnfinn Jorgensen-Dahl, *Regional Organization and Order in South-East Asia*, Hong Kong: Macmillan, 1982, p. 235.

⑤ "ASEAN Fluidity Serves as Vital Regional Safety Valve", *South China Morning Post*, August 4, 1991.

进行，1986 年以色列总统赫尔佐克对新加坡的访问导致了马来西亚和新加坡关系的恶化，在印度尼西亚总统苏哈托的调停下，两国迅速恢复了友好的外交关系。

四 1992—1997 年：成熟发展期

1992 年的新加坡峰会是东盟发展史上的又一个里程碑。新加坡峰会为东盟的未来发展制订了一个宏伟的发展计划，东盟自由贸易区的建设推动了区域内的贸易自由化，服务和投资领域的重要协定也在随后几年内相继签署，新加坡、马来西亚和印度尼西亚还组建了"SIJORI"经济增长三角，区域经济合作得以继续扩大和深化。在制度建设方面，东盟强化了秘书处的权力和地位，秘书长从大使级升至部长级，东盟活动的启动被纳入秘书处的职责，官员也由各成员国任命改为公开竞选；东盟首次成立了一个针对自由贸易区建设和落实中可能引发纠纷的争端解决机制，由各成员国经济部长或高级经济官员会议的成员组成一个特别小组，对争端进行有约束力的第三方仲裁；[1] 东盟首脑会议和各级部长会议的召开更加机制化和经常化，东盟首脑会议从 1995 年开始由每三年一次更改为每年一次；1994 年建立了东盟地区论坛（ARF），计划从信任建立措施、预防性外交机制和冲突解决机制分三步缓解地区紧张局势。新加坡宣言之后，东盟的区域经济合作沿着东盟各成员国的美好愿望顺利推进，制度的独立性和制度化水平也得到显著加强，而东盟在地区和国际社会也以稳健、成功的形象打开了冷战后新时代的局面。有学者这样评价冷战后的东盟："东盟诞生并崛起于冷战时期，尽管外界对这个冷战时期的'孩子'能否适应新

---

① Markus Hund, "From 'Neighbourhood Watch Group' to Community?", *Australian Journal of International Affairs*, Vol. 56, No. 1, 2002, pp. 108 – 109.

的战略环境，但至少从现在来看，它的表现是积极的，甚至是值得称道的。"①

这一时期，东盟的安全局势则可以用"死灰复燃"但却仍然可控来形容。冷战结束以及越南撤出柬埔寨使得东盟面临的外部安全威胁得以消除，在前两个时期沉寂多年的东盟内部争端再度浮出水面，主要表现为马来西亚与新加坡、印度尼西亚和泰国三国的领土纷争再次引发马来西亚与三国关系紧张，煽动性言论四起，军备竞赛加剧，一些争端甚至引发了零星的武力冲突。1992 年 4 月，新加坡巡逻艇和马来西亚巡逻船在争议领土白礁岛发生了交战；马来西亚和印度尼西亚围绕西巴丹岛和利吉丹岛的争端也愈演愈烈。1995 年越南的加入也引入了新的争端，1995 年 5 月，越南与泰国军舰在泰国湾一度发生交火。但总的来看，这些零星的交火和武力冲突均保持在克制的范围内，没有出现进一步升级的状况。② 可以说，东盟安全局势的紧张是外部战略环境变化所致的反弹，成员国间这些历史多年的领土纷争并没有出现根本性的变化，而只是多年积怨的一种释放和国内政治的需要。在这种情况下，保证安全局势的可控同样是东盟和平效应的体现。

首先，东盟在这一时期的区域经济合作领域和范围有了质的飞跃，尤其是自由贸易区的建设和服务、投资协定的签署，区域内贸易增加，为东盟各成员国带来了更多的现实利益和潜在收益。随着自由贸易区协定的逐步实施，各成员国的贸易收益稳步增加。在"SIJORI"经济增长三角合作中，新加坡负责资本和设施建设，印度尼西亚和马来西亚则负责提供劳动力和土地，彼此相互依赖，任何一方都不可或缺，一旦争端升级，增长三

---

① Jeannie Henderson, *Reassessing ASEAN*, Adelphi Paper 328, London: International Institute for Strategic Studies, 1999, pp. 9 – 10.

② Ramses Amer, "Expanding ASEAN's Conflict Management Framework in Southeast Asia: The Border Dispute Dimension", *Asian Journal of Political Science*, Vol. 6, No. 2, 1998, pp. 33 – 56.

角的合作必定会夭折。因此，随着东盟的区域经济合作逐渐扩展和深化，其蕴含的潜在经济利益十分客观。随着它在东盟各成员国国内政治中所占的分量越来越大，它所带来的机会成本也显著增加。正如一位泰国官员所说："东盟发展到现在，我们都已经认识到我们的共同利益所在，而它足以超越了双边争端。"①

其次，东盟的高层互动机制在这个阶段已经相当成熟，正式的或非正式的沟通渠道加深了成员国间的彼此了解和利益解读，这对于缓和冲突十分重要。加内桑（Narayanan Ganesan）指出，东盟在 90 年代早期的紧张局势由于"政治精英和官僚高官之间的熟稔"而得到稳定。② 经过 20 多年的彼此了解和沟通，东盟各成员国对东盟模式信心倍增，以至于有评论家认为东盟发展到今天已经接近于一个安全共同体，换言之，不再有发生区域内战争的可能。③

最后，虽然制度的独立性有了显著改善，秘书处的职能大大增加，争端解决机制也投入使用，但是没有事例显示其在冲突解决中发挥了重要的作用。有学者认为："'东盟精神'是缓和区域内争端的一个因素，但这仅在政治最高级别的官员中有效，而草根阶层的关注几乎没有作用。"④ 秘书长的地位虽然有所提高，但是相对于高层官员，秘书长的能力仍然受到很大限制，其影响力更多的是执行方面的事务工作。而东盟的争端解决机制虽然得以建立，但事实上始终处于备受冷落、无人问津的状态，没有

---

① Dean Visser, "Singapore-Malaysia Row an ASEAN Acid Test?", *Deutsche Presse-Agentur*, June 9, 1997.

② Narayanan Ganesan, "Taking Stock of Post-Cold War Developments in ASEAN", *Security Dialogue*, Vol. 25, No. 4, 1994, pp. 457 – 468.

③ Amitav Acharya, "Collective Identity and Conflict Management in Southeast Asia", in Emanuel Adler and Michael N. Barnett, eds. , *Security Communities in Comparative Perspective*, Cambridge: Cambridge University Press, 1998, pp. 218 – 219.

④ Donald Emmerson, "Security, Community, and Democracy in Southeast Asia: Analyzing ASEAN", *Japanese Journal of Political Science*, Vol. 6, No. 2, 2005.

任何一个成员国向该机制提交过诉讼。这并不是说东盟内部不存在与贸易一体化相关的争端，事实则恰好相反。随着自由贸易区的建设，东盟内部在农产品和汽车配件方面的分歧十分严重，然而东盟成员国更愿意通过东盟部长级会议这样非法制化的渠道进行磋商和谈判，因为官员们担心"一旦启动争端解决机制会让彼此之间的政治关系陷入危险"①。无论争端解决机制的建立初衷如何，它并没有在东盟的框架内真正发挥作用，不论是经济争端还是政治冲突的解决。

值得一提的是，在这个阶段，东盟的区域经济一体化进程终于不再受到地区冲突的负面影响，反而在冲突再起的情形下，开启了自由贸易区建设的新征程。独立于区域冲突的自主发展是区域经济一体化抑制冲突升级、真正发挥和平效应的必要条件，而它的和平效应更可以用越南加入东盟的动机加以证实。时任越南副外长表示："越南加入东盟的目的是……促进地区和平、稳定和合作。"② 反过来，新成员的加入和应对新引入政治冲突的努力进一步强化了东盟的制度发展，多层次的对话和沟通渠道得以建立和完善，次区域经济合作（如大湄公河区域合作）也得以推进，针对发展较为落后成员国的补偿机制也加以完善。③ 从这个阶段开始，东盟的区域经济一体化与抑制冲突之间的和平效应开始步入了良性循环。

五 1997—2015 年：金融危机之后的东盟

1997 年，亚洲金融危机的爆发和老挝、缅甸等新成员的加入为东盟

---

① Helen E. S. Nesadurai, *Globalization, Domestic Politics, and Regionalism: The ASEAN Free Trade Area*, London: Routledge, 2003, pp. 155 – 158.

② Ramses Amer, "Expanding ASEAN's Conflict Management Framework in Southeast Asia: The Border Dispute Dimension", *Asian Journal of Political Science*, Vol. 6, No. 2, 1998, pp. 45 – 46.

③ David B. H. Denoon and Evelyn Colbert, "Challenges for the Association of Southeast Asian Nations", *Pacific Affairs*, Vol. 71, No. 4, 1998/1999, p. 509.

区域经济一体化与冲突的互动注入了新的元素。7月2日，泰国宣布泰铢汇率自由浮动，随后大幅度贬值，引发了席卷整个东南亚国家的亚洲金融危机；在东盟国家中，泰国和印度尼西亚受到的冲击最为严重，马来西亚、老挝和菲律宾也被波及。这场亚洲金融风暴让东盟多年积累的可靠声誉一时跌入低谷，东盟未能及时发现并应对成员国在汇率、资本流动和风险管理上的结构性弱点，引来观察家们一片唱衰之声。① 而同月，缅甸、老挝以及两年后柬埔寨的加入，都给处于危机之中的东盟带来了新的不确定性。然而，出乎意料的是，东盟很快就走出了危机的阴影，化危机为动力，扩大和深化了东盟的区域经济一体化进程，因为"它看上去（在危机之后）反而得到了强化"②。

这一时期，东盟的区域经济一体化进程得以快速推进。1998年，《河内行动计划》进一步推动了区域内服务和对外投资的自由化，创建了东盟监督机制（ASEAN Surveillance Process）；2002年，东盟的创始会员国完成了自由贸易区要求的消除和削减关税的目标；2007年11月，东盟成员国在新加坡首脑会议上签署宣言，通过了《东盟经济共同体蓝图》;③ 2008年12月，《东盟宪章》正式生效，首次明确写入了建立东盟共同体的战略目标，成为东盟成立40年来第一份具有普遍法律意义的文件。受2008年全球金融危机的影响，东盟国家经济普遍低迷，2009年2月，东盟各国共同签署了一系列文件，绘出了东盟一体化路线图，并承诺采取积极果断的措施，重建金融市场信心。此外，东盟还加强了与区域外经济体的合作，积极推动以东盟为中心的"10+1"和"10+3"以及东亚峰会

---

① Shaun Narine, "Forty Years of ASEAN: A Historical Review", *Pacific Review*, Vol. 21, No. 4, 2008.

② John Ravenhill, "Fighting Irrelevance: An Economic Community with ASEAN Characteristics", *Pacific Review*, Vol. 21, No. 4, 2008.

③ 袁原、许钺乃：《背景资料：东盟经济共同体蓝图要点》，新华网，新加坡2007年11月20日电。

等各种机制在金融领域的合作。2015 年 12 月 31 日，东盟共同体正式成立，首脑会议为最高决策机构。

东盟的制度化建设也得到进一步完善和强化。1999 年，"东盟外长务虚会"召开，旨在推动各成员国高层官员之间就地区问题进行非正式交流和磋商；2000 年，东盟外长会议特设"三驾马车"的安排，以应对突发的政治事件。秘书处的权力再度扩大，设立了在经济争端中提供法律服务的法务部，并且负责收集各成员国对于经济共同体义务执行情况的信息。2004 年，东盟签署了新的争端解决机制，设立了由独立专家组成的上诉机构，并且负责监督裁决的落实和执行情况；但遗憾的是，由于东盟经济高官会拒绝让渡最终的决定权，这个机制的裁决并不具有约束力。

同时，东盟的安全合作不断强化。从 1967 年《曼谷宣言》打了折扣的安全宣誓到 1971 年建立"一个自由、和平和中立地区"的 ZOPFAN 宣言，再到 1976 年的《第一巴厘公约》和《友好合作条约》，接下来是 1992 年关于南海问题的《马尼拉宣言》、1995 年的《东南亚无核区条约》的承诺、1997 年的《东盟远景 2020》以及 2003 年的《第二巴厘公约》提出建立东盟安全共同体的目标，东盟正在向更加广泛的综合安全一体化的目标迈进。在东盟构建的安全共同体中，高级委员会和东北亚安全论坛是两个重要的支柱。虽然致力于区域内冲突解决的高级委员会没有发挥出实际的作用，而更多是一种"象征"的存在，但它终究显示出各成员国希望从东盟合作中所获得的安全利益预期。

然而，东盟成员国之间的军事冲突出现了加剧的趋势。从表 5-1 中可以看到，在 1997—2011 年间，东盟内部共出现了六起军事争端，超过了此前的每一个时期，占到历年军事冲突总数的 38%。这些冲突均是原有的历史性冲突，其中既有原东盟创始成员国之间的领土争端（如越南与菲律宾 1999 年在南海发生交火、印度尼西亚和马来西亚分别在 2005 年和 2009 年在争议领土安巴叻的对峙和冲突），也有新成员国加入而"引进"

的新冲突（如泰国和缅甸以及泰国和柬埔寨的冲突）。泰国和缅甸分别在
1999 年和 2001 年两次发生军事对抗，造成 50—100 人在冲突中死亡；泰
国和柬埔寨在 2008—2011 年间爆发了多次军事冲突，导致数十名士兵和
平民死亡，数百人受伤，数万人流离失所、无家可归。[①] 这两起冲突也是
东盟历史上自印度尼西亚和马来西亚对抗时期以来最严重的军事对抗。在
地区紧张局势加剧的同时，东盟国家也面临着急剧上升的恐怖主义等非传
统安全威胁，以及由于宗教、种族、资源等原因引发的国内政治动荡，印
度尼西亚、菲律宾、泰国、缅甸、老挝、柬埔寨等国家都面临着国内分离
主义势力等武装力量的巨大压力，有些内战持续至今，给执政当局带来了
很大的压力。

在东盟区域经济合作和制度化建设更上层楼的同时，东盟成员国之间
军事冲突的加剧可以从以下两个方面加以解释：

第一，区域经济合作仍然发挥了和平效应，只是没有足够强大到抑制
武力冲突的出现，换言之，如果没有区域经济合作框架的和平效应，这些
冲突可能会更加严重。例如，印度尼西亚和马来西亚两国的高层官员纷纷
排除了两个因安巴叨争端而动用武力的可能性，他们认为东盟的成员国身
份是一个重要的缓和力量。[②] 有学者指出，无论东盟自由贸易区非约束性
和非惩罚性的性质是否能够抑制政治冲突的升级，但可以确定的是，自由
贸易区建设所带来的相互依存有助于强化东盟成员国之间更紧密的联
系。[③] 马来西亚和菲律宾之所以在沙巴问题上没有再起争端，同样是因为

---

① Holly Haywood, "Examining ASEAN Capacity in the Context of the Thai-Cambodian
Border Dispute", *NTS Alert*, September（issue 1）, Singapore: RSIS Center for Non-Tradi-
tional Security Studies for NTS-Asia, 2011.

② Donald Emmerson, "Security, Community, and Democracy in Southeast Asia: Ana-
lyzing ASEAN", *Japanese Journal of Political Science*, Vol. 6, No. 4, 2005.

③ Hank Lim, "Regional Trade Agreements and Conflict: The Case of Southeast Asia",
in Shaheen Rafi Khan, ed., *Regional Trade Integration and Conflict Resolution*, London:
Routledge, 2009, p. 122.

两国在东盟东部增长区的经济合作。①

作为东盟和平效应最重要来源的高层互动机制同样发挥着重要的作用。新加坡外长在 1999 年的外长务虚会后曾表示，"无论有什么样的双边争端，东盟的外长们都能够保持合作"②。在 2008 年泰国和柬埔寨争端中，印度尼西亚总统、外长和马来西亚外长积极约束两边的行为，防止冲突的升级；③ 2011 年两国争端再起之后，印度尼西亚和东盟其他成员国外长积极参与了冲突的调停，并最终推动了一项向争议地区派遣印度尼西亚观察员的计划。在柬埔寨的要求下，该争端曾经提交到联合国安理会和国际法院，但最终，双方同意在东盟框架内解决冲突，确认东盟在地区冲突管理中的核心作用。最令东盟称道的非正式的东盟模式再度发挥了作用，这些谈判的突破同样是在东盟首脑峰会下的非正式会晤中取得的。④

第二，新成员的加入在某些方面削弱了原有的和平效应。与原有的成员国相比，它们有着不同的历史、不同的经济和政治发展模式，它们的加入必然会在一定时期内削弱原有成员国之间多年积累的团结和高层官员之间的共识。一方面，新成员国没有创始成员国在辛苦付出之后收获果实的喜悦，而只是看到了眼前的收益。对于这些国家而言，对区域经济合作的收益预期远没有创始成员国那么大，因而其通过机会成本机制所产生的和平效应也就不够显著。另一方面，成员国的扩大会削弱以

---

① 东盟东部增长区，简称 BIMP-EAGA，是东盟内三个次区域合作之一，包含马来西亚东部的沙捞越州（Sarawak）、沙巴州（Sabah）和纳闽岛（Labuan），印度尼西亚东部的加里曼丹（Kalimantan）、苏拉威西（Sulawesi）、伊利安查亚（Irian Jaya）和马鲁古群岛（Maluku），菲律宾南部的棉兰老岛（Mindanao）和巴拉望岛（Pahlawan），以及文莱（Brunei）全部地区。

② "ASEAN Pledges Solidarity and Unity in Spite of Rows", *Jarkata Post*, July 23, 1999.

③ "ASEAN Ministers Meet to Offer Mediation on Thailand-Cambodia Dispute", *Japan Economic Newswire*, July 22, 2008.

④ Holly Haywood, "Examining ASEAN Capacity in the Context of the Thai-Cambodian Border Dispute", *NTS Alert*, Issue 1, September 2011.

非正式、非约束性为特征的东盟模式的有效性。一位观察家指出，"多边主义的决策模式正在令东盟达成一致越来越困难；与往常任何时候相比，东盟更需要建立一个正式的争端解决框架，从而超越国内政治和狂热民族主义的叫嚣而寻求集体安全"①。但是，即使真的建立这样的争端解决机制，如何让东盟国家放弃传统的非正式会谈的方式转而求助于法制框架是一个很大的问题。在印度尼西亚—马来西亚安巴叻争端以及泰国和柬埔寨争端中，双方均拒绝了将争端提交到东盟高级委员会或是秘书长的提议。②

从这个阶段区域经济一体化与地区冲突的互动来看，东盟的和平效应仍然存在但受到了东盟扩大等因素的制约。区域经济合作范围和程度的扩大通过机会成本机制提高了原有成员国的未来收益预期，但是对新成员国来说，机会成本机制发挥的效应仍不明显；高层互动机制以及不干涉成员国内政的"东盟模式"依然通过信息机制和冲突管理机制在冲突中发挥了作用，但是成员国的扩大在一定程度上削弱了它的和平效应；东盟的制度独立性显著增强，但在东盟特殊的文化和传统下却始终没有用武之地。作为外部因素，亚洲金融危机强化了东盟的区域经济合作，但是国内政治动荡的困扰不能不说也为区域安全局势的紧张加剧提供了诱因。

第二节　南盟和平效应的路径分析

南盟是南亚地区的区域经济合作组织。它成立于 1985 年 12 月，目前

---

① Michael Vatikiotis, "The Faltering ASEAN Way", *Straits Time* (Singapore), October 28, 2008.

② William Choong, "ASEAN Needs to Find Ways to Resolve Disputes, Say Experts", *Straits Time* (Singapore), July 24, 2008.

有 8 个成员国，管辖总面积 513 万平方公里，人口 16.5 亿（2012 年），2011 年区域内不变价国内生产总值达 16038 亿美元。[①] 自 2004 年以来，南盟的区域内合作和对外开放步伐加快，并开始了南亚自由贸易区的建设，但是进展并不顺利。南亚是一个历史上冲突多发的地区，至今国家间冲突虽然有所缓和，但国家间的合作仍然受到很大制约。动荡不定的国内冲突在恐怖主义和分离主义的势力下长期困扰着国家政权，使很多国家政府在政局难安的情况下很难有精力拓展区域经济合作。在 1982—2001 年的 20 年间，南盟的冲突基线风险很高，平均每 5 年实际发生的军事冲突为每个成员平均 6.33 次。[②] 在南亚这样一个冲突多发的地区环境中，南盟的一体化和制度化建设发展缓慢，成效不佳，实际冲突发生水平依然居高不下，恰好印证了供给理论的悲观论断：区域经济合作不仅没有能够缓解地区安全局势，反而受到地区冲突的负面影响，造成区域经济一体化的进展缓慢，进一步抑制了区域经济一体化的和平效应，形成了地区冲突与区域经济合作之间的恶性循环。

一 南盟的区域经济一体化进程

南亚区域经济一体化构想最早是在 1947 年的新德里亚洲国家关系会议上提出的，但是这个议题并没有得到南亚国家时任领导人的重视。直到 1979 年，南亚发展合作研究委员会（CSCD）提交了一份报告，它避开了南亚国家之间的政治争端和冲突，切实提出了可以开展区域经济

[①] Soarc Group on Statistics, http：//saarcstat. org/db/statistics/real_ gdp/gdp_ in_ constant_ price.

[②] Yoram Z. Haftel, *Regional Economic Institutions and Conflict Mitigation：Design, Implementation, and the Promise of Peace*, Ann Arbor：The University of Michigan Press, 2012, p. 113.

合作的具体领域，并建议采取渐进的过程推进区域一体化。① 在这份报告的推动下，南亚国家在 1980—1983 年间召开了四次外长级会议商讨一体化组织的原则和合作领域。1985 年 12 月，南亚七国首脑齐聚达卡，通过了《南亚区域合作宣言》和《南亚区域合作联盟宪章》，正式宣告了南盟的成立。根据 1985 年的《南盟宪章》，南盟的主要目标是通过加强地区合作实现南亚的稳定，并加强与其他发展中国家在国际和地区问题上的合作。虽然该宪章也提及将推动成员国在经济、社会、文化、科技等领域的全方位合作，但其主要支柱仍然是区域内经济一体化。南亚领导人认识到，只有开放经济，加强与邻国的贸易和投资合作，才能为这一饱受冲突困扰的地区实现和平。② 与此同时，南盟强调应尊重"主权平等、领土完整、政治独立和不干涉他国内政"的基本原则，一方面强调共同利益和保护小国免受大国霸权的左右，另一方面则明确提出不介入成员国的双边冲突，"双边和有争议的议题不在南盟的讨论范围之内"，从而限定了南盟的区域经济合作的范围，将双边政治冲突排除在南盟框架之外。

南盟的区域经济合作有两个阶段性成果：一是《南亚特惠贸易区协定》（SAPTA）；二是《南亚自由贸易区协定》（SAFTA）。《南亚特惠贸易区协定》于 1993 年生效，在 2003 年 12 月终止后被《南亚自由贸易协定》取代。1993—2003 年是南盟向经济一体化迈进的初始阶段，成员国可以根据本国的情况自行决定向其他成员国提供关税、准关税和非关税壁垒减让的步骤和商品种类；在制度建设方面，南盟成立了由所有缔约国代表组成的缔约方委员会（COP），作为特惠贸易区的监督机构，负责审议

---

① Kishore C. Dash, "The Political Economy of Regional Cooperation in South Asia", *Pacific Affairs*, Vol. 69, No. 2, 1996.

② Shaheen Rafi Khan, ed., *Regional Trade Integration and Conflict Resolution*, London: Routledge, 2009.

特惠贸易协定的进展，确保所有缔约国都可以分享区域经济合作的收益，同时它还是一个争端解决机构。此外，特惠贸易协定还特别制定了针对最不发达国家的特别待遇和反倾销条款以实现公平贸易，并且允许缔约国在本国收支状况恶化时退出该协定，减少区域内因收益分配不均导致的国家间冲突。不过缔约方委员会的争端解决缺乏时效性和法律约束力，因而在贸易争端的解决问题上并没有发挥效用。

　　2004 年 1 月 6 日，在第 12 届南亚峰会上，南盟通过了《南亚自由贸易协定》，要求南亚各国从 2006 年 1 月 1 日起开始逐步降低关税，7—10 年内从 30% 左右降至 0% —5%，取消非关税壁垒，建立南亚自由贸易区以推动南亚区域内部经济合作。与《南亚特惠贸易协定》相比，它为不同的国家制定了关税减让的具体时间表，并且扩大了区域经济合作的范围乃至一系列与贸易有关的议题。在争端解决方面，《南亚自由贸易协定》新成立了一个专家委员会和一个部长理事会，但是在争端解决方面仍然缺乏制度性的或法律约束力的机制，继续沿用了过去的逐案解决方式。2006 年 1 月，南亚自由贸易区开始运作，但是效果并不尽如人意。这固然是因为受到包括印巴冲突、反恐问题等政治因素的影响，但更大挑战则是来自印度与巴基斯坦之间在关税减让方面的冲突，这些敏感清单基本包括了各国的大宗商品，占到现有贸易额的 53%。[1] 2010 年 4 月，在南盟第 16 届首脑会议上，与会国签署了服务贸易协定，将区域经济一体化的范围进一步扩大。

　　南盟还积极推动区域内安全和社会领域的合作，如打击恐怖主义和海盗活动、消除贫困、实施能源合作等，但是双边政治冲突始终被排除在框架之外。南盟成立之初，南亚国家的领导人认为，如果将安全问题纳入区域经济合作的框架将必然会延缓南亚的一体化进程。但是随着一

---

　　①　杨晓萍：《南亚安全架构：结构性失衡与断裂性融合》，《世界经济与政治》2012 年第 2 期。

体化的发展，双边政治冲突对区域一体化的负面影响依旧存在，而区域经济合作框架内安全合作机制的缺失就显得尤为不利。一些分析人士呼吁建立一个区域制度框架抑制成员国间的冲突，还有一些则建议修改宪章，允许双边议题进入区域合作的框架。早在 20 世纪 90 年代初，有学者提出在南亚建立一个"战略区域安全框架"①，但是并没有得到任何国家的回应，而印度与巴基斯坦之间的冲突很显然也使得该框架的建立遥不可及。

二 南亚的安全局势

南亚是一个冲突多发的地区，在近 30 多年的时间里，这个地区的政治局势和安全形势总是处于暴力和动荡的阴影之下，几乎没有看到过持久和平和稳定的曙光。2001 年阿富汗战争的爆发更是令南亚的安全形势雪上加霜，这场战争持续长达 10 余年之久。美国于 2014 年撤军后，阿富汗的局势仍然堪忧。作为南亚地区最大的国家，印度是南亚双边冲突中"铁打的营盘"，其与不同邻国均存在双边边界、领土或种族之间的冲突，印度与巴基斯坦等其他邻国之间的军事冲突和政治紧张关系以及这些国家对印度寻求南亚地区霸权的担忧和疑虑，是南亚地区实现区域经济合作的主要矛盾和最大阻力。由于冲突根源难以消除，不断加剧的安全局势在很大程度上削弱了成员国之间的信任关系，导致地区局势持续紧张（见表 5 - 2）。可以想见，在如此高烈度冲突的南亚地区，区域经济一体化的政治环境是多么恶劣。

---

① Shaheen Rafi Khan, ed. , *Regional Trade Integration and Conflict Resolution*, London: Routledge, 2009.

表 5 - 2　　　　　　　　　1985 年以来南亚的主要冲突一览表①

成员国间主要暴力冲突	
年份	冲突国家及情况
1985	印度与孟加拉国：Muhurichar 岛屿冲突
1987	印度与斯里兰卡：印度维和部队被派往泰米尔纳德邦解除泰米尔武装
1988	印度与尼泊尔：过境条约
1989	印度与斯里兰卡：斯里兰卡政府要求印度维和部队撤军
1991	印度与斯里兰卡：印度抵制南盟科伦坡峰会
1998	印度与巴基斯坦：两国核武器实验
1999	印度与巴基斯坦：印度克什米尔卡吉尔冲突
2001	印度与孟加拉国：边境冲突 印度与巴基斯坦：印度将议会遭恐怖袭击归责于巴基斯坦，两国军队边境对峙
2013	印度与巴基斯坦：印巴边境的查谟—克什米尔邦印巴控制线附近发生一系列小规模冲突
年份	国家内部暴力冲突
1983	斯里兰卡：一次伏击猛虎组织行动中士兵死亡引发大规模反泰米尔组织暴乱
1984	印度：因派兵驱逐阿姆利则的锡克教武装分子，印度总理英迪拉·甘地遇刺
1988	马尔代夫：内部政变未遂
1990	印度：克什米尔分离主义者活动猖獗
1992	印度：巴布里清真寺拆除引发阿约提亚印度穆斯林暴乱
1993	斯里兰卡：总统在猛虎组织炸弹袭击中丧生
1999	巴基斯坦：总理纳瓦兹·谢里夫在穆沙拉夫领导的军事政变后被驱逐
2004	巴基斯坦：瓦济里斯坦和俾路支省发生冲突

　　印度与巴基斯坦的冲突是南亚区域经济一体化的最大障碍。印度和巴基斯坦是南亚最大的两个国家，两国之间的冲突既有领土因素，也有种族因素，两国关系的状况直接关系着区域经济合作是否能够顺利推进。1947年，印度与巴基斯坦两国分治后先后爆发过三次战争，出现了四次危机，时而紧张，时而缓和，冲突时明时暗，但威胁始终存在。1971 年，印巴

---

　　①　SDPI in-house compilation, August 2006.

第三次战争结束后，孟加拉国独立，巴基斯坦不得不接受失败的结果，转而在克什米尔问题上采取了一种更加务实的立场，为两国经济和贸易的合作提供了可能，也直接为 1985 年南盟的成立扫清了障碍。但是，根深蒂固的敌意、历史的隔阂、宗教的分野以及军事的对抗远远超过了两国对区域经济合作的收益预期，两国关系在 20 世纪 80 年代末急剧恶化，巴基斯坦开始向印控克什米尔地区的分裂分子提供政治和军事支持。印度指责巴基斯坦导致了克什米尔局势的动荡，这种尖锐对立的状态在整个 90 年代一直持续，并在 1998 年两国核试验时达到了顶峰。1999 年，印巴这两个迈入核门槛的地区大国在克什米尔卡吉尔地区卷入武力对抗，虽然冲突最终以僵局结束，但却让整个南亚大陆首次陷入核灾难的阴云之下。2001年，印度指责巴基斯坦策划了针对印度议会大楼的恐怖袭击，两国再度开始了在边界长达 10 个月的军事对峙，这也是该地区历史上最大的一次军事动员。①

在两国冲突不断加剧的情况下，印巴两国领导人也在艰难推动两国的和平进程。2004 年 1 月，在第 12 届南亚区域合作联盟峰会期间，时任巴总理贾迈利与时任印度总理瓦杰帕伊举行了会谈，双方同意从当年 2 月起正式启动旨在解决两国所有分歧的全面对话进程。此后，两国领导人在一些国际和地区会议上举行了多次会晤和互访，至 2008 年上半年，印巴先后启动了五轮全面对话，在建立信任措施、解决历史遗留问题、发展经贸合作、促进人员交流等多个方面进行了讨论。然而，持续四年的和平进程因 2008 年孟买恐怖袭击事件再度中断。2012 年 4 月 8 日，巴基斯坦总统扎尔达里对印度进行了短暂的私人访问，这也是巴基斯坦总统七年来首次访印，两国领导人表示愿以务实的方式解决长期以来横亘在两国间的问

---

① S. R. Khan et al., "Quantifying Informal Trade between India and Pakistan", in Z. F. Naqvi and P. Schuler, eds., *The Challenges and Potential of Pakistan-India Trade*, Washington, DC: World Bank, 2007.

题，期待实现两国关系正常化。2013 年，尽管两国一度在边界地区发生小规模冲突，但是并没有使印巴关系出现大踏步的倒退，巴基斯坦总统谢里夫在大选获胜后曾向外国记者表示，新政府将致力于全面推动经济发展并寻求同印度重塑关系。

相比之下，印度与其他南亚国家的安全冲突均有了不同程度的缓和。1997 年，印度对邻国政策做出重大调整，推行"多予少取"的"古杰拉尔主义"政策，与各国关系普遍得到明显改善。

印度与斯里兰卡的冲突主要源于印度对斯里兰卡种族冲突的干预和介入。20 世纪 80 年代，斯里兰卡占少数人口的泰米尔分离武装试图控制斯里兰卡北部并寻求独立，引发与该国占多数人口的僧伽罗族的种族冲突。由于泰米尔人在印度南部占很大比重，印度对斯里兰卡的国内冲突十分关注，在 1983 年试图介入并进行调停，但没有成功。在斯里兰卡冲突中，印度公开表示对该国泰米尔人的支持，并默许印度泰米尔纳德邦对斯里兰卡国内的泰米尔伊拉姆猛虎解放组织（LTTE）提供资金支持，引发斯里兰卡对印度政府的不满。1987 年，斯里兰卡通过经济封锁试图夺回对北部泰米尔地区的控制权，印度对泰米尔组织伸出援手，并决定向斯里兰卡派遣印度维和部队解除当地泰米尔的武装。此举引发了斯里兰卡僧伽罗族的憎恨，认为这是印度在斯里兰卡霸权扩张的举动。1989 年，斯里兰卡政府要求印度撤出其维和部队，两国关系降至冰点，印度随后宣布抵制 1991 年的南盟科伦坡峰会。

90 年代，印度的对斯政策出现明显变化，强化了对泰米尔猛虎组织的禁令。1990 年 3 月，印度政府从斯里兰卡撤军，并保证不以任何方式卷入斯里兰卡内部冲突，反对泰米尔人在印从事反斯活动，随后两国关系逐渐改善。1998 年 12 月，两国签署了关于建立自由贸易区的协定和成立印斯基金会的谅解备忘录。2000 年，斯里兰卡内战，印度公开表示对斯里兰卡政府的支持，支持斯里兰卡的主权和领土完整，主张充分照顾到泰米尔人的利益，以政治方式解决冲突，实现持久和平。进入 21 世纪，两国关系持续改善，大大弱化了斯里兰卡对印度霸权的担忧，双边经贸和投资关系都得到了加强；2002 年，两国同意将服务贸易纳入双边自由贸易协定问题进行磋商，并签署了经济合作备忘录。

印度与尼泊尔的关系则是地区大国试图控制小国的写照。作为小国，尼泊尔在经济上依赖印度，在政治上试图摆脱印度的控制，保持本国的独立性。尽管两国仍就 75 平方公里的边界存有争议，但是该争端并未对两国关系造成根本性的危害。1985 年，因尼泊尔向中国购买武器，印度与尼泊尔关系恶化，印度拒绝了尼泊尔成立国际安全区的提议。1989 年，印度和尼泊尔在贸易和过境条约问题上发生分歧，印度对尼泊尔实行了长达 14 个月的经济封锁。直到 1990 年 6 月，印度才向尼泊尔重开贸易过境点，并于次年签署了贸易和过境条约。进入 90 年代，由于尼泊尔的政治经济形势恶化，尼泊尔对印度采取了缓和的外交政策，两国政治和安全关系迅速回暖。1996 年，两国签署了共同开发马哈卡利河协定；1997 年，印度正式向尼泊尔开放了通向孟加拉国的过境通道，关系持续改善。1999 年，因一架从尼泊尔首都加德满都起飞的航班遭到劫持，双边关系一度紧张，但并未妨碍两国间的高层互动和经济安全合作。2002 年，印度与尼泊尔续签了双边贸易协定，就共同打击尼泊尔毛派反政府武装、加强边界管理、促进双边贸易投资和马哈卡利河开发工程等问题达成共识。

印度与孟加拉国的关系相对比较平稳。历史上，孟加拉国曾经是东巴基斯坦的分离武装，之后在印度的支持下取得了国家的独立。但是，孟加拉国与印度的关系却并非亲密如兄弟，两国在恒河水分配、海上划界（包括一些岛屿的归属）、非法移民、越界和走私等问题上冲突不断。90 年代初，两国因为法拉卡水坝争端关系急剧恶化；1992 年，印度发生阿约迪亚毁寺事件，引发孟加拉国国内的教派冲突，次年，数万名孟加拉国穆斯林企图越界向印境阿约迪亚进军以声援印穆斯林，两国关系一度跌入低谷；1996 年，印度与孟加拉国就恒河水问题达成协议，双边关系取得突破性进展。2000 年，印度政府决定在两国边界设立铁丝网，以阻止大批非法移民从孟加拉国涌进印度，两国关系再度紧张；2001 年，印度边防部队在印孟边界地区筑路，遭到孟加拉国边防部队的反击，发生小规模武装冲突，局势一度升级，多处发生激战。随后，双方就恢复边界和平，保持最大限度克制达成协议。目前，印度与孟加拉国已经签署了有关经济合作的协议，就恒河水问题达成一致，但是同其他国家一样，孟加拉国对印度试图称霸南亚的担忧仍然是两国关系平稳发展的障碍。

三　南亚安全局势对区域经济一体化进程的影响

回顾南盟的发展史，南亚区域经济一体化的构想从 1947 年提出到 1985 年成立南亚区域合作联盟，历时 38 年。按照"需求理论"的观点，冲突地区的国家会产生更强烈的和平需求，因而在冲突地区也会有区域经济一体化组织的建立。但是南亚的情形却并非如此，南盟之所以成立更多的是基于南北对话破裂、发达国家保护主义和石油危机带来的经济压力。因此，为了避免冲突影响到区域经济合作，《南盟宪章》保护性地将冲突排除在南盟框架之外，以避免区域经济合作受到冲突的影响。正是由于这个原因，在南盟成立的早期，当区域经济合作尚未见到起色的时候，它既无法像东盟那样能够带给南盟成员国更多的收益预期，首脑会议也起不到成员国之间信息沟通和增信释疑的作用。但是，经济和政治是不可分的，经济必然会受到政治关系的影响，尤其是在经济关系比较脆弱的时候，它更需要政治氛围的呵护，人为将二者割裂只会使尚在襁褓中的区域经济合作更加脆弱。

在此期间，印度与巴基斯坦等其他国家的冲突处于高发期，仅仅印巴两国就先后在 1987 年、1990 年、1999 年和 2001—2002 年经历了四次危机，战争随时可能爆发，甚至面临着恐怖的核威胁，对印度试图通过南盟控制南亚事务的争霸担忧时刻笼罩在南亚其他国家的头上，双边关系极为恶劣，充满敌意和对立情绪。在这种政治和安全形势下，区域经济合作根本没有可能落实到位，区域贸易虽然有所增长，但它在区域贸易总额中的比重在 2003 年也仅占 4.6%。区域经济合作的当前收益甚微，而对区域合作的有心无力也让南盟成员国不可能对其未来收益有所期待。

2004 年《南亚自由贸易协定》的签署标志着南盟诸国重拾区域经济合作的信心，此后的十年对南盟来说是一段相对缓和的发展期。2005 年第 13 届南盟峰会就发展区域经济、消除贫困、打击恐怖主义、应对自然灾害等方面加强合作制定了 50 多条措施，宣布 2006 年至 2015 年为南盟"减贫十年"。2007 年第 14 届南盟峰会决定加强基础设施、能源和经贸等领域合作，设立南亚大学、地区粮食银行和南盟发展基金。2008 年，第 15 届南盟峰会签署了南盟发展基金宪章、南亚地区标准组织协议、司法互助公约。2010 年，第 16 届南盟峰会发表了《廷布宣言》，签署了《关于气候变化的廷布声明》《南盟环境合作公约》《南盟服务贸易协定》等文件。2011 年，第 17 届南盟峰会强调加强区域联通，早日落实南亚自贸协定，推动地区经济一体化。同时，南盟八国领导人签署了《应对自然灾害快速反应协定》《南盟种子银行协定》等 4 份合作文件。[1]

2011 年之后，虽然边界冲突仍然时有发生，[2] 但是印巴关系开始持续回暖，两国领导人的合作意愿逐渐增强，南亚区域合作不仅是一个主要推动力，更是明显的受益者。印巴之间的经贸合作发展迅速，双方签订了一系列扩大贸易规模和贸易商品种类的协议，计划在三年内将双边贸易额由

---

① 中华人民共和国外交部网站，http：//www. fmprc. gov. cn/mfa_ chn/wjb_ 602314/zzjg_ 602420/yzs_ 602430/dqzz_ 602434/nyqyhzlm_ 602534/jbqk_ 602536/。

② 就在 2014 年 7 月 20 日，在巴基斯坦东部靠近印巴边境的锡亚尔科特地区又发生了印度士兵枪击巴基斯坦平民事件，致四人死伤。人民网伊斯兰堡 2014 年 7 月 21 日电。

目前的 27 亿美元提升到 60 亿美元；① 印巴还同意在"南亚自由贸易协定的框架内，建立互惠贸易关系"；2011 年 11 月，巴基斯坦政府宣布正式给予印度贸易最惠国待遇，向两国贸易正常化迈出了最重要的一步。② 此外，两国的投资和金融合作也在不断加强，2012 年 8 月，印度商业和工业部下属产业政策和促进局发布通告称，允许巴基斯坦个人以及公司来印在国防、航空和核能之外的所有领域投资。③

尽管削减关税和非关税贸易壁垒的工作进展并不顺利，但是政治和安全环境的缓和以及国际战略环境的变化却为区域经济合作带来了曙光。南盟除了继续推进自由贸易区之外，还大大拓展了合作领域。正是在这个时期，印巴两国首脑在 2004 年南盟峰会上出现了积极的互动，高层互动机制在冲突中开始显现其信息分享和面对面沟通的积极效应，区域经济合作也在变化的国际和国内环境中有了越来越重要的政治和经济意义。但是，由于南亚国家印度独大的权力结构，南盟框架内其他国家很难发挥在冲突调停中的作用，冲突的解决最终还要取决于印度和巴基斯坦国内政治的变化以及外部力量的干预。

四　南盟和平效应失败的原因分析

南亚区域合作联盟之所以被称为和平效应失败的案例，主要在于它未能逆转南亚地区冲突高发的趋势，无论是国家之间还是成员国内部的冲突。虽然内部冲突并不在本书考察的直接范围之内，但是内部冲突的高发

① 廖政军：《印巴商务部长会谈发表联合声明，同意推动两国经贸关系全面正常化》，人民网新德里 2011 年 9 月 28 日电。

② "Pakistan Grants India MFN Trade Status", *Daily Times*（Pakistan），November 3, 2011.

③ "India Formally Allows Foreign Direct Investment from Pakistan", *The Times of India*（India），August 1, 2012.

则意味着在成员国政府的决策考量中，政权稳定和社会安定仍然是未达之目标。如果这个目标没有实现的话，区域经济合作只能在决策中处于次席，并不具有发挥和平效应的先决条件。此外，它也没能消除成员国之间的敌对和不信任情绪，合作仍然没有占据南亚政治的主流。

这与东盟的情况形成了鲜明的对比，东盟虽然在推动区域经济一体化和制度化水平方面进展也相对缓慢，但是自从成立开始，东盟的区域经济一体化进程就令成员国政府抱有极大的预期，并且增强了成员国间的互信，使得冲突双方都在冲突爆发后保持了极大的克制。马来西亚外长曾经公开声明，"出于区域合作的考虑，马来西亚和菲律宾一致同意在没有任何前提条件的情况下修复两国外交关系"；有学者认为，"东盟之所以促进了和平，是因为它培育了一种社会化和信任的氛围，这种氛围有助于压制成员国中间出现像苏加诺那样的军事民族主义情绪，促使他们相信合作的好处远大于对抗"[1]。

那么，南亚区域合作联盟为什么没能改善地区安全形势，发挥出和平效应呢？其主要原因如下：

第一，区域经济合作之所以能够发挥和平效应主要是通过提高成员国的收益预期，经由成本收益机制来增加冲突升级的成本，抑制冲突的发生。但是，南盟的区域经济一体化程度进展缓慢并且成效不佳，而且受到政治和安全环境的制约，区域经济合作始终从属于政治冲突，并未能给成员国带来足够抑制冲突升级的收益预期。

成员国的收益预期可以解构为经济和政治两部分，也可以包含当前收益和未来潜在收益，它的直接表现则是区域经济合作一体化的成效。南盟的合作领域主要集中在经济层面的特惠贸易区和自由贸易区建设，也在关税减让方面取得了一定的进展，但仅限于一些数额不大的小宗商品。合作

---

① Amitav Acharya, *Constructing a Security Community in Southeast Asia： ASEAN and the Problem of Regional Order*, London： Routledge, 2001, p. 204.

的领域在进入 21 世纪中期以后逐渐有所扩大，在消除贫困、农业、旅游、交通通信、教育卫生、环境气象、文化体育、反毒反恐、妇女儿童等领域开展了广泛的合作，并就粮食安全、反毒品和反恐怖问题签署了合作文件。但从执行力度来看，南盟的区域经济合作及相关领域的合作并没有得到深入开展，因而区域经济合作给成员国带来的收益并不显著。

2003 年的一份研究报告曾经预计，南亚的贸易和投资互补性很强，区域经济合作会有很大的潜力。该报告认为，南盟预计会从自由贸易区建设中获得 140 亿美元的长期贸易增长。南盟区域经济合作中有多达 113 项具有潜力的可贸易商品，一旦贸易壁垒降低或消除，南亚国家之间的贸易额会显著增加；印巴之间在农业领域尤其是加工和包装业的合资企业会给两国增加 40 万个就业岗位。此外，能源紧缺的印度可以与巴基斯坦、尼泊尔和不丹进行合作。①

然而，现实远没有设想的那么美好。南盟 1995 年区域内贸易额是24.36 亿美元，占区域对外出口总额的比重是 2.4%；2000 年增至 29.35亿美元，比重为 4.6%；但是 12 年之后的 2012 年，区域内贸易额虽然增长为 202.91 亿美元，但比重仍然仅有 5.8%。② 区域内贸易的低迷在很大程度上源于区域内国家之间高水平的贸易和非贸易壁垒，以及由此导致的区域内非法贸易猖獗和贸易向其他地区转移。南盟的自由贸易区建设进展不顺利，直接削弱了成员国对南盟当前的收益判断。

如果说南盟之间的确存在着客观的经济合作潜力，那么对南盟未来的收益预期则主要取决于政治而非经济因素。南亚国家之间的政治冲突在很大程度上抑制了区域经济一体化的推进，如果成员国之间的政治关系得不到改善，那么区域经济一体化就不可能产生其应有的效益，也无法起到抑

① FPCCI (Federation of Pakistan Chambers of Commerce and Industry)，*Statistics on Trade*，*Pakistan and SAARC*，2003.

② UCTAD，*Handbook of Statistics* 2013，New York：United Nations，2013.

制冲突的杠杆作用，并最终形成一个恶性循环。以印度和巴基斯坦为例，虽然两国之间的经济合作潜力很大，但是却表现为非法贸易的猖獗，官方贸易几乎不存在，根本无法产生和平红利。据统计，1996 年至 2006 年的 10 年间，巴基斯坦对印度的出口额始终仅占其出口总额的 0.4%—2.5%，而印度对巴基斯坦的出口比重还不到 0.5%；[①] 2012 年，这一数字分别只有 0.8% 和 0.5%。[②] 两国的敌对和冲突造就了国内的战争经济模式，军事开支大幅增加，印度和巴基斯坦的军事开支分别从 1988 年的 179 亿美元和 42 亿美元增加到 2013 年的 474 亿美元和 76 亿美元，[③] 而经济增长和社会发展被放在了次要的位置上，妨碍了贸易协定的落实和推进。这也恰好体现了区域经济合作供给理论的观点，只有在冲突风险降低到足够低的程度，它才能发挥其抑制冲突升级的积极效应。

第二，高层互动机制和争端解决机制能够通过信息机制和冲突管理机制发挥信息沟通和冲突调停的作用，从而实现缓和冲突升级的和平效应。但是，南盟在这两个层面并没能发挥出积极的作用，这也是导致南盟无法发挥和平效应的原因。

在制度建设方面，南盟有着较为完善的组织机构。首脑会议是南盟的最高决策机构，截至 2016 年已经召开了 18 届首脑峰会；部长理事会担负南盟政策制定和监督职能，由成员国外长组成，它每年召开两次会议，负责制定相关政策和审查区域合作进展情况，决定新的合作领域，并决定秘书长人选；常务委员会则是具体的执行机构，由成员国外长秘书组成，下

---

① Shaheen Rafi Khan, ed., *Regional Trade Integration and Conflict Resolution*, London: Routledge, 2009.

② 根据南盟的统计数字，2012 年，印度对巴基斯坦的出口额是 14.68 亿美元，巴基斯坦对印度的出口额是 2.03 亿美元；同年，印度出口总额的 2932.14 亿美元，巴基斯坦出口总额的 245.96 亿美元。参见 SAARC Group on Statistics, http://saarc-stat.org/db/trade_stat/saarc_exports_by_month.

③ The SIPRI Military Expenditure Database, http://milexdata.sipri.org.

设农业、卫生、科技等七个技术委员会和能源、信息技术、知识产权等五个工作组；秘书处是南盟常设办事机构，负责南盟会务、成员国间及南盟与其他国际组织的交流与合作，协调和监督南盟各项活动的实施；自由贸易区框架下的专家委员会则负责有关争端的解决，但却没有形成制度化的争端解决机制。在安全领域，南盟的合作仅限于毒品、打击海盗和反恐活动，1995 年设立的南盟恐怖主义犯罪监测股负责收集、分析和发布有关恐怖主义活动的相关信息，2004 年又通过了《南盟打击恐怖主义公约附加议定书》。

高层互动机制和争端解决机制发挥和平效应的路径主要是通过信息机制和冲突管理机制发挥信息沟通和冲突调停的作用。由于《南盟宪章》将双边政治冲突排除在框架之外，南盟在冲突调停方面的作用大打折扣。更为重要的原因是，南亚的地区冲突是以印度为中心的多组双边冲突，印度在南亚地区一国独大，而其他国家对印度试图夺取地区霸权的担忧导致彼此之间充满戒备和敌意。在这样的权力分布结构下，南盟内部没有哪个国家的领导人能够具有中立的资格和权威来调解区域内的冲突。同理，显示制度独立性的争端解决机制也必然会失去用武之地。

如果说高层互动机制多少可以发挥些和平效应，那就是首脑会议在信息机制方面的作用了。前面提及的印度与巴基斯坦在 2001—2002 年的第四次危机之后，南盟的首脑会议就充分发挥了它促进领导人之间面对面沟通的效应，印巴两国首脑在 2004 年第 12 届南亚区域合作联盟峰会期间举行了会谈，最后就启动旨在解决两国分歧的全面对话进程达成一致。但是，信息机制所发挥的和平效应也因为两国国内政治的动荡和领导人的频繁更换而有所弱化，难以通过长期的沟通逐步增进彼此之间的信任。

第三，从根本上说，南盟之所以无法发挥其制度的和平效应，而使得区域经济合作利益仍屈居于双边冲突之下，主要是国内政治使然，这也充分说明国内政治是和平效应能否最终得以发挥的关键因素。南亚地区的双边冲突有着非常复杂的背景，既有世俗教派的纷争，也涉及领土的主权争端；既有宗教极端主义的煽动，也有恐怖主义的威胁；既有地区霸权之争，也会受到美国等区域外大国的影响，如此导致国际和国内冲突的加剧常常将冲突双方推至战争的边缘，而政府常常无力逆转。

以印巴冲突为例，两国尽管拥有共同的历史、种族、语言、文化和宗教根源，但却因为一系列国内因素冲突不断。例如，巴基斯坦民主制度崩溃、军政府上台后的强硬立场、历史遗留的克什米尔争端、两国国内逐渐上升的教派和宗教极端主义等。另外，由于国内局势动荡，社会问题突出，贫富分化严重，政治家们总是将激化两国矛盾用作转移国内政治压力的手段。巴基斯坦学者认为，维持对方的"敌人形象"似乎是双方政府为了维护其经济、政治和其他收益所乐见的手段，对双方既得利益者有巨大的好处。[①] 这些复杂的因素最终作用的结果就是两国间的冲突不断，和平进程难以为继。即使在南盟自由贸易区框架内印度给予了巴基斯坦最惠国待遇，但是仍然对从巴进口的绝大多数商品实施了禁运；关税减让的推进也被印度与克什米尔问题挂钩，最终导致印度"向东看"，转而寻求与东盟的合作。印巴两国有着巨大的贸易潜力，两国之间也签署了一些贸易和投资协定，但是随时可能爆发的冲突以及脆弱短暂的和平最终让这些协定止步于文字。作为南亚最大的两个经济体，印巴之间关系最终决定了南盟的前途和命运。

值得一提的是，尽管当前南盟没有能够通过成本收益机制、信息机制和冲突管理机制发挥和平效应，改变区域经济合作受制于地区冲突的局面，但是进入21世纪以来，尤其是最近10年里，它的和平效应正在日益显现。最突出的表现是，印度与斯里兰卡等国家的关系有了显著的改善，而印巴两国政府意识到区域经济合作的重要性，开始提升南盟的重要性，

---

① Shaheen Rafi Khan, ed., *Regional Trade Integration and Conflict Resolution*, London: Routledge, 2009.

并在原有的双边争端中保持克制。2003 年 4 月，印度总理瓦杰帕伊的"友谊之手"演讲拉开了印巴向关系正常化努力的序幕。此后，2004 年南盟第 12 届首脑会议的会晤、两国官员在东盟论坛等多个国际和地区会议上的会晤以及随后两国签署的一系列政治、经济合作协议，都显示了两国领导人希望改变两国对抗的愿望和决心，也正是在地区安全缓和的背景下，南盟自由贸易区协定才得以最终签署。2008 年的孟买恐怖袭击事件虽然使两国关系再度受挫，但在两国领导人的努力下并没有影响到两国关系缓和的大趋势。2012 年和 2013 年，两国领导人实现了互访；2014 年 5 月，谢里夫应邀出席印度总理纳伦德拉·莫迪的就职典礼时公开表示，两国应当消除猜忌和恐惧，摆脱困扰双方几十年的不稳定和不安全局面，开启两国关系的新篇章。

印巴关系以及南亚地区形势逐渐进入缓和通道，是因为各方在国内均面临着休战的政治需要。印度的决策者们已经认识到，克什米尔问题上的妥协对印度的邻国而言是一项信任建立措施，它有助于将印度的地区甚至是全球大国地位合法化，并且安抚国内的穆斯林选民；对巴基斯坦政府而言，多年冲突导致安全局势恶化的代价也很大，如果防务开支仍居高不下，国内的经济发展将会成为政府的重要包袱。此外，印巴在反恐等方面也需要继续合作。

第三节　东盟与南盟和平效应的路径比较

东盟和南盟是亚洲两个重要的区域贸易制度。东盟作为区域经济一体化推动地区安全局势缓和的积极案例，其和平效应主要体现在两个方面：一是区域经济一体化的范围和程度不断加深；二是高层互动机制在信息沟通和冲突管理方面发挥积极作用。南盟则诞生于一个冲突高发的地区，在其成立之后的 20 多年里，它对地区冲突的影响微乎其微，原因在于南盟的区域经济合作未能摆脱地区冲突的桎梏而走上良性循环，区域经济合作反而受制于地区冲突。通过对东盟和南盟正反两个案例进行比较，可以对区域贸易制度发挥和平效应的三个路径进行检验。

一　东盟和平效应的路径分析

经历了半个多世纪的风雨，东盟已经迈入了共同体建设的新阶段，其和平效应也随着一体化水平的不断提升实现了功能性外溢。90 年代是东盟摆脱安全局势对区域经济一体化负面影响、独立发挥其和平效应的一个重要分水岭。基于历史进程追踪，可以看到，东盟的和平效应主要得益于成员国对一体化收益预期的增加以及高层互动机制在信息和冲突解决中所发挥的重要作用；秘书处和争端解决机制并未在冲突解决中发挥出预期的和平效应；外部战略环境的变化经由国内机制的传导，最终决定了成员国对待区域经济合作和冲突解决的最终立场，呈现出明显的时代特征。

第一，区域经济一体化的水平越高，冲突升级为战争的机会成本越大，冲突升级的可能性就越小。东盟自由贸易区的建成、共同有效特惠关税计划以及东盟经济共同体的建立，推动了区域内贸易额的持续增加；在贸易领域之外，政治、安全、社会等各个领域的合作得到极大拓展（如法制和人权的条款、安全共同体和社会文化共同体的建设），东盟区域经济一体化的范围和程度大大提升，提高了冲突升级的成本和代价，而多议题的相互联系则在冲突管理机制方面扩大了东盟成员国之间的相互依存和合作范围。对东盟抱有极大的收益预期始终左右着成员国领导人决策的天平，机会成本机制是东盟发挥和平效应的首要路径。

第二，高层互动机制在东盟的信息共享和冲突解决中发挥了积极的作用，有效抑制了冲突的升级。1992 年之后，东盟的制度化建设日臻成熟，特别是以非正式和非强制性为特征的"东盟模式"表现突出。高层互动机制在信息沟通和冲突解决中发挥了重要的媒介作用，一系列致力于政治冲突解决的外长会晤机制更是为成员国之间就地区安全问题进行非正式交流和磋商提供了有效的路径和平台。随着东盟扩大至十国，东盟高层互动机制的效率可能会受到一定程度的削弱，但是在东盟成员国冲突的解决过程中，它的作用仍然是不可或缺的。

第三，体现制度独立性的争端解决机制在东盟的冲突中并未发挥作用。东盟在 1996 年 11 月正式建立了争端解决机制，但是直到目前为止，东盟的争端解决机制仍然形同虚设，尚未被使用过。这在很大程度上是出于东盟的政治传统，因为他们认为一旦启动争端机制，会破坏东盟向前的动力和信心。因此，尽管东盟的制度独立性不断增强，但是到目前为止，争端解决机制在冲突解决中的裁决和监督职能并没有发挥出来。

经由机会成本机制、信息机制和冲突解决机制，东盟和平效应的发挥离不开外部因素的制约。

首先，外部战略环境的变化经由国内机制在很大程度上影响了各成员国对待区域合作和双边冲突的决策。无论是欧洲经济共同体的榜样力量，还是越南入侵柬埔寨，抑或是金融危机的爆发，它们都从不同方面推动了东盟一体化的发展以及和平效应的发挥。对东盟成员国来说，与美国等西方国家的良好关系、资本主义的市场经济发展模式和积极融入世界经济的开放政策决定了东盟国家对于经济发展和国内政治稳定的高度重视。这种政策共识是不断推动东盟区域经济合作的重要动力，同时也在很大程度上遏制了东盟国家任由武力升级破坏区域稳定和经济发展前景的可能性，因为作为理性的决策者，他们不会为了短期的政治利益而牺牲长期的经济发展目标。虽然东盟并不是成员国发展经济的唯一渠道，但东盟区域经济一体化所溢出的功能性合作却是各成员国实现未来经济发展和稳定的重要基础。

其次，在国内政治层面，东盟很多成员国在亚洲金融危机之后饱受国内政治动荡的困扰，如印度尼西亚、泰国、缅甸和柬埔寨。有一种观点认为，这些国内冲突均被控制在国家边界之内，不会外溢至地区层面，而东盟的不干涉内政原则和经济合作有助于抑制国内分离主义势力的兴起；① 还有一种观点认为，这些国内冲突分散了政府对于区域经济合作的资源投入，东盟应在不干涉内政原则和东盟介入之间做出选择。② 虽然目前并没有足够的证据表明国内冲突与政府的一体化政策之间存在明确的相关关系，但是可以看到，国内冲突一方面会增加政府寻求东盟合作的经济和政治动力，但另一方面也会干扰政府对外政策的重心，两者之间的界限并不清晰。

最后，地区权力分布和可替代安全机制的可能影响。对于东盟来说，它的地区权力结构相对均衡，印度尼西亚作为其中最大的国家，并不比其他国家具有更多的优势，尤其是其经济发展水平和贸易额均不及马来西亚和新加坡这两条"小龙"，这也在很大程度上妨碍了印度尼西亚成为东盟事务中的"霸权国"。正是因为不存在霸权国，东盟的区域制度才能更好地发挥其和平效应。对于大多数东盟成员国来说，它们并没有其他可替代的安全机制。对于美国的盟国来说，美国因素是冲突解决中面临的一个重要变量，在面临外部冲突（如与中国的南海争端）时，东盟的和平效应会被削弱，但对于东盟区域内的国家间冲突而言，东盟是除了国际法庭之外唯一可以寻求冲突和平解决的平台。

必须指出的是，冷战结束之后，低烈度的武力冲突时有发生，因此东

---

① Tim Huxley, "ASEAN Security Cooperation: Past, Present, and Future", in Alison Broinowski, ed., *ASEAN into the* 1990s, London: Macmillan, 1990; Lee Kuan Yew, *From Third World to First: The Singapore Story*, 1965 - 2000, New York: Harper Collins, 2000, p. 330.

② Jurgen Haacke, *ASEAN's Diplomatic and Security Culture: Origins, Development, and Prospect*, London: Routledge Curzon, 2003.

盟的和平效应并不是绝对禁止军事争端的出现或者武力的使用，而是防止低烈度冲突的持续升级进而威胁到东盟的一体化进程。从另一个角度来看，这也说明东盟和平效应的绝对值并没有达到足以抑制武力的使用，体现出东盟对于威胁区域一体化的"宽容度"门槛。

二　南盟的和平效应路径分析

南盟的发展历程可以划分为两个阶段：21 世纪之前，它是区域贸易制度和平效应的负面案例；21 世纪之后，区域贸易制度的和平效应正在逐渐显现。无论是基于哪个阶段进行分析，都可以得出统一的检验结果：当区域经济一体化的范围和程度无法加深时，它在机会成本机制中就无法发挥出抑制冲突升级的和平效应，这是南盟和平效应无法显现的根本原因；高层互动机制为印巴冲突双方提供了信息交流的平台，但是受国内和国际环境的影响以及地区权力结构中印度独大的限制，它在冲突解决和信息共享层面发挥的和平效应受到了极大的制约；争端解决机制同样没有发挥出应有的作用，尤其是当区域经济一体化进展不顺利时，制度独立性的和平效应也就失去了应有的意义。

首先，机会成本机制是区域贸易制度和平效应得以发挥的前提条件。在南盟成立之后的数十年中，成员国对南盟的收益预期主要受到两个层面因素的制约：第一，区域经济一体化无论是从议题范围还是一体化程度来考量，对成员国的吸引力都不大；第二，对印度寻求霸权的担忧使得南盟其他成员国不相信南盟会给地区带来真正的发展与繁荣。正是由于缺少了收益预期这个重要的干预变量，南盟始终无法摆脱政治冲突的桎梏，难以通过机会成本机制发挥和平效应。进入 21 世纪，国际和地区战略环境的变化为南盟迈向新的阶段带来了新的动力，经济相互依赖的加深和全球综合国力的竞争迫使南盟成员国将目光再度转向南盟，试图寻求通过区域经济一体化来提升自身在经济竞争中的地位，印度与巴基斯坦关系的日趋正常化也为南盟的重启创造了必不可少的条件。随着各成员国对南盟预期收益的提高，南盟的机会成本机制才开始发挥作用，南盟的和平效应也因此得以显现。

其次，高层互动机制和争端解决机制在信息共享和冲突解决方面的作用受到了很大的制约。南盟在制度建设层面有着较为完善的组织机构，但是由于《南盟宪章》的约束，双边政治冲突被人为排除在议题之外，这在很大程度上妨碍了这两个机制和平效应的发挥。进入 21 世纪以来，当各成员国对南盟的未来抱有越来越大的期待时，消除地区冲突对南盟的掣肘已经成为所有国家的共同期待，高层互动机制在信息共享和冲突解决方面的作用开始显现。由此可以看出，信息机制和冲突解决机制和平效应的发挥要从属于机会成本机制，其本身不能独立发挥效用，只有在机会成本机制发挥效应的前提下，信息机制和冲突解决机制才具备了起效的前提。

最后，南盟和平效应由无到有的过程始终离不开外部因素和国内政治的影响。在 20 世纪下半期，冷战的阴影笼罩着世界，政治权力和军事力量的争夺是国际关系的主线，而当冷战的阴霾散去，全球性问题日渐凸显，增长和发展问题成为大多数国家的首要政策考虑。在这样的国际环境下，区域经济合作与历史争端在冲突国家国内政策议程上的优先排序必然出现重大调整，这也是南盟和平效应得以发挥的直接动力。在全球经济竞争日趋加剧的背景下，南盟作为一个区域组织对南亚国家寻求适合本国的发展模式日趋重要，而在南亚国家的决策天平上，区域经济合作的分量将会越来越重，这也就意味着南盟对地区冲突缓和的和平效应也会日益显著。目前，南盟的和平效应刚刚开始显现，但还没有达到足以摆脱地区冲突而自主发展的程度，也只有等到那时，南盟的和平效应才能够真正得以发挥。

三　东盟和南盟案例的比较分析

对东盟和南盟两个案例和平效应的路径分析部分验证了实证分析的结果：

首先，前文对于基线风险水平的假设是成立的，即只有在地区冲突基线风险为中等和高水平的情况下，区域贸易制度的一体化水平越高，它对冲突升级的抑制作用才越大；而在冲突基线风险为很高的情况下，区域贸易制度难以发挥和平效应。不过，冲突的基线风险水平不是一成不变的，而是受到国际战略环境、国内政治、大国介入等因素的影响，因此冲突的基线风险水平是一个相对的概念。如果按照实证分析的结果，南盟作为一体化进程开始之前处于很高风险水平的区域一体化组织，它的一体化进程就不能产生和平效应，这对 2003 年之前的情况是成立的，但当南盟在 2003 年之后一体化重启，它的冲突基线风险水平应该从"很高"下调为"高"，这样实证分析的结果才得以被验证。

其次，从路径来看，机会成本机制、信息机制和冲突解决机制往往不会同时存在于一个案例之中，三个路径之间的关系有明显的主从之分。

（1）区域贸易制度的一体化水平越高，经由机会成本机制，冲突升级为战争的可能性越小；机会成本机制是和平效应得以显现的基础和前提。由区域经济一体化的程度和范围所决定的收益预期是通过机会成本机制发挥和平效应的前提和关键，只有当成员国开始对区域经济合作持有足够预期的时候，它所带来的现实和潜在利益才有可能在冲突国家的成本收益比较中分量逐渐加重，并最终超过冲突利益，体现出和平红利。

（2）高层会晤机制可以经由信息机制推动冲突的解决，但其和平效应的发挥从属于机会成本机制的作用。高层互动机制在两个案例的组织机构中均存在并且制度化，但是它是否能够通过信息机制和冲突管理机制发挥作用则要取决于其他因素，如前面提到的收益预期、国际和地区环境、国内政治的角力等。只有当机会成本机制的和平效应得以实现时，高层互动机制才有可能发挥其作用。

（3）争端解决机制和秘书处等官僚制度的独立性未必有助于冲突的解决，其和平效应会受到多种因素的制约。在制度独立性方面，争端解决机制和秘书处在这两个案例中都没有体现出和平效应。东盟制度中的安全合作内容虽然没有在冲突调解中发挥实际的作用，但是却显示了东盟成员国对区域合作所赋予的信心和期望，而南盟将安全合作和双边冲突排除在外也限制了南盟在冲突解决中的角色。

最后，区域贸易制度和平效应的发挥与地区权力结构和冲突的性质有直接的关系。东盟的权力结构比较均等，没有哪个国家对其他国家同时拥有绝对的优势，而南亚却是印度主导，无论是国家大小还是政治、经济、技术实力，印度都远远领先于其他国家，印度还是金砖五国的成员。这也就决定了南盟的未来走向将在很大程度上取决于印度对其的定位以及印度与其他国家的关系。但是，这种权力结构也决定了南盟在印度与其他国家的冲突管理中作用有限。从冲突的性质看，东盟成员国之间的冲突主要涉及边界、领土和资源，而南盟的冲突则更加复杂，教派冲突、恐怖主义以及大国干预都让南盟的冲突难以在短时期内取得突破。因而，当区域合作的和平红利并不诱人的时候，它很难有足够的力度与冲突的利益进行抗衡。

本章小结

东盟和南盟是亚洲较为活跃的两个区域贸易组织。基于对两个案例和平效应的路径比较分析，可以发现机会成本机制、信息机制和冲突解决机制在案例中被部分证实：区域经济一体化的程度和范围可以通过机会成本机制影响冲突国家在冲突中的决策，首脑会晤通过信息机制和冲突管理机制均发挥了不同程度的和平效应。其中，机会成本机制是和平效应得以发挥的根本，而高层互动机制的和平效应会受到前者的制约，否则和平效应最终难以显现。制度独立性的和平效应未在这两个案例中得到证实，但也没有被证伪，这种情况存在两种可能性：一是制度独立性与和平效应无关；二是这两个案例的特殊性和局限性所致，也许在其他制度中它可以发挥作用，或者它目前没有显现出效应只是暂时的。上述案例分析显示，和平效应的发挥是一个与冲突的反作用力作斗争的过程，并且始终与国际和地区战略环境以及国内政治的变化紧密相关。

第六章

结　　论

　　进入 21 世纪，经济全球化进程的加深也带来了区域经济一体化浪潮的再度兴起，几乎所有的工业化国家和发展中国家都至少是一个区域贸易制度安排的成员。冷战的威胁消失，和平与发展成为当今时代的主题，但是这并不意味着积极和平的出现，很多地区仍然面临着冲突的威胁和紧张的安全局势。在这种背景下，区域经济一体化不仅是它们实现经济发展的必经之路，也是加强地区凝聚力和实现区域和平的必要手段，是摆脱安全困境的一种有效途径。欧盟是通过区域经济一体化推动和平的典范，但是拉美、非洲以及亚洲其他地区的区域贸易制度却未能充分发挥其抑制冲突升级的和平效应。在东亚，伴随着中国的崛起，在区域经济相互依存程度不断加深的同时也面临着新的安全困境，区域经济一体化如何才能成为东亚诸国摆脱安全困境的有效手段？

一　研究过程及结果

　　本书的研究问题是区域贸易制度通过何种路径才能发挥和平效应。研究方法是通过事实观察提出假设，以演绎方法进行理论解释，最后再用案例法进行检验。进行演绎的目的，是从逻辑上建立两个变量间的联系，从而表明其相关性。案例检验的目的是增进假设的可信度，虽然案例方法有一定的局限性，并不能得出全称性结论，但在国际关系研究中，这种局限性是不可避免的。

本书选取了 22 个发展中国家的区域贸易制度作为实证研究的对象，考察后发现，发展中国家区域经济一体化组织的整体实际制度化水平并不高，而这与发展中国家的区域经济一体化执行不力和地区安全形势不稳定有密切的关系。在引入"冲突的基线风险"这一概念的基础上，发现：（1）区域贸易制度的一体化水平与冲突地区的安全形势没有必然的联系，冲突发生概率低的地区也会出现成熟的区域一体化制度，而冲突频发的地区同样存在不同一体化水平的制度安排；（2）排除基线风险很低、低和很高的极端情况，区域贸易制度的一体化水平与冲突实际发生水平之间存在明显的相关性，即在相同基线风险的组织中，一体化水平越高，冲突实际发生的数目越低。据此，得出如下判断：高水平的一体化有助于减少军事冲突的发生仅在冲突风险可控的情况下有效，冲突风险较低或者太高时，其他因素会介入冲突的发生，区域贸易制度的和平效应很难发挥。

接下来，把冲突基线风险中等水平以上的区域贸易制度作为进一步考察的对象，考察变量包括一体化时间、成员国数目、一体化预期目标；民族宗教特征、殖民地归属、力量分布；组织结构、决策机制；安全合作机制内容、安全合作动机、安全合作时间、有无可替代安全合作机制。结果发现：（1）区域经济一体化的最终目标体现了成员国对区域经济合作的收益预期，并直接决定了区域贸易制度的一体化水平；（2）首脑会议、秘书处、议会和法院的建立和效用体现了一体化水平的高低，在冲突的缓和中都发挥了一定的作用；（3）区域内没有可替代政治安全机制是区域贸易制度发挥和平效应的前提，区域框架内权力结构是少数国占优势还是各国实力基本相近对于协议达成的路径有直接的关系。

最后，选取西非国家经济共同体作为个案进行具体分析。之所以选择这个案例，是因为西非国家经济共同体属于高基线风险的案例，其冲突基线风险很高，一体化水平为中等，实际冲突发生水平也比较高，一体化水平与实际冲突的发生并不存在明显的相关性。但是由于它在制度框架内建立了安全合作机制，并且成功抑制了某些冲突的升级，因而被一些学者看作是区域贸易制度发挥了和平效应的案例。该组织成员国之间曾经发生过三起冲突，其中有两起冲突升级，一起冲突在该框架内实现了缓和。对比这三起冲突，在同样的制度化框架下，和平效应的实现与否并不完全取决于制度化层面的共性因素，也与冲突的性质和国内政治环境有关，这也是为什么不同冲突在同一安全合作机制下并未都能够享受和平效应的原因。

基于上述实证分析，本书提出如下假设：（1）区域贸易制度的一体化水平越高，经由机会成本机制的作用，成员国间冲突升级的可能性就越小；（2）定期举行的高层会晤机制经由信息机制和冲突管理机制，有助于避免成员国间冲突的升级；（3）争端解决机制和秘书处的独立性越强，经由冲突管理机制和信息机制，成员国间争端缓和的可能性就越大。

通过演绎方法，对区域贸易制度发挥和平效应的三个路径可以做出如下理论解释：

第一个路径是机会成本机制，区域经济一体化所蕴含的利益越大，成员国发动战争的机会成本越高，冲突升级为战争的可能性就越小；

第二个路径是信息机制，制度化的高层互动机制能够加深成员国之间的彼此信任和信息沟通，有效加强冲突中信息交流和透明度，减少误判和冲突升级；

第三个路径是冲突解决机制，制度的独立性越强，它在冲突调停、裁决和协议监督等方面的作用越大，和平谈判成功的可能性就越强。

区域贸易制度能否发挥和平效应主要源于三个方面的因素：区域经济一体化的程度和范围、高层互动机制以及显示制度独立性的争端解决机制和秘书处。其中，区域经济一体化的程度和范围是决定成员国预期收益大小的前提和根本性因素，只有当成员国对区域一体化抱有足够预期的条件下，高层互动机制和争端解决机制的作用才能够得以发挥，否则后两者的和平效应就犹如无源之水，难以为继。但是，和平效应能否最终实现还要取决于成员国的国内政治以及冲突利益和一体化收益在国家利益中的排序。国家的外交决策通常会受到国际战略环境、区域权力结构、政府的性质、国内政治的诉求以及冲突的性质等因素的影响，主导因素决定了一国外交政策中对待政治冲突和区域经济收益的不同排序，并最终决定区域贸易制度的和平效应是否显著。

理论解释有两个关键点值得关注。一个关键点是：区域贸易制度和平效应的发挥是一个连续的渐进过程。它从成立开始就可以通过上述三个机制发挥或大或小的和平效应，但最终能否成功抑制冲突升级、使和平效应得以显现，则取决于诸多不同因素对一国外交决策的影响。和平效应成功显现的临界点有一个标志，那就是区域经济一体化是否能够不受政治冲突的负面影响而继续向前推进。如果区域经济一体化的进程不再因为政治冲突而延缓，那就意味着它已经成为成员国政府的优先选择，成员国不会任由冲突升级而牺牲区域经济合作的收益；反之，如果成员国政府优先将政治冲突放在区域经济一体化之前考虑，那也就意味着在决策天平上区域经济合作仍然要从属于政治冲突的利益。它引出了本书理论解释部分的另一个关键点——政治冲突对区域经济合作的影响。

作为政府间的国际组织，区域贸易制度本身就是政府的基于经济合作的一种对外政治行为，带有明显的政治动机。它的成立与该区域的政治安全环境有明显的关系，需求理论和供给理论都有其合理的一面，战争期间区域经济合作是难以开展的，但是在低烈度的冲突中，当大多数成员国开始寻求和平稳定的时候，区域经济合作不失为一条推动地区和平的有效路径，因此发展中国家的很多区域经济制度有着明显的政治目的。但是，制度一旦创立，它的作用将会是持续和独立的，而不会始终受制于某些成员国最初的政治动机，因为它作为独立的制度，是独立于成员国存在的、以区域利益为发展目标。

东盟之所以能够发挥出积极的和平效应，是因为区域经济一体化的程度和范围不断扩大增加了战争升级的机会成本，促使东盟冲突各方在冲突发生之后保持了最大的克制；高层会晤机制在信息共享和冲突管理中也发挥了重要的作用，对冲突的缓和功不可没；秘书处和争端解决机制均未在冲突解决过程中发挥出积极的作用。东盟之得则恰好是南盟之失，对于南盟而言，区域经济一体化进程的止步不前和区域经济合作领域的局限性，都使得机会成本机制的和平效应难以发挥；高层互动机制的确为印巴冲突双方提供了信息交流的平台，但是受国内和国际环境的影响以及印度一国独大地区权力结构的限制，高层互动机制在冲突解决和信息共享层面的和平效应很难发挥。

案例分析发现，假设（1）和假设（2）得到证实，假设（3）未被证实。区域贸易制度的一体化水平可以通过机会成本机制影响冲突国家在冲突中的决策，首脑会晤通过信息机制也推动了冲突的缓和；其中，机会成本机制是和平效应得以发挥的根本，而信息机制和平效应发挥会受到机会成本机制的制约。关于制度独立性的假设虽然没有在这两个案例中得到证实，但也没有被证伪，或者是因为制度独立性与和平效应无关，或者是与被选择案例的特殊性和局限性有关。那么制度的独立性究竟是否可以在其他制度中发挥作用，或者在现有案例中只是暂时没有显现出效应，还需要进一步的论证和案例检验。通过这两个案例也可以看到，和平效应的发挥是一个与冲突的反作用力作斗争的过程，并且始终与国际和地区战略环境以及国内政治的变化紧密相关。

综上所述，本书得出如下结论：区域贸易制度的一体化水平决定了冲突升级为战争的机会成本大小，是和平效应发挥的根本和前提；高层会晤机制可以为信息共享和冲突调解提供积极的渠道，但是它的和平效应最终是否显现会受到机会成本机制的限制；秘书处和争端解决机制的和平效应则具有更大的不确定性，受到地区政治文化、制度设计等诸多因素的制约。此外，地区权力结构、国内政治和冲突的性质则作为最重要的干预变量存在，它们最终决定了和平效应能否得以发挥以及在多大程度上得以发挥。

二 不足之处以及有待进一步研究的问题

从发展中国家的视角对区域贸易制度和平效应的路径分析是国际政治经济学中贸易制度与冲突/和平关系研究的重要内容。鉴于笔者水平、能力和资源的限制，本书的研究主要存在如下不足：

（1）和平效应的界定有些模糊。笔者认为，只要能够通过三项作用机制抑制冲突升级的效应都属于和平效应，并且和平效应的发挥是一个动态的过程，但是在案例分析中受到观察事实的局限，很有可能会存在某些和平效应未能发现的情形。

（2）事实观察可能会存在较大的局限性。由于国际政治经济现实的复杂性，事实观察的依据主要是已有的文献和信息，而这些资料未必能够准确地概括所有的事实，因此影响因素的选择不能排除还有和平因素和路径的存在。

（3）研究方法结合了实证分析和案例分析法，但是在实证分析工具的把握上还有欠缺，尤其是实证研究中普遍采用的计量统计方法，未能基于大数统计方法揭示区域贸易制度与冲突之间的普遍特征，使得本书的实证分析部分解释力度偏弱。

（4）案例选择不够全面，对拉美和非洲的区域经济制度与冲突的互动机制分析有所缺失，尤其是对制度独立性的假设验证部分缺乏更多的案例支持。

　　这些不足都可能会导致研究结果的不准确和有失偏颇，但是如果本书能够揭示出复杂国际政治经济现实的某一方面特征，也算是一件有意义的尝试。

　　本项研究最终的落脚点是东亚的区域经济合作与安全互动。近两年来，有关东亚地区经济与安全互动的研究在国际关系学界受到了广泛的关注，并且有多本著作问世。一方面，东亚各国家之间经济相互依存度很高，区域经济合作也不断扩展，但是区域经济一体化的制度化建设却十分缓慢，目前甚至没有像非洲和拉美国家那样有一个囊括主要经济体的区域经济组织，现有的区域经济合作机制也面临着制度化水平较低的现状；另一方面，东亚安全局势却不断升温，东海问题、南海问题、朝鲜问题甚至是两岸关系，都仍然处于僵持状况，很可能引发东亚的安全局势恶化。在当前的国际背景下，以下问题值得今后继续关注：

　　第一，东亚区域经济一体化的发展前景及可能的安全溢出效应。目前，东亚的区域经济一体化建设正走在一个十字路口，一边是美国主导的跨太平洋经济伙伴关系（TPP）谈判，另一边是东盟十国发起的区域全面经济伙伴关系（RCEP）谈判，这两个制度安排也充分体现出中美之间在亚太的力量角逐。目前来看，美国和日本在 TPP 谈判中分歧严重，未来前景如何仍需观望，中国对 TPP 谈判持开放态度；RCEP 谈判在不断推进，如果 RCEP 可以完成谈判，那么它有可能成为东亚区域经济一体化的新里程碑，建立起涵盖东亚主要经济体的区域经济一体化制度。从对地区安全的溢出效应来看，它也是东亚唯一的希望，而它的制度设计、对地区安全的溢出效应也值得继续关注。

　　第二，中、日、韩自由贸易区的谈判进展及其和平效应。中、日、韩三国自由贸易区的设想是在 2002 年的三国领导人峰会上提出的，旨在建立一个人口总规模超过 15 亿的自由贸易大市场。恰恰是在 2012 年中日钓鱼岛争端愈演愈烈的时候，中、日、韩三国经贸部长在东亚峰会上宣布启动自由贸易区谈判，经济与政治形势之间的逆势互动似乎成为东亚独特的政治经济现象，但事实上，政治关系的紧张仍然对自贸区的谈判进程带来了负面影响。2013 年，中、日、韩三国才开始第一轮谈判，至 2015 年 5 月已经完成了七轮谈判。从经济层面看，中、日、韩自由贸易区一旦建成，将形成一个总人口超过 15 亿的大市场，三国的整体经济福利都会有所增加。即使中韩自由贸易区协定已经在 2014 年完成，但中、日、韩自由贸易区的谈判仍然看不到终点，这在很大程度上与中日政治关系的紧张有关。根据 2010 年的《中日韩推进三国合作联合宣言》，该自贸区的合作内容除了经济领域之外，还包括机制化和提升中、日、韩伙伴关系，加强三国之间的高层交往，建立三国合作秘书处，探讨三国"国防对话"机制的可能性，以及共同促进地区和国际的和平稳定。如果真的能够如愿建成，那么从章程上看，它将有效地促进其经济合作与安全局势之间的良性互动。那么，这个自贸区谈判是否能够免受中日之间政治关系紧张的负面影响，在对地区安全的需求驱动下如愿建成？建成之后，制度设计方面能否赋予该制度足够的发挥和平效应的独立性？它是否可以成为中日和日韩关系改善的推动力？

第三，东盟"10＋3"机制对东亚安全的溢出效应。1997 年 12 月，在亚洲金融危机的高峰时刻，东盟九国领导人和中、日、韩三国领导人首次坐在一起探讨亚洲国家如何合作的问题，其后随着柬埔寨的加入，东盟"10＋3"领导人会议正式被固化为一种对话机制，并在 1999 年的第三次峰会上制定了该合作机制的目的、原则和合作领域。虽然没有建立一种正式的组织制度，但该框架下的区域经济合作领域和范围十分可观，领导人会晤机制也有助于成员国领导人之间的信息交流和加深理解。作为介于双边经济合作与正式区域经济制度之间的一种"准"区域经济合作形式，它是否有助于抑制中日钓鱼岛争端、中越和中菲南海争端的升级？机会成本机制和信息机制如何才能发挥最大的和平效应？框架内的合作是否可以过渡到安全领域的合作？

总之，理论的发展源于实践，并且应用于实践，对区域贸易制度和平效应的研究也是如此。面对新的政治经济现实，建立合理的理论分析框架对其加以解释，并根据理论分析的结果提出对未来政治经济发展的启示和建议，才是本书研究的理论和现实意义的最好体现。

国际政治经济学研究的最新进展[①]

 国际政治经济学是国际关系研究的一个重要领域。从 20 世纪 70 年代开始，国际政治经济学就构成了国际关系理论发展的一条主线，并伴随着国际关系理论的主要争论。从近 40 年的发展来看，国际政治经济学可以归纳为两个层面的研究：一是国际政治经济与国内政治经济的关系问题；二是国家和社会力量的关系问题。第一个层面所关注的是国内因素和国际因素在国际事务中各自的影响。在这个层面，不同学者在不同问题的研究中会赋予它们不同的重要性。即便是对相同的问题，侧重点不同，得出的结论也不相同。第二个层面所涉及的是国家和社会力量在决策过程中的博弈。有的学者认为政府是国家政策的主要决策者，而有的学者认为国内力量如利益集团才是真正的幕后决策者，政府只不过是他们的传声筒而已。综合这两个层面，可以归纳出国际政治经济学的四种研究视角：国际政治、国际经济、国内制度和国内社会。

 从研究内容和方法来看，国际政治经济学的研究纲领大致可以归为两类：一类是针对国际关系中新出现的问题进行国际政治经济学理论的建构，如区域一体化问题和全球化问题；另一类是各种实证研究，如对跨国

---

 ① 这篇学科综述完成于 2007 年，曾经被选入《国际政治理论与战略前沿问题》（王逸舟主编，社会科学文献出版社 2008 年版）。它有助于读者对国际政治经济学这门学科以及贸易与和平研究的兴起有整体的认识，特别收于本书附录。

投资、国际金融与货币、国际贸易、发展、环境保护等问题进行研究，探寻国家与市场之间的互动。在 2000 年之前，理论建构是国际政治经济学的主要研究内容，而在 2000 年之后，对已有理论提出的假设进行验证成为国际政治经济学者们的主要工作。

针对 2000 年以来国际政治经济学研究的最新发展，本文主要依据《国际组织》（International Organization）杂志在这一阶段所发表的论文，分问题综述以下一些问题。①

一　经济全球化与国家福利支出

20 世纪 80 年代以来，经济全球化成为了国际政治经济学界研究的热点问题。随着全球化进程的不断深入，不少学者将当今社会普遍存在的一些经济社会问题，诸如通胀和失业等，归咎于经济全球化所带来的经济开放以及毫无限制的市场活动。但自由主义学派认为全球化给国际社会带来了众多好处，至于这些经济社会问题的出现则另有原因，如中央集权制国家崩溃留下的后遗症。② 90 年代末期以后，国际政治经济学界对于经济全球化利弊的争论仍在继续，但是争论的焦点逐渐集中于经济全球化对一个国家社会福利支出的影响，试图探讨外部国际环境对一个国家社会政策的作用。

---

① 近 30 年来，国际政治经济学就是与《国际组织》杂志密切联系在一起的。最初，国际政治经济学就是根据该杂志讨论的问题定义的。作为国际政治经济学研究的重要推手，我们可以认为该杂志所发表的学术观点能够充分反映出国际政治经济学的发展方向。

② Brink Lindsey, "The Invisible Hand vs. the Dead Hand", in Roe C. Goddard, Cronin Patrick and Dash Kishore, eds., *International PoliticalEconomy: State-Market Relations in a Changing Global Order*, 2nd Ed., Boulder, CO: LynneRienner, 2003, pp. 59 – 70.

在经济全球化与福利支出的关系上，主要有三种理论假设。近几年来，学者们对这些假设进行了修正和补充。第一种假设是福利削减。一些学者尤其是新自由主义者认为，在一个经济开放程度越来越高的世界经济中，一国政府是不可能维持高水平的社会支出的，因为这不利于其建立具有国际竞争力的经济体；在经济全球化条件下，一国政府将不得不努力扩大其在世界市场的份额，更多地关注其国际竞争力，如果推行不符合国际投资者利益的经济政策必然会使本国经济陷入瘫痪。[①] 杜安·斯旺克（Duane Swank）将其归结为"提高效率说"，即为了提高本国经济参与国际竞争的效率，各国政府会竞相削减社会公共支出，福利支出大的国家受到的压力更大。[②]

针对全球化对国家福利的削减作用，即有计划地缩小社会支出计划的程度和范围，还有学者对其进行了修正，将"削减"定义为不连续的政策事件，并对这些事件的出现提供了一个全面的模型，包含了国内经济、政治和制度因素以及与全球经济有关的因素。[③] 亚历山大·希克斯（Alexander Hicks）和克里斯托弗·佐恩（Christopher Zorn）对 OECD 国家在1978—1994 年中出现的福利削减进行了分析，结果表明全球化的作用是复杂的，贸易开放和金融自由化明显与这种削减相悖，而对外直接投资可能会带来削减的压力。另外，他们还指出，经济和人口压力所带来的昂贵

①　David M Andrews, "Capital Mobility and State Autonomy: Towards a Structural Theory of International Monetary Relations", *International Studies Quarterly*, Vol. 38, No. 2, June 1994, pp. 193 – 218; Keinichi Ohmae, *The Borderless World: Power and Strategy in the Interlinked Economy*, New York: Harper Business, 1999; John M. Stopford, Susan Strange, and Henley John, eds., *Rival States, Rival Firms: Competition for World Market Shares*, Cambridge: Cambridge University Press, 1993.

②　Duane Swank, *Global Capital, Political Institutions, and Policy Change in Developed Welfare States*, Cambridge: Cambridge University Press, 2002.

③　Alexander Hicks and Christopher Zorn, "Economic Globalization, the Macro Economy, and Reversals of Welfare: Expansion in Affluent Democracies, 1978 – 1994", *International Organization*, Vol. 59, No. 3, 2005.

的福利支出会促使国家采取行动把享受资格与获益比率压低到最低的水平，因为失业和退休的人数越多，社会支出也越多。简言之，常常被认为是推动福利支出的人口压力可能会引致福利的倒退。

但是，对于经济全球化与政府社会支出之间上述因果联系的解释，有学者提出了质疑。① 艾丽西亚·阿德塞拉（Alícia Adserà）和卡尔斯·博伊克斯（Carles Boix）认为，经济开放程度如何与政府采取什么样的社会政策应该是两个相互独立的变量，它们都会受到国内政治经济因素的影响，而两者之间的关联其实根本不存在。他们对 65 个国家在 1950—1980 年的数据进行分析后发现，开放程度的扩大并不必然会约束政府的支出能力，尤其是当政府的社会支出是为了提供公共产品时；政府是否能够长期维持其大规模的公共部门，有赖于出口部门竞争力的状况，如果出口部门竞争力受损，政府就无法维持高水平的社会支出，就可能会转而采取贸易保护主义或者是独裁的自由贸易体系。

第二种假设是一些学者提出的"补偿假设"。托马斯·伯诺尔（Thomas Bernauer）等学者认为开放的世界经济会促使一国政府增加而不是减少其社会支出。② 因为经济一体化会使一国经济很容易受到世界经济波动的影响，增加国内经济的不确定性和脆弱性。面对经济的不安全状况，政府不得不为社会提供更多的保障。简言之，经济全球化会促使政府增加补偿性的社会开支，以缓解经济开放所带来的经济和社会资源的

---

① Alícia Adserà and Carles Boix, "Trade, Democracy, and the Size of the Public Sector: The Political Underpinnings of Openness", *International Organization*, Vol. 56, No. 2, April 2002.

② Thomas Bernauer and Christoph Achini, "From Real to Virtual States? Integration of the World Economy and Its Effects on Government Activity", *European Journal of International Relations*, Vol. 6, No. 2, 2000; Brian Burgoon, "Globalization and Welfare Compensation: Dis-Entangling the Ties that Bond", *International Organization*, Vol. 55, No. 3, 2001; Geoffrey Garrett, "Globalization and Government Spending Around the World", *Studies in Comparative International Development*, Vol. 35, No. 4, 2001.

混乱。

　　但是，也有学者对此提出了质疑，认为上述假设中"经济开放导致国家经济脆弱性"的逻辑无论在理论上还是实证层面上都是不可靠的。[1] 金索杨（So Young Kim）认为，经济开放程度与外部风险对经济脆弱性的相关性是完全不同的。开放程度是指一国经济在多大程度上受世界经济的影响，而外部风险则是指一国经济与世界经济联系条件的稳定性如何。开放程度高的国家并不一定意味着会面临更大的外部风险。在对 175 个国家进行跨界和不同时间的数据进行比较之后，他发现经济开放程度与国家经济的脆弱性并没有必然的联系，而一国外部风险的增加的确会使经济更脆弱。

　　还有学者认为，当前的研究总是通过政府的总支出或总收入来判断政府的社会保险支出，这些数据并不能如实反映出政府社会保护的状况。[2]为了克服这些局限，伊萨贝拉·马雷斯（Isabela Mares）研究的问题在于探寻何种条件下经济不安全才会导致社会保险范围水平的扩大。他对两次世界大战期间欧洲失业保险政策的发展进行研究后发现，经济不安全会加剧"高风险"与"低风险"领域联盟的分化。高风险产业的工人会支持涵盖面广和不同职业成本重新分配的社会保险制度。而低风险产业的跨阶级的联盟会反对这样重新分配的社会政策，担心这些政策会把他们变成高风险产业的接济者。只有在"高风险"联盟较大的时候，再分配的社会保险政策才会被提出，社会支出才会被扩大。

　　第三种假设是所谓的"政策趋同说"[3]。这种观点认为，经济全球化

---

　　[1]　So Young Kim, "Openness, External Risk, and Volatility: Implications for the Compensation Hypothesis", *International Organization*, Vol. 61, No. 1, 2007.

　　[2]　Isabela Mares, "Economic Insecurity and Social Policy Expansion: Evidence from Interwar Europe", *International Organization*, Vol. 58, No. 4, 2004.

　　[3]　Jude C Hays, "Globalization and Capital Taxation in Consensus and Majoritarian Democracies", *World Politics*, Vol. 56, No. 1, 2003.

会导致世界市场的一体化，这使得国家决策者会模仿他国的政策，最终出现不同国家政策趋同的情况。依据这种理论，其结论是在经济全球化的背景下，OECD 国家的福利政策和社会支出水平将最终保持一致。德特勒夫·雅恩（Detlef Jahn）将全球化作为一种扩散形式引入到分析框架中来，认为 90 年代以来经济全球化已经成为影响国家社会决策的重要因素，与 80 年代形成了鲜明的对比。[①] 他在对 16 个 OECD 国家在 1980—2001 年的社会支出数字进行分析之后发现，这些国家的社会支出在 80 年代基本保持了稳定；而在 1990—1993 年高福利国家的福利水平出现了大幅度的增加，但此后直到 2001 年，这些国家又大幅度地削减了社会福利支出；福利水平较低的国家则在 90 年代仍然保持了福利支出的增长态势。因此，在 2001 年，OECD 国家的福利支出水平差距已经大为缩小，保持了相近的水平。

虽然发达国家的情况也不尽相同，但大多数实证研究的结果表明，发达国家的福利支出总体来看并没有出现大的倒退和削弱。[②] 发展中国家的情况就完全不同了。埃里克·韦贝尔（Erik Wibbel）对发展中国家的研究表明，随着融入全球经济的程度越来越高，与发达国家福利支出增加的情况相比，发展中国家的福利支出出现了下降的趋势。[③] 他认为，对这种差别的最好解释就是从国内政治的角度分析。与发达国家相比，发展中国家的贸易团体、联盟对社会支出的影响力较小，而且发达国家与发展中国家融入全球一体化的方式显著不同。在 OECD 国家，国际市场带来的收入冲

① Detlef Jahn, "Globalization as 'Galton's Problem': The Missing Link in the Analysis of Diffusion Patterns in Welfare State Development", *International Organization*, Vol. 60, No. 2, 2006.

② Duane Swank, *Global Capital, Political Institutions, and Policy Change in Developed Welfare States*, p. 72.

③ Erik Wibbel, "Dependency Revisited: International Markets, Business Cycles, and Social Spending in the Developing World", *International Organization*, Vol. 60, No. 2, 2006.

击非常有限，而在发展中国家就很大。在发达国家，政府可以通过在资本市场上贷款或者对社会项目进行反周期的支出来应对这些冲击，但对于大多数发展中国家的政府来说，并没有这样的机会，在困难时期它们很少会进入资本市场，而是更多地去平衡预算，从而在最需要增加社会开支的时候不得不减少支出。因此，虽然国际市场的波动和收入冲突看起来并没有威胁到富裕国家的基本福利状况，但它却削弱了发展中国家政府在商业周期中刺激消费（尤其是贫困人口的消费）的能力。

也有学者将这种差别归因于不发达国家工人力量的薄弱和缺乏组织性。[①] 尼特·鲁德拉（Nita Rudra）认为，应该在经济全球化与政府福利支出之间引入工人组织力量的变量。他对 53 个不发达国家在 1972—1995 年的数据进行分析后认为，大量的不熟练工人和劳动力人口过剩导致了不发达国家的工人组织缺乏集体行动的能力。在全球化的压力面前，他们无法像发达国家的工人组织那样有能力与政府讨价还价，保护自己的福利收益。

二 国内政治与贸易政策选择

从国内政治的角度来分析一国对外经济政策的制定是当今国际政治经济学的重要研究议题。近几年来，学者们关注于从国内社会基础和国内政治制度两方面探讨其对政府对外经济政策制定的影响。前者的分析对象是企业、产业部门或者要素所有者，借助不同的经济理论和贸易理论，学者们演绎出这些社会行为体的政策偏好，从而分析它们对政府政策制定的影响。后者则常常从国内的政党制度、选举制度等政治制度的特征来探讨不同政治行为体的政策偏好以及它们在政策制定过程中的政治博弈。值得一

---

① Nita Rudra, "Globalization and the Decline of the Welfare State in Less-Developed Countries", *International Organization*, Vol. 56, No. 2, 2002.

提的是，这个研究纲领的主要研究对象是发达国家，如美国和 OECD 国家，这或许在很大程度上是因为发达国家的国内政治和经济制度更加成熟和完善，也最能体现发达国家对外经济决策的特征。学者们对贸易政策选择偏好的研究主要基于两条路径：产业间的要素流动和国内政治制度的影响。

产业间的要素流动理论是从制宪联盟的政治经济模式分析贸易政策的一个核心内容。要素流动的水平决定了产业要素能够在多大程度上在各产业间流动。要素流动水平的变化也必然会带来选民联盟对贸易政策立场的改变。要素流动水平不仅是分析贸易政策制定中各联盟利益的重要工具，而且它还会对个人收入、全球化的社会经济影响、政党代表相互竞争的选民联盟的能力以及国际贸易本身都产生重要的影响。[①] 国际政治经济学的学者们借鉴了国际经济学中的贸易理论和模型：赫克歇尔—俄林模型和李嘉图—维纳模型。前者的政治经济学意义在于，一国充裕要素的所有者会从国际贸易中获益，因而他会支持自由开放，而稀缺要素的所有者会因贸易而受损，因而会偏好贸易保护。在要素专用程度较低的情况下，国家内部会根据要素稀缺程度形成贸易政策的阶级联盟，如资本家与劳工。后者的结论是，在要素不能自由流动的条件下，贸易政策的社会基础是按照行业或产业来划分的。

迈克尔·希思考克斯（Michael J. Hiscox）在综合了上述两种要素流动模型的基础上，提出了一种综合的理论，他认为影响贸易决策的政治联盟是阶级联盟还是行业联盟有赖于要素的流动水平。[②] 他考察了美国等西

---

①   Jeffrey W. Ladewig, "Domestic Influences on International Trade Policy: Factor Mobility in the United States, 1963 to 1992", *International Organization*, Vol. 60, No. 1, 2006.

②   Michael J. Hiscox, "Class Versus Industry Cleavages: Inter-Industry Factor Mobility and the Politics of Trade", *International Organization*, Vol. 55, No. 1, 2001; Michael Hiscox, *International Trade and Political Conflicts: Commerce, Coalitions, and Factor Mobility*, Princeton N. J. : Princeton University Press, 2002.

方六国 1824 年以来的要素流动与形成的贸易政策联盟的关系后发现，在不同的国家和一个国家不同的时期，产业间要素的流动水平有很大的不同；当要素流动水平较高时，阶级联盟就会比较强大，以阶级为基础的政党和联盟会在贸易问题上保持一致立场，而当要素流动水平较低时，产业联盟就会兴起，游说集团就会在贸易决策中异常活跃。这个结论有助于我们更好地理解贸易政策的特征：当贸易问题逐渐成为国内政治冲突的一个重要来源时，政党领袖的政策立场常会缺乏连贯性，因为他不得不去平衡争论双方的不同利益要求，妥协成为必需，政策的模糊性有利于冲突各方妥协的达成。近几年来，美国和其他西方国家的贸易决策就常常体现出这种特征。但是，他也承认要素流动性并不能对所有的贸易冲突做出解释。

还有学者专门研究了美国的要素流动性对贸易决策的影响。① 杰弗里·拉德维希（Jeffrey W. Ladewig）调查了在 1963—1992 年间众议院选区的经济统计数字以及众议员们关于贸易政策的唱名表决后发现，美国的要素流动性水平并不是始终一致的：在六七十年代处于一个低水平上，但是在不断上升的；要素流动的水平在 70 年代末达到了顶点，此后的八九十年代也保持在一个相对较高的程度。要素联盟的立场对立法者的投票有着很大的影响。资本家和出口商的联盟都积极支持贸易自由化，而劳工和进口商则持反对立场，验证了上述要素流动理论模型的结论。要素的流动水平以及贸易联盟的同质性程度都会在很大程度上影响政党提供贸易政策的能力以及分立政府的影响力。

但是，我们也看到上述要素流动水平的理论模型并不能适合于所有的领域分析。通过要素流动水平的高低来界定不同的贸易联盟，通过对其在贸易决策中受益或损失来确定其政策的偏好。但是，在其他问题领域中，如货币政策的制定，上述社会集团并不存在集体行动的动机，因而不能结

---

① Jeffrey W. Ladewig, "Domestic Influences on International Trade Policy：Factor Mobility in the United States".

成贸易的联盟。乔安妮·高娃（Joanne Gowa）对此进行了充分的论证后发现，贸易保护的收益是集中的，而货币政策选择是反映在价格变化上，对经济的影响是全面的，因为社会行为体很难就货币政策结成利益一致的同盟。①

相较于对上述社会行为体的分析，通过考察发达国家内部的政治制度特征来探讨其对外经济政策选择偏好的影响，则显得更有普遍意义。一个国家的内部政治制度通常包括政体类型、政党制度、选举制度以及独立的功能机构等，而政治行为体通常是出于维护其自身利益这个基本前提来确定其对外经济政策的偏好，即出于赢得选举的动机。为了保住自己的位置并且赢得选举，政治行为体必须要考虑整体经济状况、支持自己的特定利益集团的利益以及政策的调整空间。

以美国的三权分立制度为例。三权分立制度常常会带来一个比较尴尬的局面，那就是总统和国会分别由不同的政党控制，即在表面上形成了"分裂的政府"。那么，分裂的政府是否会妨碍总统推行贸易自由化的政策呢？这成为学者们关注和研究的一个焦点，而学者们的观点并不一致。戴维·梅修（David R. Mayhew）是近几年来第一位研究这个问题的学者，他发现政府分裂与贸易政策之间并没有必然的联系，因为很多重要贸易政策的实施都既出现于政府"分裂期"，也发生在政府的"统一期"。② 但其他学者得出的结论完全相反。莎莉·欧哈罗兰（Sharyn O'Halloran）

① Joanne Gowa, "Public Goods and Political Institutions: Trade and Monetary Policy Processes in the United States", in Charles Lipson and Benjamin Cohen, eds. , *Theory and Structure in International Political Economy: An International Organization Reader*, Cambridge: MIT Press, 1999, pp. 381 – 398. 转引自曲博《开放经济政治学：国际政治经济学研究新进展》，《国际关系理论前沿与热点》，世界知识出版社 2006 年版，第 185 页。
② David R. Mayhew, *Divided We Govern: Party Control, Lawmaking, and Investigations*, 1946 – 1990, New Haven, Conn. : Yale University Press, 1991, p. 77.

认为，分裂的政府减缓了美国战后贸易政策的自由化进程。① 其前提假设是，总统一旦获得多数票支持，他就会推行自由化的贸易政策；国会中与总统同属一个党派的议员会支持总统的决策，因为他们相信总统会照顾到其选区的利益。当国会由另一个政党控制时，总统政党处于少数派，他很难获得足够多的议员支持，因此难以推行其自由化的贸易政策，结果是分裂的政府可能会推行贸易保护主义的政策。反之，如果总统和国会由一个政党控制，那么就很有可能推行自由化的贸易政策。持有相似观点的还有海伦·米尔纳（Helen V. Milner）和彼得·罗森道尔夫（B. Peter Rosendorff），他们认为，政府分裂阻碍了国际合作，如贸易协定的签署。②

但是，也有很多学者对分裂的政府是否就意味着贸易自由化政策的逆转提出了质疑。③ 戴维·卡罗尔（David Karol）在运用空间模型和历史数据对美国的贸易政策进行考察后认为，分裂的政府会阻碍贸易自由化政策的观点是毫无依据的。④ 他假设：不同的政党在贸易自由化的问题上立场

---

① Sharyn O'Halloran, *Politics, Process, and American Trade Policy*, Ann Arbor: University of Michigan Press, 1994; David Epstein and Sharyn O'Halloran, "Divided Government and the Design of Administrative Procedures", *Journal of Politics*, Vol. 58, No. 2, 1996.

② Helen V. Milner and B. Peter Rosendorff, "Trade Negotiations, Information, and Domestic Politics: The Role of Domestic Groups", *Economics and Politics*, Vol. 8, No. 2, 1996; "Democratic Politics and International Trade Negotiations: Elections and Divided Governmentas Constraints on Trade Liberalization", *Journal of Conflict Resolution*, Vol. 41, No. 1, 1997.

③ John J. Coleman, *Party Decline in America: Policy, Politics, and the Fiscal State*, Princeton, N. J.: Princeton University Press, 1996; John J. Coleman, "American Political Parties and Trade Policy Conflict Since 1947", paper presented at the annual meeting of the Western Political Science Association, 13 – 15 March, 1997, Tucson, Arizona; Michael J. Hiscox, "The Magic Bullet? The RTAA, Institutional Reform, and Trade Liberalization", *International Organization*, Vol. 53, No. 4, 1999.

④ David Karol, "Divided Government and U. S. Trade Policy: Much Ado About Nothing?", *International Organization*, Vol. 54, No. 4, 2000.

不同；战后的总统都是支持贸易自由化的；国会议员们知道如果赋予了总统政策制定的权威，就会带来贸易自由化的政策结果。虽然数据分析显示，议员们会更听命于本党的总统，但是政府分裂必然带来总统支持率下降的情况并没有出现；区域分析的结果还显示，来自支持自由化的政党的议员们会对总统的贸易政策投赞成票，不论总统所属党派如何。的确，一些总统的贸易政策大多是基于本党议员的支持，如杜鲁门、里根和布什，因此分裂的政府妨碍了贸易自由化的进程，但还有很多总统的贸易政策都是得到了党外立法员们的支持才得以通过，如艾森豪威尔、尼克松早期的政策以及克林顿。戴维·卡罗尔得出的结论是，来自贸易保守派的总统会从分裂的政府中受益，而自由主义的总统就会受到牵制。他因此指出，研究美国贸易政策的关键并不在于是否是分裂的政府，而是国会中保护主义势力与自由主义的总统之间的较量。

还有学者从选举制度的角度探讨了选区经济利益对国会经济政策投票的影响。尽管大多数学者都承认选区的经济利益在国会经济政策投票时起到很重要的作用，但是在那些研究国会唱名投票的重要实证研究模型中，选区经济利益的作用却被边缘化了。例如，有学者认为强调经济利益的模型远不如强调意识形态的模型更能发挥作用。[1] 但是，也有学者认为，选区经济利益的边缘化只是因为在实证研究中对它们的处理过于简单造成的。[2] 本杰明·福特汉姆（Benjamin O. Fordham）和蒂莫西·麦基翁（Timothy J. McKeown）在模型中对选区经济利益进行了详细的处理，按照标准产业划分的两位数代码来界定利益集团，考察其普遍的利益；对1979—1990 年间地理和非地理选区的经济利益进行测算，用于研究其代

---

[1]　Keith T. Poole and Howard Rosenthal, *Congress: A Political-Economic History of Roll Call Voting*, New York: Oxford University Press, 1997, pp. 122 – 137.

[2]　Benjamin O. Fordham and Timothy J. McKeown, "Selection and Influence: Interest Groups and Congressional Voting on Trade Policy", *International Organization*, Vol. 57, No. 3, 2003.

理政党和意识形态的偏好；考察了一个地区内部个体的要素禀赋对议会席位投票的影响。接下来，他们研究了选区经济利益对其成员的政党联盟和意识形态的影响，并且将政党和意识形态作为工具变量分析了 5 次国会就对外贸易立法的议席投票。他们发现，在所有的案例中，经济利益考虑占了相当大的比重，同时包含其他解释变量的模型在分析议会投票方面也有很高的准确度。由此，他们指出，并非将选区经济利益简单化处理的做法都不适用，而是选区经济利益在国会投票时起的作用的确重要和复杂得多。

三　国内政治制度与货币制度选择

货币制度政治经济学的一个核心问题是：为什么政府会选择现有的货币制度——汇率制度和中央银行的独立？学者们将其归因于政府货币政策中的"时间—不一致性"问题，即决策者没有能力做出可信的承诺，确保已经宣布的政策能够如实推行。这就意味着，决策者存在一种动机在宣布采取低通胀政策之后会违背承诺去追求近期实际经济产出的改善。但是，因为个人行为体预期到这种变化，对试图抬高通胀的举措很反感，因而增长和通胀都很难实现。对政府来说，最好的办法就是使他们低通胀的承诺令人信服。而独立的中央银行和固定汇率制就成为增加其政策可信度的最好办法，从而减少人们对政府会通过货币政策抬高通胀水平的偏见。这两种制度都可以使货币政策免于受到政治行为体的直接控制，而在位的政治家们通常被认为是利用机会主义来提高经济增长。①

90 年代末以前，追求实证研究的学者们在构建货币政策"时间—不

---

① William Bernhard, J. Lawrence Broz and William Roberts Clark, "The Political Economy of Monetary Institutions", *International Organization*, Vol. 56, No. 4, 2002.

一致性"的分析框架时，引入了不同的政治因素和约束条件，来探讨政府货币制度选择的偏好。从分析途径来看，这些研究大致可以划分为两大类：一类关注的是"政策的提供者"，即政治家和政党；另一类关注的是"政策的需求者"，即利益集团、经济部门和选民。不管采取的是哪一种途径，学者们的分析要么是针对汇率制度，要么是中央银行的独立性，但绝少将这两种制度结合起来研究。但既然这两种制度是对同一个问题所做出的反应，那么在分析货币制度的决定因素时就产生了如下的问题：

第一，如果说货币政策的随意性在社会行为体中产生了通胀的偏见，因此需要建立具有可信度的承诺机制，但是它不能解释为什么有些国家选择固定汇率制来解决这个问题，有些国家选择央行独立，有些国家两者都采用，而还有些国家两者都不采用。即使说汇率锚和央行制度都是解决通胀偏见的办法，但仍然需要解释政府是如何在这两种解决方案之间选择的。

第二，如果我们将二者分别加以分析的话，就不可能了解汇率和央行锚是在什么条件下采用的。要想知道固定汇率制和独立的央行在制度上是相互替代的还是互补的，就必须要找到它们共同的决定因素。如果在建模时只考虑其中一个选择而不去比较另一项选择的成本和收益的话，也就不可能真正解决这个问题。

第三，或许"前后不一致性"的分析框架的确无法涵盖政治行为体是如何计算另一种选择的收益和成本的。选择何种货币制度很可能与治理通胀没有多大关系，而在更大程度上是源于其他的动机，如向权力较大的选区重新分配实际收入，组建选举联盟，增加内阁成员任职的稳定性或者在选举前后刺激经济扩张。因此，在分析框架中有必要纳入影响货币制度选择机会成本的因素。[1]

---

[1] William Bernhard, J. Lawrence Broz and William Roberts Clark, "The Political Economy of Monetary Institutions", *International Organization*, Vol. 56, No. 4, 2002, p. 694.

为了解决这些问题，近几年学者们开始把汇率制度和央行独立性结合起来加以分析研究。与此前的研究相比，近来的研究成果有如下几个进步：首先，修正了原有的"时间—不一致性"分析框架，对原有的假设和结论进行了重新思考，对不同行为体在货币政策选择中的偏好进行了更为全面的分析；其次，更强调政治因素如选举、政党或地区压力对政府所采用的不同货币制度的影响，试图确定政治对不同货币承诺组合的条件限制，并通过对汇率制度和央行制度的共同分析，试图寻找二者相互补充或替代的条件。

威廉·罗伯特·克拉克（William Roberts Clark）研究了政治压力的大小和货币承诺的可信度是如何相互作用影响央行独立性与固定汇率制之间的可替代比率的。① 克拉克认为，古典的"时间—不一致性"分析框架将决策者看作是乐善好施的追求福利最大化的社会计划者，在分析货币制度选择时会存在以下问题：首先也是最重要的，被选出的政治领导人并不是乐善好施的社会计划者，他又是出于何种动机选择货币制度的；其次，虽然"时间—不一致性"问题可以解释为什么货币制度的设计者希望去约束政策的随意性，但却无法解释他会选择哪一种货币制度；最后，"时间—不一致性"问题导致了学者们对与货币政策相关的制度选择的关注，但是在一个资本高度流动的世界中，汇率制度的选择往往会对财政政策的有效性产生重要的影响。

克拉克认为，大多数研究都忽视了一个重要的事实，那就是虽然货币承诺会限制当权者将货币政策用于政治目的，但他仍然可以通过财政政策来达到其目的。由于看不到这一点，以往的研究就会过于强调当权者不愿意放弃货币制度的控制权。因此，政策的可替代性应该作为货币制度选择

---

① William Roberts Clark, "Partisan and Electoral Motivations and the Choice of Monetary Institutions under Fully Mobile Capital", *International Organization*, Vol. 56, No. 4, October 2002, pp. 725 – 749.

的一个重要因素在模型中加以考虑。据此，克拉克设计了一组模型进行对比研究，在模型中，追求生存最大化的当权者可以在多种货币制度中选择：央行独立性、固定汇率制、二者都有或者都不选。一个模型仅包含了货币政策作为经济管理的手段，另一个模型则加入了财政政策。对比后克拉克发现，当不存在替代性政策的时候，当权者对货币制度的选择取决于当时的情况，如政治压力的大小或者是通胀的预期，固定汇率制与央行独立性和浮动汇率制在某些情况下是可以相互替代的；但如果当权者可以自由地选择财政政策来替代货币政策实现其政治目的的话，他就一定会选择固定汇率制度。

菲利普·基弗（Philip Keefer）和戴维·斯塔萨维奇（David Stasavage）分析了制度性否决权的数量对货币制度选择有效性的影响。① 他们试图解决两个问题：为什么对政治家来说废除央行的独立性或者固定汇率制要比放弃更为简单的承诺（如承诺维持固定的通胀率）付出更大的代价？为什么独立央行的存在和钉住的汇率要比简单的政策宣告能够向公众传递更多的信息？他们对 78 个发达和发展中国家在 1975—1994 年的情况进行考察后发现，央行独立性是否能够有效地解决可信度问题有赖于政府内多重否决权的存在，但是它无法提高公众对决策者行动的解读能力；与央行独立性相反，钉住汇率制的效用却与政府内否决权的数量多少并无关联，它的作用却在于能够使公众更易于判断政府是否遵守了此前的货币承诺。换言之，它改变了公众与政府间信息的不对称，因而也具有更大的反通胀效用。因而，否决权的数量会影响央行独立性承诺的可信度，而不是钉住汇率制承诺的可信度。

马克·哈勒伯格（Mark Hallerberg）也研究了否决权与货币制度选择

---

① Philip Keefer and David Stasavage, "Checks and Balances, Private Information, and the Credibility of Monetary Commitments", *International Organization*, Vol. 56, No. 4, October 2002, pp. 751 – 774.

之间的关系，但他所侧重的是否决权对货币制度的偏好。① 基于扩展的蒙代尔—弗莱明模型，他分析了在什么情况下执政党同意出让货币决策权给一个独立的央行机构，并且在资本完全流动的条件下选择一种汇率制度。他假设政党是机会主义行为者，行动的目的是维持政权，而意识形态因素被排除在模型之外。研究后发现，有两种形式的否决权会影响到货币制度的选择：一是区或州一级的政府，这在联邦制国家中比较突出，但在集权制国家中权力较弱；二是政党否决权。马克·哈勒伯格分别分析了四种不同的政治制度下否决权的货币制度偏好，结论是联邦制度下否决权更倾向于同时采用浮动汇率制和独立的中央银行。

威廉·伯恩哈德（William Bernhard）和伯恩哈德·莱朗（Bernard Leblang）探讨了在经济高度开放的前提下，工业化民主国家政党的货币政策偏好。他们认为，政党会选择货币制度的动机是帮助他们赢得选举并巩固其执政地位。在工业化民主国家，随着经济开放水平的提高，寻求选举胜利的过程被复杂化了，因为它改变了选民的政策偏好，同时也降低了内阁部长们兑现其承诺的经济结果的能力。他们认为，货币承诺可以有助于政党管理不同选民的利益，恢复政策的有效性，并最终保住其执政地位，成功抵御经济开放带来的政治冲击。因此，在资本全球流动的世界中，独立央行和固定汇率制是联合政府解决政治生存问题的可相互替代的选择。② 他们对不同制度结构下国家内阁的数据研究表明，货币承诺有助于提高（至少是不损害）内阁的持久性，尤其是在经济开放的条件下，但其效用如何要取决于经济开放的水平和国内政治制度的结构。

---

① Mark Hallerberg, "Veto Players and the Choice of Monetary Institutions", *International Organization*, Vol. 56, No. 4, October 2002, pp. 775 – 802.

② William Bernhard and David Leblang, "Political Parties and Monetary Commitments", *International Organization*, Vol. 56, No. 4, 2002.

劳伦斯·布罗兹（J. Lawrence Broz）提出了政治体系的透明度与货币制度透明度之间的替代关系。[①] 他认为，为了解决货币政策的"时间—不一致性"问题，实现低通胀，政治体系的透明度应该与货币制度的透明度成反比。当政治体系缺乏透明度时，政府就会选择透明度较高的货币制度来加以替代，如固定汇率制度。反之，在政治体系透明度较高的民主国家，政府就更倾向于采用缺乏透明度的货币制度如独立的中央银行来实现低通胀。他的二次实证分析结果都证实了上述观点：首先，对 100 多个国家 1973—1995 年间汇率制度选择的决定因素进行考察后发现，政治体系缺乏透明度的国家（集权国家）要比透明度高的民主国家更易于采取钉住的汇率制度，而独立的中央银行就无法增加货币承诺的可信度。其次，对 69 个发达和发展中国家通胀的制度性决定因素的考察表明，在政治体系透明度高的国家，缺乏透明度的央行独立性制度能够有效地实现低通胀；另外，即使在缺乏民主制度的国家，透明度高的钉住汇率制度也能够抑制通胀。

显而易见，学者们在货币制度选择的决定因素上并没有达成一致。虽然他们都承认政治因素的重要作用，但是在政治因素影响货币制度选择的具体机制上仍然存在重要的分歧。约翰·弗里曼（John R. Freeman）认为，学者们的研究都包含一个共同的假设：货币技术统治论在管理经济方面的重要作用。[②] 他们试图表明，技术专家们是如何在民主制度的"创造和保护"下管理经济的，民主是如何"适应"所谓"不民主"的货币承诺的。与第一代研究者将汇率制度与央行独立性孤立起来研究相比，第二代研究者实现了二者的融合。弗里曼还提出了新的研究方向：建立新的理

---

① J. Lawrence Broz, "Political System Transparency and Monetary Commitment Regimes", *International Organization*, Vol. 56, No. 4, 2002.

② John R. Freeman, "Competing Commitments: Technocracy and Democracy in the Design of Monetary Institutions", *International Organization*, Vol. 56, No. 4, 2002.

论模型和开展实证研究，揭示民主进程、制度和经济状况之间关系的新的事实，包含经济和政治均衡的微观基础，在更广泛的背景中理解评估制度安排的福利准则，深入分析政治信息的经济后果等，这应该是第三代研究者的任务所在了。

四　民主化与国家间经济关系

民主化不仅是国际关系学界关注的焦点，也是国际政治经济学的研究热点。作为一种政权类型，民主政治制度的核心是选举制度。学者们试图从国内政治制度的角度来解释一个国家对外经济活动的国内根源。民主化与国家间经济关系的研究主要包含了民主化与国家的贸易开放程度、对外直接投资的流入以及国际经济合作之间的关系。尤其是对于研究发展中国家问题的学者们来说，民主化对国家经济活动的影响仍然占据了研究议题的很重要的位置。

学者们在国内政治制度与贸易政策的研究前面已经提到，但前面主要是基于贸易政策的偏好分析，这里主要探讨学者们对政体变化与贸易开放的研究。学者们在政体变化对贸易活动的影响问题上看法多有不同。达尼·罗德里克（Dani Rodrik）认为，任何的政体变化都有可能会带来贸易变革，但是并不必然。从历史上看，贸易政策的突变总是伴随着或者尾随着政治体制的变化；虽然并不是所有的政体变化都会带来贸易变革，但是贸易变革的确是政体变化的结果。① 传统的观点甚至认为，民主并不利于经济的改革，而非民主国家可能会更易于贸易自由化。对于民主国家尤其

---

① Dani Rodrik, "The Rush to Free Trade in the Developing World: Why So Late? Why Now? Will It Last?", in Stephan Haggard and Steven Webb, eds., *Voting for Reform* 1457 – 1494, New York: Oxford University Press, 1994, p. 69.

是脆弱的新兴民主国家而言，经济自由化所要付出的巨大代价对于选举上台的领导人来说是无法承受的，因此贸易自由化的难度很大，相反，集权国家的领导人可能会更有能力。① 当然，还有些学者认为，政体变化与贸易改革并没有必然的联系。②

海伦·米尔纳（Helen V. Milner）和高保田惠子（Keiko Kubota）则认为，此前的分析缺乏系统的理论和数据分析。经过系统的理论分析和实证考察，他们的结论是发展中国家的民主化运动导致了国际贸易额的迅速增长。③ 他们发现，伴随着 70 年代以来经济全球化的进程加快，世界贸易迅速扩大，越来越多的发展中国家降低了贸易壁垒，加入到贸易自由化的浪潮中来。而与此同时，发展中国家的民主化运动也开展得如火如荼。他们对 179 个发展中国家在 1970—1999 年间民主化水平与贸易壁垒的关系进行考察后发现，民主化程度越高，贸易壁垒就越低。他们认为，民主化与贸易开放程度之间存在着因果关系，政治制度的民主化削弱了政府运用贸易壁垒手段获取政治支持的能力，况且民主政府维持统治并不需要寻求特定利益集团的支持，政府必须采取能够平衡国内不同群体利益的政策。尤其是在劳动力富余的国家，政治领导人在民主程度提高的情况下可能更会倾向于降低贸易壁垒。

学者们还将民主化的分析延伸到了投资领域。同样，学者们的观点是不一致的。以往的观点认为，跨国公司带来经济利益的同时还会带来巨大的政治成本，民主政治要比专制政体吸引外资的水平低。为了吸引外资流

① Barbara Geddes, "Challenging the Conventional Wisdom", in Larry Diamond and Marc Plattner, eds. , *Economic Reform and Democracy*, Baltimore, Md: Johns Hopkins University Press, 1995, p. 59.

② Joan Nelson, *Economic Crisis and Policy Choice: The Politics of Adjustment in the Third World*, Princeton: Princeton University Press, 1990; Karen Remmer, "Democracy and Economic Crisis: The Latin American Experience", *World Politics*, Vol. 42, No. 3, 1990.

③ Helen V. Milner and Keiko Kubota, "Why the Move to Free Trade? Democracy and Trade Policy in the Developing Countries", *International Organization*, Vol. 59, No. 1, 2005.

入，政府必须提供有吸引力的环境，为此会改变原有的经济政策格局，给国家传统的主权和民主治理带来挑战，戴维·杰塞普（David Jessup）认为，发展中国家的集权体制能够吸引更多的国际投资。① 吉列尔莫·奥唐奈（Guillermo O'Donnel）认为，因为政治领导人的利益在于获取更多的经济利益，集权主义者会尽力保护外来投资免受高工资、劳工保护和税收等普遍的经济压力，因此投资者会更愿意同集权主义者打交道。② 斯蒂芬·哈格德（Stephen Haggard）认为，集权体制对于那些来自左翼当权国家的投资者可能更有吸引力，而且集权主义者也会重视知识产权的保护，因为集权体制赋予了政治领导人更多的经济自主权。③ 当然，也有学者认为，虽然总体上看外资流动与政体类型无关，但是发展中国家中的集权国家通常可以给外资带来更多的回报。④

但是，支持民主制与 FDI 正相关作用的学者也不在少数。曼瑟尔·奥尔森（Mancur Olson）认为在制度成熟的民主国家，独立的司法制度和选举的挑战有助于政府对知识产权的保护，从而保证了外来投资利益的长期安全。投资者为了免于资金被集权主义者掠夺，会更青睐民主制度国家。⑤ 还有学者认为，民主制度有广泛的国内支持，避免了政局突变的风险，收入分配更加制度化，违反知识产权的行为较少，私人投资比较多，

① David Jessup, *Dollars and Democracy*, 1999, Available from http://www.newecon.org., Accessed 10 November 1999.

② Guillermo O'Donnel, *Bureaucratic Authoritarianism: Argentina, 1966 - 1973 in Comparative Perspective*, Berkeley: University of California Press, 1988.

③ Stephen Haggard, *Pathways from the Periphery: The Politics of Growth in the Newly Industrializing Countries*, Ithaca, N. Y. : Cornell University Press, 1990, p. 258.

④ John R. Oneal, "The Affinity of Foreign Investors for Authoritarian Regimes", *Political Research Quarterly*, Vol. 47, No. 3, 1994.

⑤ Mancur Olson, "Dictatorship, Democracy, and Development", *American Political Science Review*, Vol. 87, No. 3, 1993.

这些都是有利于外资流入的因素。① 约翰·奥尼尔（John R. Oneal）的实证研究结果表明，投资回报率最好的国家是那些发达民主国家，但在发展中国家里，集权主义国家则占优。②

近期的成果更注重了实证验证理论的做法。南森·延森（Nathan M. Jensen）的实证分析结果推翻了传统理论中认为跨国公司更偏好专制政体的做法。③ 他对 114 个国家的 FDI 决定性要素分别进行了跨部门回归分析和按照时间的面板回归（panel regressions）分析，前者估算了 80 年代的经济条件、政策决定和民主制度对 90 年代 FDI 流入的影响；后者测算了1970—1997 年经济政策和政治制度是如何影响 FDI 流动的。通过对 80 个国家在 1980—1998 年的民主与主权债务风险关系的考察，南森·延森分析了民主治理对国家信誉度和国家主权债务比率的影响，以此试图探求民主制度与 FDI 之间的因果联系。结果显示，民主政体无论是对不同的国家，还是在一国不同的时期内，都能够吸引更多的外资，民主国家吸引的外资要比专制国家高出 70%。

李全（Quan Li）和亚当·雷斯尼克（Adam Resnick）则专门研究了民主制度与流向发展中国家对外直接投资的关系。④ 他们认为，民主制度

① Yi Feng, "Political Freedom, Political Instability, and Policy Uncertainty: A Study of Political Institutions and Private Investment in Developing Countries", *International Studies Quarterly*, Vol. 45, No. 2, 2001; Manuel Jr. Pastor and Eric Hilt, "Private Investment and Democracy in Latin America", *World Development*, Vol. 21, No. 4, 1993; Manuel Jr. Pastor and Jae Ho Sung, "Private Investment and Democracy in the Developing World", *Journal of Economic Issues*, Vol. 29, No. 1, 1995.

② John R. Oneal, "The Affinity of Foreign Investors for Authoritarian Regimes".

③ Nathan M. Jensen, "Democratic Governance and Multinational Corporations: Political Regimes and Inflows of Foreign Direct Investment", *International Organization*, Vol. 57, No. 3, 2003.

④ Quan Li and Adam Resnick, "Reversal of Fortunes: Democratic Institutions and Foreign Direct Investment Inflows to Developing Countries", *International Organization*, Vol. 57, No. 1, 2003.

对外资流入有双重作用：一方面，它会限制 FDI 流入，因为民主国家的政治领导人通常不愿意看到跨国公司垄断市场，因此不会为外来投资提供优惠的经济和政策条件，而民主的多元化也会很容易使本土公司在政府内占据强势地位；另一方面，它也有吸引 FDI 的因素，民主制度重视知识产权的保护，代表大众利益的立法不允许政府寻租行为的出现，政治领导人也不可能插手商业合同。民主制度最终对外资流入的影响将取决于两方面力量的对比。他们对 53 个发展中国家 1982—1995 年的实证分析证实了上述结论。他们发现，知识产权保护和与民主相关的产权保护鼓励了 FDI 流入；在它对产权保护的积极效应不变的情况下，民主制度会减少 FDI 的流入。对于不同的模型规范、数据分析和变量测算，这些结论都成立。

学者们还研究了民主制度是如何影响国家间贸易合作的。爱德华·曼斯菲尔德（Edward D. Mansfield）、海伦·米尔纳和彼得·罗森道尔夫认为，国家间贸易政策合作的可能性取决于国家政权的类型，政治制度越民主，签署贸易协定的可能性就越大。[1] 民主政治最根本的特征就是自由竞争性的选举，民主国家的政治领导人必须要赢得选举才能得到或继续执政，而广大选民判断其业绩的最主要标准就是国家的经济状况。选民对贸易政策的偏好是不同的，作为政治领导人而言，为了赢得选举，他会选择尽可能地满足最大多数的中间选民的利益。但是，选民缺乏有效的信息来判断政府经济业绩不好到底是出于政策不力还是无能为力的因素。为了向选民表示政府在经济方面的有所作为，签署贸易协定就成为一个信息传递的途径。它一方面代表了政府对不采取保护主义政策的承诺，另一方面单方面的违约会受到其他成员的警告。贸易协定还使政府面临着"观众成本"，如果它采取了欺骗行为，政府领导人就会失去国内选民的支持。因

---

[1] Edward D. Mansfield, Helen V. Milner and B. Peter Rosendorff, "Why Democracies Cooperate More: Electoral Control and International Trade Agreements", *International Organization*, Vol. 56, No. 3, 2002.

为更在意选举的结果，这种"成本"在民主国家要比非民主国家大得多。因此，民主化程度越高的国家，领导人签署贸易协定的政治动机也就越大。他们对第二次世界大战后的贸易协定进行考察后发现，民主国家签署优惠贸易协定的可能性是集权国家的2倍，而民主国家间签署协定的可能性是集权国家间的4倍。

菲奥纳·麦克吉尔瑞（Fiona McGillivray）和阿拉斯泰尔·史密斯（Alastair Smith）进一步研究了国内政治制度是如何缓和领导人更迭对国家间贸易关系的影响的。[①] 基于其他学者近期的理论假设，他们运用双边的贸易数据，分析了领导人变化与国家间贸易水平变动的关系。他们发现民主国家相对来说不受领导人变化的影响。在这种需要赢得大多数选票才能获胜的体系中，无论领导人是否变化，贸易仍然维持原样。而在只需要少数人同意就可以决定领导人的国家，如专制国家中，领导人更迭会带来贸易关系的损害。在实证考察后发现，专制国家领导人的更迭会导致该国与美国的贸易水平下降5%。此外，他们还考察了两国关系交恶时的情况，即在这个时候，与历史水平相比，贸易水平出现显著下降。由于民主国家之间很少会出现恶劣的关系，这种关系通常发生在专制国家。结果发现，专制国家领导人的更迭会重新修复两国的贸易关系，而民主国家领导人的变化不会对两国贸易带来影响。

五　国际经济环境与国家行为

考察国际因素对国家行为的影响也是 IPE 学者们近期关注的重要议题。这方面的研究主要包含两个方面：一是国际经济制度对国家行为的影

---

① Fiona McGillivray and Alastair Smith, "The Impact of Leadership Turnover on Trading Relations Between States", *International Organization*, Vol. 58, No. 3, 2004.

响；二是外国援助的条件性与发展中国家发展问题的关系。

对国际制度影响国家行为方式的研究是新自由制度主义的核心纲领。基欧汉认为，制度能够提供信息并能降低制定和实施互惠协议的成本，因而有助于推动国家间的合作。朱迪思·凯利（Judith Kelly）深入研究了国际行为体在国内舞台上的角色，他认为国际制度影响国家行为一般可以有两种途径：成员资格的激励和社会化的影响。前者能够促使国家改变其行为，后者只是起到了引导作用。他实证考察后发现，与激励机制相比，国内的反对力量通常会给社会化途径设置诸多的障碍，如果单独使用社会化机制，很少能够带来国家行为的改变。而激励机制就能够有效地改变国家的政策，国内反对声浪越高就越显得必要和有效。① 杰弗里·切克尔（Jeffrey T. Checkel）以欧盟为例，分析了欧盟制度在欧洲国家内部的社会化机制。从人的理性出发，他将制度的社会化影响解构为三种机制：战略考量、角色扮演和规范说服，并且探讨了在什么条件下这些机制可以实现国际制度作用的内部化。② 戴欣元（Xinyuan Dai）则从遵从的角度提出了国际制度得以执行的国内根源。他认为国家之所以为遵从国际制度的安排，是源于选举和国内选民的压力。③

基于上述观点，IPE 的学者们探讨了国际经济制度与国家经济发展和制度变革的关系。朱迪思·戈德斯坦（Judith L. Goldstein）等三位学者以实证和量化的分析方法研究了 WTO（GATT）对国家间贸易关系的影响。他们在分析框架中引入了两个新的变量：制度身份和制度嵌入。他认为，

① Judith Kelly, "International Actors on the Domestic Scene: Membership Conditionality and Socialization by International Institutions", *International Organization*, Vol. 58, No. 3, 2004.

② Jeffrey T. Checkel, "International Institutions and Socialization in Europe: Introduction and Framework", *International Organization*, Vol. 59, No. 4, 2005.

③ Xinyuan Dai, "Why Comply? The Domestic Constituency Mechanism", *International Organization*, Vol. 59, No. 2, 2005.

此前的很多成果仅仅将制度的正式成员国作为研究对象，而忽视了其他同样拥有制度赋予的权利和义务的行为体。凡是享有制度所规定权利和义务的国家、地区或非政府行为体，都是有身份的。WTO 的权利和义务规定的范围已经超出了正式成员国，而它所规定的免责条款也使得同样的规定对某些国家可能不起作用。因此，身份的概念更能够真实地体现 WTO 的影响范围。制度嵌入是指一个行为体除了 WTO 外同时所签署的其他贸易协定，如优惠贸易安排、普惠制和贸易殖民地。

他们对 1946—2004 年间的双边贸易额进行了数据统计和分析，发现 WTO 推动了所有签约国之间的贸易，对没有加入该制度但是拥有其权利和义务的殖民地和新独立国家也有相似的影响；其他类型的贸易协定强化了 WTO 的影响，而不是受到了削弱。他的结论是制度改变了战后的贸易，影响惠及所有成员身份的行为体，而不是像有些学者所说的那样只有发达国家受益。①

爱德华·曼斯菲尔德和埃里克·莱因哈特（Eric Reinhardt）则专门研究了 WTO（GATT）与优惠贸易协定（PTA）之间的关系。② 他们发现，在过去的 50 年里，优惠贸易协定广为扩散。在同时期，多边开放在 WTO 的推动下也达到了前所未有的高度。如果说成功的多边体系的特征应该是非歧视性的，那么为什么它的成员却频频求助于地区自由化？优惠贸易协定对世贸组织的影响已经得到了很多学者的关注，但对世贸组织是如何促使成员国寻求地区贸易安排的行为却鲜有研究。

他们认为，世贸组织对优惠贸易协定的形成起了很大的推动作用。加

---

① Judith L. Goldstein, Douglas Rivers and Michael Tomz, "Institutions in International Relations: Understanding the Effects of the GATT and the WTO on World Trade", *International Organization*, Vol. 61, No. 1, 2007.

② Edward D. Mansfield and Eric Reinhardt, "Multilateral Determinants of Regionalism: The Effects of GATT/WTO on the Formation of Preferential Trading Arrangements", *International Organization*, Vol. 57, No. 4, October 2003, pp. 829 – 862.

入优惠贸易协定可以使成员国获得在多边体制下更大的讨价还价能力。一方面，对于世贸组织可能威胁到其利益的新的条款，加入 PTA 就可以多了一层保障；另一方面，还可以提高成员国在 WTO 谈判中的声音和市场能力。具体来看，WTO 成员国数量的增长限制了参加者对多边自由化进程的控制能力，突出了集体行动的难题，很难再达成新的多边协定，对成员的监督和对规则的实施都会变得困难；定期的多边谈判也促使成员国加入 PTA，以免谈判受阻而自身的利益受到影响，同时也可以增加讨价还价的杠杆；卷入世贸争端以及可能的损失也会促使成员国转向 PTA 作为利益的另一个突破口。他们对 WTO 成员的 PTA 进行了系统的数据分析，发现在以下四种情况下，国家更可能会签署 PTA：当成员国数目增加时；多边谈判正在进行时；近来卷入到贸易争端时；尤其是在争端中没有得到想要的结果时。实证分析的结果验证了他们的理论假设。

艾米利·哈夫纳-伯顿（Emilie M. Hafner-Burton）考察了优惠贸易协定（PTA）与国家人权状况的关系。[1] 他认为，越来越多的 PTA 开始在治理国家人权状况方面发挥着重要的作用，其将一体化的物质利益与遵守人权原则相挂钩的硬性规定，在改变政府压制行为方面要比软性的人权协议更为有效。贸易协定通过强制举措改善了成员国的人权，提供工具和资源，来敦促行为体推进它本不会推动的相关的改革。他提出了三个假设：（1）在大多数时候，大多数人权协定都无助于国家人权行为的改善；（2）PTA 的设计是督促国家做出自主的承诺进行跨国合作，而包含软性人权规定的贸易协定（没有与市场利益挂钩）也不能带来人权行为的改善；（3）包含硬性人权规定的贸易协定则常常会带来较好的结果。他对 177 个国家在 1972—2002 年间的行为进行了案例分析，验证了上述结论。

---

① Emilie M. Hafner-Burton, "Trading Human Rights：How Preferential Trade Agreements Influence Government Repression", *International Organization*, Vol. 59, No. 3, July 2005, pp. 593 – 629.

学者们关注的另一个焦点是 IMF 的条件性贷款和援助问题。在最近的 25 年中，学者们关注的焦点在于 IMF 的结构调整计划，并且对于条件性贷款以及计划缺乏对社会底层贫困人口的关心多有批评。为此，伊尔凡·努尔丁（Irfan Nooruddin）和乔·西蒙斯（Joel W. Simmons）专门解释了 IMF 的结构调整计划是否真的如批评者所说，迫使政府降低了贫困人口赖以生存的社会支出，以及接受国的政权性质是否影响到计划削减政府财政赤字的效果。他们对 IMF 1980—2000 年的数据进行了跨区域和不同时间的对比后发现，计划的实施的确导致了接受国政府支出的下降，但令人意想不到的是，这种情况在民主国家尤为突出；在推行 IMF 计划的国家中，民主国家和非民主国家在政府支出方面的差别不再存在。这是因为计划削弱了国内政治的作用。在没有计划的时候，民主国家会更多地将预算分配给公共服务领域，但在计划下会首先削减那些组织性最差的利益阶层的政府支出。这个结果对于我们理解在不同资源约束条件下的政府支出有着重要的意义。[①] 也就是说，努尔丁和西蒙斯的观点是在为 IMF 辩护。

援助问题是发展中国家研究的一个重要内容。外国援助的影响不仅涉及发展中国家的经济发展，而且也波及了政治制度的选择。斯蒂芬·科萨克（Stephen Kosack）和珍妮弗·托宾（Jennifer Tobin）挑战了国际经济学界长期以来认为援助和对外直接投资在推动世界贫穷国家的发展上可以相互替代和补充的观点。[②] 他们从理论分析和实证检验两方面论证了援助和对外直接投资对于发展的不同意义。援助有助于实现受援国的经济增长和人类发展，受援国人力资本的水平越高，援助的积极效应就越大。而对外直接投资不仅不会带来经济增长，反而会减缓不发达国家的人类发展速

---

① Irfan Nooruddin and Joel W. Simmons, "The Politics of Hard Choices: IMF Programs and Government Spending", *International Organization*, Vol. 60, No. 4, 2006.

② Stephen Kosack and Jennifer Tobin, "Funding Self-Sustaining Development: The Role of Aid, FDI and Government in Economic Success", *International Organization*, Vol. 60, No. 1, 2006.

度。在实证研究中，虽然民主本身会推动发达国家以外国家的人类发展，但政府民主化的程度与援助和对外直接投资的有效性并不相关。对于世界上仍然很贫穷的国家的发展来说，援助和对外直接投资不是也不可能是相互替代的。这些国家需要的是民主和援助，而不是对外直接投资。

亚瑟·戈德史密斯（Arthur A. Goldsmith）和萨德·邓宁（Thad Dunning）都以南部非洲国家为例，考察了援助的效果与受援国发展之间的关系。之所以选择南部非洲，是因为这些国家的发展严重依赖外国援助。虽然提高民主化和内政事务管理的外国援助有增无减，但是非洲国家的状况并不尽如人意。那么，外国援助究竟在这些国家中起到了什么样的作用，引发了学者不同的思考。戈德史密斯探寻了外国援助与国家能力之间的这种反常关系。他强调的是政府做出民主集体决策的能力和建立资本主义制度和法律框架的能力。他考察后发现，外国援助并没有带来国家能力的恶化，正相反，它小规模地推动了国家能力的提高。因此，对于发达国家来说，它们应该在逐步减少物质援助的同时，鼓励这些国家的政府在维持秩序和提供基本的公共服务方面发挥更大的作用。[1] 邓宁认为，在冷战期间，援助者的地缘政治目标掩盖了将援助与民主改革挂钩的风险，但随着苏联的解体和冷战的结束，西方援助对民主化的条件性得到强化。他考察了 1975—1997 年 48 个撒哈拉以南非洲国家的民主水平与官方发展援助之间的关系，结果表明，1975—1986 年间外国援助与民主状况之间没有关联性，但在 1987—1997 年间二者之间是正相关的关系。可见，冷战的结束对非洲国家外国援助政治学来说是一个分水岭。[2] 上述两位学者的观点在后冷战时期达成了一致。

---

① Arthur A. Goldsmith, "Foreign Aid and Statehood in Africa", *International Organization*, Vol. 55, No. 1, 2001.

② Thad Dunning, "Conditioning the Effects of Aid: Cold War Politics, Donor Credibility, and Democracy in Africa", *International Organization*, Vol. 58, No. 2, 2004.

六　经济相互依存与国际冲突

　　最后一个但并非最不重要的问题是经济相互依存与国际冲突之间的关系。它不仅是国际关系学界关心的问题，更吸引了国际政治经济学学者的目光。随着全球经济一体化程度的提高，经济相互依存是否真的如自由主义者所说能够抑制国家间的冲突呢？古典自由主义者最初认为，贸易可以无条件地推动和平，但显然两次世界大战的现实令自由主义者开始反省。随着新自由制度主义的兴起，自由主义者修正了贸易与和平的关系，他们认为凭借制度的力量贸易可以推动国家间的合作，抑制冲突，从而实现和平。现实主义者的观点则截然不同，他们认为贸易非但不是国家间和平的力量，反而会导致更多的冲突。还有学者认为，两者之间并无必然的联系。90 年代末以来，学者们对贸易与冲突的研究并不是简单地肯定或否定上述某一种观点，而是从多元的角度探讨了贸易与冲突关系的有条件性。

　　不少学者都注意到经济依存与政治冲突关系的不确定性。亚瑟·斯坦（Arthur A. Stein）认为，任何贸易关系中都同时包含了相互矛盾的力量，既有促进合作的作用，也包含了强制的因素；贸易的政治影响会随着政治制度和时间的不同而变化；市场力量也由于行为体和领域的不同而不同；据此他认为，在一定条件下，贸易既可能推动和平也可能导致冲突。[①] 杰克·利维（Jack S. Levy）也坚持了贸易推动和平的有条件性，因为"我

---

① Arthur A. Stein, "Trade and Conflict: Uncertainty, Strategic Signaling and Interstate Disputes", in Edward D. Mansfield and Rrian M. Pollins, ed. , *Economic Interdependence and International Conflict: New Perspectives on an Enduring Debate*, Ann Arbor: The University of Michigan Press, 2003, pp. 111 – 126.

们生活在一个安全利益可能会压过经济收益的世界里"。他批评了自由主义和现实主义分析模型的局限性,认为一个理想的分析框架应同时考虑自由主义和现实主义的分析变量,如贸易损失的机会成本、国内各行为体对贸易政策的影响、政府的角色以及国家和社会力量的讨价还价等。① 戈雷格里·赫斯(Gregory D. Hess)在传统的自由主义经济分析框架下,得出的结论是经济相互依存会带来多种不同的冲突水平,从"康德的和平"到"完全的战争",而最终的平衡点在哪里则取决于一系列的因素,如良好的制度设计以及决策者的决策环境等。②

戴尔·科普兰(Dale C. Copeland)认为,自由主义和现实主义的观点各有利弊,贸易究竟是推动和平还是带来冲突要取决于国家领导人对未来贸易的预期值。③ 自由主义者的优势在于他们充分考虑了贸易的收益为国家提供了避免战争的一个动力;而现实主义者则看到了一旦他们所依赖于财富和绝对安全的贸易被中断所要付出的潜在成本。但是,目前的理论都缺乏一种将贸易的好处和贸易中断的成本纳入一个理论分析框架的方法。由于贸易水平在不同的时间会出现较大的波动,无论是对整个贸易体系来说还是对特定的贸易伙伴而言,因此理论分析需要一个能够将国家对未来贸易环境的预期——无论乐观还是悲观——是如何影响国家对和平或冲突决策的理论。

为此,科普兰提出了一个新的变量"对未来贸易的预期"。他对一战和二战时的情况进行分析后发现,相互依存会带来和平,但是只有在国家

① Jack S. Levy, "Economic Interdependence, Opportunity Costs, and Peace", in Edward D. Mansfield and Rrian M. Pollins, ed., *Economic Interdependence and International Conflict: New Perspectives on an Enduring Debate*, pp. 127 – 147.

② Gregory D. Hess, "Liberal Hopes with No Guarantees", in Edward D. Mansfield and Rrian M. Pollins, ed., *Economic Interdependence and International Conflict: New Perspectives on an Enduring Debate*, pp. 148 – 158.

③ Dale C. Copeland, "Economic Interdependence and War: A Theory of Trade Expectations", *International Security*, Vol. 20, No. 4, Spring 1996.

预期贸易水平在可预见的未来仍然保持较高程度的情况下才能发生。如果依赖程度高的国家预期贸易将会在很大程度上受到限制，也就是说，对未来贸易预期很低，现实主义者可能就是正确的：依赖程度越高的国家越有可能发动战争，因为担心会失去支持他们长期安全的经济财富。即使目前的贸易水平很高，如果领导人有足够的理由怀疑这种贸易联系会被切断，国家间也可能会发生战争；即使目前的贸易水平很低或甚至不存在，对未来贸易积极的预期也会使贸易预期值为正，贸易也可以成为持续和平的动力。简言之，高度的相互依赖可以带来和平也可能带来战争，取决于领导人对未来贸易的预期。

埃里克·加兹克（Erik Gartzke）等学者认为，自由主义关于贸易推动和平的假设面临着两个方面的局限性。[1] 首先，跨国界的经济联系要远比贸易更为广泛。全球资本市场使货物和服务的交换相形见绌，国家间还存在了不同程度的货币政策协作。其次，根据对战争原因研究的新进展，经济能够抑制冲突行为的方式是难以令人信服的。他们认为，要想分析经济相互依存对和平的影响首先就要弄清楚国家在什么情况下才会使用军事手段解决冲突。中断经济联系的风险——尤其是获得资本的风险——有时候可能会抑制独立国家间小范围的竞争，但是这种机会成本却很难对军事争端起作用。相反，通过代价高昂的信号，相互依存提供了非军事化的沟通渠道。

加兹克等学者在分析中将变量延伸到了金融和货币领域。在以往有关经济相互依存与冲突的研究中，学者们常常用贸易指标来替代经济相互依存的程度。但他们认为，资本相互依存要远比贸易依存对政治冲突的反应更为敏感，因为一个国家可以和敌国发展贸易关系，但是一旦两国政治关系交恶，在第一时间则必定会出现资本外逃的现象。他们的理论和量化分

---

① Erik Gartzke, Quan Li and Charles Boehmer, "Investing in the Peace: Economic Interdependence and International Conflict", *International Organization*, Vol. 55, No. 2, June 2001, pp. 391 – 438.

析结果显示，贸易机会成本的概念很难解释经济相互依存与冲突之间的关系，而经济相互依存所蕴含的代价高昂的信号则是正确的分析途径。他们的结论是：与贸易和民主等其他变量相比，资本相互依存对和平的贡献更为突出。

爱德华·曼斯菲尔德则将目光转向了贸易关系的制度背景，只有当两国间的贸易处于优惠贸易协定（PTA）管理之下时，贸易才能够抑制国家间的军事冲突。[①] 他认为，近期的经验研究普遍关注的是贸易流动与军事争端之间的联系，但却在很大程度上忽视了商业往来的制度背景对贸易与冲突关系的影响。第二次世界大战以来，贸易地区主义兴起，PTA 的大量出现成为当今世界贸易格局的重要特征。PTA 在以下几个方面有助于抑制国家间的冲突：首先，为了使协定下预期的经济利益（如贸易和投资活动）免受威胁，成员国之间会避免卷入军事冲突；其次，协定为成员国间提供了一个讨价还价和协商的平台，有助于减轻彼此的紧张局势，解决业已存在的冲突，确定彼此合作的重点；最后，随着成员国间贸易流动的增加，PTA 对冲突的抑制效应就越明显。

他对数据验证后发现，对于不属于同一个 PTA 的国家来说，贸易流动对双方政治敌意的影响是很弱的；但对于 PTA 成员国来说，商业的增加会显著减少军事冲突的可能性；加入 PTA 的国家要比没有加入的国家采取军事争端的可能性更小，而贸易流动的水平越高，这种影响力就越显著。这些结果表明，商业与冲突的关系如何取决于贸易的制度环境，这比自由主义的假设更为复杂，但同时，并没有证据表明现实主义和很多学者认为贸易对国家政治敌意缺乏系统影响的观点是正确的。

---

① Edward D. Mansfield, "Preferential Peace: Why Preferential Trading Arrangements Inhibit Interstate Conflict", in Edward D. Mansfield and Rrian M. Pollins, ed., *Economic Interdependence and International Conflict: New Perspectives on an Enduring Debate*, pp. 222 – 236.

此外，还有很多学者也探讨了影响经济相互依存与和平关系的国内和国际因素，他们认为经济开放程度越高，贸易发生在盟友之间，以及领导者越关心社会福利，贸易推动和平的可能性也就越大，限于篇幅，在此不赘述。①

小　结

国际政治经济学实在是一个庞大和繁杂的学科。虽然本文详细介绍了学者们在经济全球化、贸易政策偏好、货币制度选择、民主化、国际经济环境以及经济相互依存与国际冲突等问题上的最新研究成果，但是仍有很多议题由于篇幅所限不能尽数道来，如国际经济谈判、合法性问题等。尽管如此，从这些有限的叙述中，人们仍然能够看出当前国际政治经济学研究的最新发展方向。

自 20 世纪 90 年代以来，IPE 研究就在朝着规范化和科学化的方向发展。IPE 有两个传统的研究领域，一是一般性理论的建构，二是国内政治与国际政治经济之间的联系。前者侧重的是元理论的提出，而后者更重视从经验实证的角度来探讨国内社会力量和政治制度与国际政治经济之间的互动。从 2000 年以来的研究进展看，学者们目前的研究纲领侧重于后者，而且大多遵循着一个普遍的研究模式，即首先针对具体的研究问题，对原有的理论进行修正，提出自己的新视角，然后从经验数据进行分析加以验证。

正如卡赞斯坦等所说："学者们确立的具体研究问题在经验层面上是

---

① See Edward D. Mansfield and Rrian M. Pollins, ed., *Economic Interdependence and International Conflict: New Perspectives on an Enduring Debate*; Hyung Min Kim and David L. Rousseau, "The Classical Liberals Were Half Right (or Half Wrong): New Tests of the 'LiberalPeace,' 1960 – 1988", *Journal of Peace Research*, Vol. 42, No. 5, September 2005.

可验证的，在学理层面和政治层面也是有意义的。他们将解释性变量植入因果机制之中，通过这一机制，就可以推出结果。他们在研究中力图控制其他一些解释性变量，以便发现选定的自变量是否对特定的结果产生有意义的作用。"①

尽管人们有相近甚至相似的研究纲领，但从研究结果来看，观点却常常大相径庭。这一点在本文的综述中可以清楚地看到。这种现象已经成为当前 IPE 研究的一个普遍特征。之所以会出现这种情况，可能有以下几个原因：首先，国际关系的现实复杂多变，各个国家的情况千差万别，学者的理论分析很可能分析了一个事物的不同侧面。其次，理论背景不同可以带来不同的分析逻辑，并因而提出不同的因果机制。最后，数据是经验验证的核心，数据来源的不同和真实性与否都会导致结果的不同。每个学者在经验分析中所使用的数据来源都是不同的，而这些数据的统计是否真实有效地反映了客观的情况也存在不同程度的差异。

对于目前 IPE 的研究现状，卡赞斯坦等学者有这样的评语："国际政治经济学研究成功的复杂性使它还无法直接用于政策，我们还无法得出关于因果关系的简洁明了的科学'结论'，使决策者很容易采纳应用。""与30 年前相比，我们的分析工具更趋完善，理论解释更加丰富，但是，实质性成果仍显匮乏，非直觉的、论述严谨的因果分析还不多见。有些研究成果指出我们无法做出可信的承诺，但却不能告诉我们如何去做。"② 这样的评语既蕴含着批评，也蕴含着对未来的希望。

---

① 彼得·卡赞斯坦、罗伯特·基欧汉、斯蒂芬·克拉斯纳：《〈国际组织〉杂志与世界政治研究》，载［美］彼得·卡赞斯坦等编《世界政治理论的探索与争鸣》，秦亚青、苏长和、门洪华、魏玲译，上海人民出版社 2006 年版，第 7 页。

② 彼得·卡赞斯坦、罗伯特·基欧汉、斯蒂芬·克拉斯纳：《〈国际组织〉杂志与世界政治研究》，载［美］彼得·卡赞斯坦等编《世界政治理论的探索与争鸣》，秦亚青、苏长和、门洪华、魏玲译，上海人民出版社 2006 年版，第 45—46 页。

附录 2

贸易与冲突研究的现状及问题[①]

90 年代以来，经济全球化成为学术界讨论的热点。随着国家间经济相互依存度的不断加深，贸易与国家间冲突的关系也再度成为国际政治经济学研究的重点。自由主义者坚信，国际贸易的扩大加深了国家间经济的相互依存程度，从而削弱了一国运用武力手段来实现国家利益目标的决心，有助于实现国家间的和平。这也就是所谓的"贸易和平论"。然而，现实主义者和马克思主义者却持完全相反的态度。他们批评说，经济间的相互依存不仅不会有利于减少国家间的冲突，而且甚至会使状况进一步恶化或扩大化。在这些争论的背后，无论是哪一种观点都有相应的理论和实证研究作为后盾。但不可否认的是，由于种种原因的存在，这些研究依然存在着这样或那样的不足。

一　概述

贸易与冲突的研究充分体现了不同历史阶段的社会现实。在第二次世界

---

① 这篇附录是笔者在 2005 年撰写的《贸易与冲突问题》的研究综述。2000 年前后是贸易与冲突实证研究的最高峰，此后学界逐渐转向对贸易制度的研究。因与本书的研究内容密切相关，特附在书后刊出。

大战结束后的初期阶段,学术界似乎更关注当时的殖民主义遗产、帝国主义和新殖民主义的社会历史现实:贸易和冲突总是联系在一起。因此,贸易与冲突关系的早期研究仍更多地倾向于贸易的影响并不总是有利于和平的。然而,80 年代的经济繁荣和 90 年代初期苏联解体、东欧剧变以及冷战结束的事实也转移了学术界的注意力。大多数学者似乎更倾向于认为早期对全球化及贸易的批评在很大程度上与当前新的自由秩序无关,几乎没有谁再对贸易和平论提出质疑。事实上,贸易与冲突的研究在七八十年代几乎陷入了停顿,直到 90 年代初期,当一些学者将经济自由主义和政治自由主义再度联系在一起时,贸易和冲突的关系问题才成为学术界关注的一个热点。只不过这个时候学术界普遍相信贸易和民主在维护世界和平方面是相辅相成的。

近些年来,实证研究成为国际关系学界的主流研究方法。这种研究方法通过对国际关系问题中变量的量化,借助理论模型以及统计学中的回归分析,来判断因变量和自变量之间是否存在因果联系或者要素之间的相关性大小。由于基本概念的不同界定、理论模型的不同构建以及实证研究中数字来源的差异,贸易和冲突的研究也呈现出完全不同的过程和结果。主要有四种观点:第一种观点是自由主义的观点,即贸易无条件地促进和平;第二种观点认为贸易会增加冲突;第三种观点认为对称的贸易会推动和平,而不对称的贸易将会导致冲突,这种观点的持有者既有新马克思主义者,也有一部分新现实主义者;第四种观点认为,贸易与冲突之间没有必然的联系,很多现实主义者都是其支持者。

下面,笔者将首先从理论和实证研究两方面对以往学者的成果进行总结,① 然后在此基础上对研究中存在的种种问题和不确定因素进行分析,以期发现研究结果迥异的原因所在并找出提高研究效果的方法和手段。

---

① 综述内容参考了巴比莉和施耐德的文章,参见 Katherine Barbieri and Gerald Schneider, "Globalization and Peace: Assessing New Directions in the Study of Trade and Conflict", *Journal of Peace Research*, Vol. 36, No. 4, 1999。

二 理论模型：从预期效用分析到博弈论

根据研究方法的不同，贸易与冲突/和平的理论模型研究可以划分为两类：一类是预期效用分析模型；另一类是战略博弈模型。前者始于80年代，以一个国家行为体为研究对象，干预变量引入了国家预期、民主、距离（运输成本）以及对外援助、国家大小和市场力量等不同的要素，分析结果认为贸易对和平的影响是积极的，并且是无条件的；[①] 后者的建立是从90年代初期开始的，按照博弈类型的不同又可划分为合作性博弈和非合作性博弈。这种分析框架的主体是两个或多个国家行为体，干预变量插入了对相对收益、资源分配、军事化、制裁和权力均衡等要素的不同考虑，但分析结果却各不相同。除了认为贸易与冲突的影响或正或负之外，还有学者认为二者之间没有必然的联系或正负混杂（见附表1）。

附表1 贸易与冲突理论研究的分类

	模型种类/作者	行为体数目	干预变量	贸易对和平的影响 正：和平；负：冲突
预期效用模型	波拉切克（Polachek）（1980）	1	—	正
	科普兰（Copeland）（1996）	1	心理预期	正负均有
	波拉切克（Polachek）（1997）	1	民主	正
	波拉切克（Polachek）等（1997）	1	距离（交通运输成本）	正
	波拉切克（Polachek）等（1999）	1	对外援助、国家大小、市场力量	正

---

① Solomon Polachek, "Why do Democracies Cooperate More and Fight Less", *Review of International Economics*, Vol. 5, No. 3, 1997.

续表

模型种类/作者	行为体数目	干预变量	贸易对和平的影响 正：和平； 负：冲突
格里科（Grieco）（1990）	2	相对收益的考虑	负
斯奈德（Snidal）（1991a, b）*	2	相对收益的考虑	正
鲍威尔（Powell）（1991）*	—	资源分配	正
高娃（Gowa）（1994）	2	极性；相对收益考虑	没有关联
斯格普达斯（Skaperdas）和斯普鲁斯（Syropoulos）（1996）	2 个和多个	军事化	两个行为体为正，多个行为体为负
莫罗（Morrow）（1997）	2	资源分配；制裁	可以忽略/正
道鲁森（Dorussen）（1997）	3	力量均衡	混杂
道鲁森（Dorussen）（1999）	多个	力量均衡	正，但有赖于系统大小

注：* 表示同时包含非合作博弈的方法和内容。

（合作博弈模型：前三行；非合作博弈模型：后五行）

　　预期效用模型的理论基础是经济学中的预期效用理论。在经济学中，每一个行为体都会被看作是完全理性的经济人。在理想状况下，经济行为体具有完全的充分有序的偏好（在其可行的行为结果的范围内）、完备的信息和无懈可击的计算能力。在经过深思熟虑之后，他会选择那些比其他行为能更好地满足自己的偏好（或至少不会比现在更坏）的行为。在各种风险面前，考虑到一个行动可能会有几种可能的结果，他可以通过估计每种结果实际发生的可能性及其效用，来估价行动的预期效用，在各种约束限制下，追求目标函数的最大化，实现结果的最优选择。这个理论的代表人物是美国斯坦福大学经济学系教授波拉切克（Polachek），他认为，随着贸易水平的提高，其隐含的交战代价就越大。贸易额越高，冲突的代价越大，该国对冲突的需要就越小。一个国家的福利函数可以表示为 $W = W(C, Z)$，其中，C 代表希望达到的消费水平，Z 代表现存的敌对程度。而消费水平又等于生产总额（q）加上进口（m）再减去出口（x），即 $C = q + m - x$。

由此可以得出，出口和进口水平较高的国家卷入冲突的成本就越高（$\delta Z/\delta x < 0$；$\delta Z/\delta m < 0$）。依据成本收益法来分析，波拉切克的结论是：贸易依存度较高的国家要比依存度低的国家更不愿意卷入冲突。当敌对程度增加的边际收益与边际成本相等时，该国的冲突将处于最优水平。因此，贸易与冲突的关系毫无疑问是负面的，即贸易会促进和平，减少冲突。

但是，这种理论也存在着一些不足。首先，它忽视了国家之间还存在着战略性的相互依存，国家间和平与冲突与否在很大程度上并不是仅靠贸易本身就可以决定的。其次，冲突的成本增加是否必定会带来实际冲突水平的下降？因此，它本身的假设就并不牢固，仍然需要证明。再有，它对冲突的概念界定并不清楚，什么样的敌对可以算作冲突，如何来衡量不同国家间的冲突水平，尺度是什么？因此，90 年代以来，学者们在分析贸易与冲突的关系时抛弃这种理论框架转而求助于博弈论也就不足为怪了。

合作博弈是博弈论①的两大类型之一。博弈论又称"对策论"，它是研究具有不同利益的决策者，其行为发生相互影响、相互作用时，如何决策以及这种决策的均衡问题的理论。一个博弈，就是各决策者在相互影响、相互作用中作出自己决策的行为和过程。各决策者在作出自己的决策时，都必须考虑到自己的竞争者可能作出的反应。如果一个博弈中的参与者能够联合，达成一个具有约束力的协议，并且这种协议是可以强制执行的，这就是合作博弈。

---

① 该理论的一个基本假设是：人是经济人，即人是理性的自利主义者，总是在给定的约束条件下追求自身利益最大化。博弈论的基本概念包括参与者、行动、信息、对策或策略、收益、结果、均衡。该理论内容是：（1）参与者是博弈中通过选择对策或者行动，以最大化自己利益的决策主体；（2）行动是参与者在博弈的某个时点的决策变量；（3）信息是有关博弈的知识；（4）对策或策略是参与者在给定的信息下的行动规则，它规定参与者在什么时候选择什么行动；（5）收益指每个参与者从各种对策组合中获得的收益；（6）结果是博弈分析者感兴趣的所有东西，如均衡对策组合、均衡行动组合、均衡收益组合等；（7）均衡是所有参与者的最优对策的组合。

　　现实主义者在解释贸易与冲突的关系时运用了合作博弈的理论。80 年代末 90 年代初，自由主义者和现实主义者就相对收益是否会阻碍国际合作展开了激烈的辩论。格里科（Grieco）最先将相对收益的要素引入到贸易与冲突关系的分析中来。他认为，一个国家的效用函数不仅应该包括它本身的收益 Y，而且应该包含其本身收益与对方收益的差额。也就是说，一个国家的效用函数应该表示为 U = V – k（W – V），其中，W 代表贸易另一方的收益，k 代表这个国家对"相对收益"的敏感程度。格里科将这个函数方程运用到囚徒困境和僵局博弈的分析中，认为一个国家会担心贸易的收益分配更多地倾向对方而不是自己，最好的情况是为自己增加一个潜在的伙伴，最坏的情况则是多出一个实力强于自己的敌人。根据这样的逻辑推理，国家间贸易必然会带来不同的收益分配，从而为拉大国家间的实力差距提供相当大的可能性，由此更易于引发国家间的冲突。

　　但是，这种理论也遭到了其他一些学者的批评。例如，在合作性博弈中，传统的相对收益理论认为 k 是无穷大的，以至于不可能出现任何的长期合作关系。斯奈德（Snidal）则认为，国家间的互动并不仅仅是零和游戏，相互依存的贸易关系仍然会给贸易双方同时带来利益，也就是绝对利益的增加，这同样为合作提供了可能性。另外，巴比莉（Barbieri）批评说，格里科所建立的博弈模型根本无法呈现出国际政治经济学的微妙之处，他将国家间的关系两分为"合作"与"冲突"过于简单化了。但总的来说，格里科的模型理论在学术界引起了广泛的反响，以至于很多学者受到启发，并将注意力转向非合作博弈这边来，从而为 90 年代初重又升温的贸易与冲突的争论注入了新的活力。

　　非合作博弈是博弈论的另一种类型。它是指如果博弈中的参与者之间不存在合作博弈这样一种协议，博弈中的每个参与者都是独立地从个人理性出发，选择那些使自己利益最大化的行动或者对策，则为非合作博弈。目前，学术界所研究的博弈大多是指非合作博弈。归功于鲍威尔

（Powell）对格里科合作博弈模型的批判，非合作博弈模型也被引入到贸易与冲突关系的争论中。鲍威尔推导出了和平分配的马可夫完美均衡（Markov Perfect Equilibrium）；① 莫罗（James Morrow）在此基础上，将贸易引入到这个框架中来，分析发现经济交往在敌人之间也存在着。② 即使对不同种类的商品贸易，如通过增加财富来提高国力的商品、具有短期收益从而不会出现另一国今后报复性行动的商品、军用物资等，这种结果都仍然成立。莫罗的理论模型突出强调了利益的分配和冲突实施两个要素对国家间关系的影响。他认为，一个贸易国是否愿意卷入冲突在很大程度上还取决于以下因素的大小：双方的重要程度、它们对风险的态度、战争的代价、战后资源的分配、发动第一次打击的优势以及其他影响到军事均势的因素。如果贸易商品是军用物资或是很容易获得贸易盈余的商品，那么就需要考虑实施的成本或代价问题。而在大多数时候贸易商品都是"一般"商品，这个问题就不会存在，因为这些商品最多是间接增加了贸易安全的外部性，双方都可以直接从贸易中获得收益。

值得一提的是以多个行为体为研究对象的模型。斯格普达斯（Skaperdas）和斯普鲁斯（Syropoulos）认为，与两个贸易国相比，多个贸易国家之间更容易发生冲突。这一结论的根据是现实主义者的一个假设，即边界争夺的好处将会随着贸易国家的增多而增加。但事实上，在当今世界存在多个行为体的情况下，这种情况并不存在，因为任何一方发动冲突都有可能会遇到其他各方的阻力和反对，成功的难度会很大。也就是说，这个时候国家数目越少，冲突发生的可能性就越大。道鲁森（Han Dorussen）的多个行为体模型显得更加令人信服一些，他认为贸易的好处要取决于国家

---

① 马可夫完美均衡是纳什均衡的一种特征。一次马可夫完美均衡是指能够在每次亚博弈中产生纳什均衡的马可夫策略的线性集合。

② James Morrow, "When do 'Relative Gains' Impede Trade", *Journal of Conflict Resolution*, Vol. 41, No. 1, 1997.

数目的多少①。总的来看，非合作博弈模型的现实意义也非常有限。尽管莫罗通过他的模型得出交战双方之间仍然存在贸易往来这样一个结论，但他的模型却很难转化为一个分析的框架。另外，所有的这些模型都建立在一个隐含的假设基础上：军事开支的增加即意味着冲突发生的可能性增加。到目前为止，研究者们还没有发现在贸易决策和冲突发生之间的因果联系到底是什么。

三　实证研究

国际关系学界利用统计学回归分析方法对贸易与冲突的实证研究是从90 年代以后才真正开始的。从附表 2 可以看出，贸易与冲突关系中的条件性更加凸显，贸易对冲突的影响随着时间、空间的不同而表现出完全不同的趋势；实证研究的分析框架也各有特色，从样本的获取、基本概念的界定、控制变量的选择到分析方法都不一致，当然这也为比较不同学者间的成果增加了难度。

附表 2　　　　　　　　　　贸易与冲突关系的实证研究分析②

作者	样本时间和分析单元	统计方法	控制变量	主要研究结果
拉希特（Russett）(1967)	1946—1965 年41 对交战国	要素分析、相依表	—	贸易与战争正相关
瓦伦斯汀（Wallensteen）(1973)	1920—1968 年144 对交战国	相依表	—	贸易与战争正相关

①　Han Dorussen, "Trade Coalitions and the Balance of Power", paper presented at the ECPR Joint Sessions of Workshops, Bern, 27 February – 4 March, 1997.

②　Katherine Barbieri and Gerald Schneider, "Globalization and Peace: Assessing New Directions in the Study of Trade and Conflict", *Journal of Peace Research*, Vol. 36, No. 4, 1999.

续表

作者	样本时间和 分析单元	统计方法	控制变量	主要研究 结果
波拉切克（1980）	1958—1967 年 交战两国（30 国）	二阶回归	14 项国家特性	贸易与净冲 突负相关
哥斯欧罗斯基 （Gasiorowski） 和波拉切克（1982）	1967—1978 年 美国与华沙条约国	回归分析、 格兰杰因果 检验	—	贸易与净冲 突负相关
哥斯欧罗斯基 （1986）	1948—1977 年 交战两国（130 国）	回归分析	价格弹性、国内生 产总值	混合
多姆克（Domke） （1988）	1871—1975 年 国家	概率单位	—	混合
波拉切克和麦克唐纳 （McDonald）（1992）	1973 年 两国（经合组织 14 国）	回归	价格弹性、国内生 产总值	贸易与净冲 突负相关
波拉切克（1992）	1948—1978 年 交战两国	回归	国防开支、国家特 性	贸易与净冲 突负相关
波拉切克（1997）	1948—1978 年 交战两国（11 国） 1958—1967 年 交战两国（30 国）	三阶回归 —	17 项国家特性 政权类型	贸易与净冲 突负相关 贸易与民主 和平正相关
奥尼尔（Oneal）等 （1996）	1950—1985 年 政治上相当的两个 国家	罗吉特模型	联盟关系、经济增 长、地缘相邻、政 权性质	相互依赖与 军事冲突负 相关
奥尼尔和雷（Ray） （1997）	1950—1985 年 政治上相当的两个 国家	罗吉特模型	联盟关系、相近、 经济增长、相对实 力、政权性质	相互依赖与 军事冲突负 相关
奥尼尔和拉希特 （1997）	1950—1985 年 政治上相当的两个 国家	罗吉特模型	联盟关系、相近、 经济增长、地缘相 邻、政治变革、相 对实力、政权性质	相互依赖与 军事争端负 相关
奥尼尔和拉希特 （1999）	— 冲突两国	罗吉特模型	联盟关系、相近、 经济增长、地缘相 邻、政治变革、相 对实力、政权性质	相互依赖与 军事争端负 相关
巴比莉（1995）	1870—1985 年 冲突两国	罗吉特模型	联盟关系、相近、 政权性质、相对 实力	相互依赖与 军事争端和 战争正相关
巴比莉（1996）	1870—1938 年 冲突两国	罗吉特模型	联盟关系、相近、 政权性质、相对 实力	相互依赖与 军事争端正 相关
巴比莉（1997）	1870—1985 年 冲突两国	罗吉特模型	联盟关系、相近、 政权性质、相对 实力	相互依赖与 军事争端正 相关
曼斯菲尔德（Mansfield） （1994）	1850—1964 年 体系	回归分析	权力集中、经济开 放、霸权	开放程度与 战争正相关

虽然贸易与冲突的实证研究是从 90 年代以后才兴起的，但最早的研究成果仍然可以追溯到 20 世纪 60 年代。布鲁斯·拉希特（Bruce Russett）的研究表明，贸易往来较多的国家要比没有贸易联系的国家更容易卷入战争。[①] 瓦伦斯汀（Peter Wallensteen）对某些贸易联系的冲突性特征进行了更加深入的探讨，他强调了体系对于国家间关系的影响。他将国家划分为重要的贸易国家和一般贸易国家两大类进行研究，结果发现战争更容易出现在经济结构不同的国家之间，重要的贸易国家更易于对依赖于它的一般贸易国家进行军事干预。[②] 从中不难看出这样的一个逻辑关系：大国地位—贸易水平—发动战争的能力。大国地位会强化它的贸易水平，提高其贸易影响力，从而增加其发动战争的能力。无论是从其隐含的假设还是从研究的结果来看，我们都可以发现第二次世界大战结束后现实主义占上风、世界等级分明的冷战时期特征。90 年代之后，研究成果逐渐从纯粹的增加冲突或减少冲突趋向于解释贸易与冲突关系的条件性和复杂性。这无疑是与国际政治理论中现实主义、自由主义和建构主义占主流，其他批判理论如雨后春笋、百花齐放这样的现实分不开的。

这段时期，实证研究的分析框架更趋完善和精致。

首先是控制变量的引入，因为在如今的许多学者看来，早期的实证研究要比 90 年代以后的研究缺少可信度，因为早期的学者没有能够很好地控制与贸易和冲突同时有关的某些变量。从附表 2 就可以看出，后期的大多数学者都在自己的分析框架中引入了众多不同的控制变量。从国家特性、价格指数、GDP 到国防开支、军事联盟、政治相关度，从经济增长到政治变化，涵盖了从经济到政治的众多与贸易和冲突相关的变量。

---

① Bruce Russett, *International Regions and the International System: A Study in Political Ecology*, Chicago, IL: Rand McNally, 1967.

② Peter Wallensteen, *Structure and War: On International Relations* 1920 – 1968, Stockholm: Raben & Sjogren, 1973.

其次是对贸易和冲突概念的界定和量化尺度的细化。在大多数学者的分析中，贸易是作为一个整体概念来衡量的，它涵盖了各种各样的商品，从一般货物到具有战略意义的商品，从民用到军用，所有的商品贸易均包含在一个贸易数字之内，用于衡量两个国家之间的贸易依存度。但是，我们从事实中可以看出，不同种类的商品很显然会对国家间的冲突与否产生完全不同的影响。因此，拉斐尔·鲁尼（Rafael Reuveny）和康熙俊（Heejoon Kang）提出了将贸易商品分类来研究的方法，发现不同商品会对冲突产生完全不同的影响。[1] 关于冲突的界定，波拉切克最初使用的是一个"净冲突"的概念，即冲突事件的数量减去合作事件的数量，虽然这样的一个概念有助于把握两国间的整体关系，但它却掩盖了贸易的频繁很可能会增加冲突的激烈程度这样一个事实。巴比莉在她的研究中，把研究聚焦于冲突中最高级别的军事化争端和战争。[2] 奥尼尔和拉希特不仅将军事化冲突作为研究对象，而且扩大了冲突—和平的内涵，引入了"民主和平"的概念。[3] 分析框架的日趋完善为学术界发现贸易与冲突关系的全貌，找到贸易和冲突之间的客观联系奠定了必要的技术基础。

同时，实证研究的结果逐渐从贸易与冲突关系正相关或负相关转向多样性和条件性。在波拉切克最初的研究中，研究内容是贸易对交战两国整体关系的影响，他使用了净冲突概念，发现贸易增长与净冲突减少呈负相关关系，从而得出贸易会推动和平的结论。但是，如果将净冲突分解为冲突与合作，就会发现贸易不仅对高水平的冲突（战争）而且对低限度冲

---

[1] Rafael Reuveny and Heejoon Kang, "International Trade, Political Conflict/Cooperation, and Granger Causality", *American Journal of Political Science*, Vol. 40, No. 3, 1996.

[2] Katherine Barbieri, *Economic Interdependence and Militarized Interstate Conflict*, 1870 – 1985, PhD Dissertation, Binghamton, NY: Department of Political Science, Binghamton University, 1995.

[3] John Oneal and Bruce Russett, "The Classical Liberals Were Right: Democracy, Interdependence, and Conflict, 1950 – 1985", *International Studies Quarterly*, Vol. 41, March, 1997.

突都存在积极的推动作用。① 90 年代以后，波拉切克进一步细化了研究模型和实证分析，发现贸易既可能会导致某些形式的合作增加也可能会导致某些形式的冲突增多。② 哥斯欧罗斯基曾经在 1982 年与波拉切克进行合作研究，得出的结论是贸易会减少冲突。但是，四年之后，哥斯欧罗斯基再度反思了他和波拉切克的研究，他调整了对贸易和冲突的量化方法，对使用事件序列法产生的问题进行了修正，引入了依存度的概念，并在一次分析中同时提供了多种对贸易的量化指标。依据得出的结论，他认为从前的研究结果"贸易会减少冲突"是根本经不起考验的，贸易与冲突的关系并不是简单的正或负的关系，与贸易相关的不同数据都会对冲突产生完全不一样的影响。③ 曼斯菲尔德以体系为单位进行研究后指出，大国之间发生战争的可能性在贸易水平较高的时期较小，在经济开放时期则较大。④

　　从附表 2 的 18 项研究成果看，认为贸易会导致战争（冲突）的有 5 项，贸易会减少冲突、推动和平的有 10 项，两者都有的情形有 3 项。这里还不包括那些未被正式发表的论文和研究成果。那么，这些看似自相矛盾的结果说明了什么？贸易与冲突的关系究竟是正相关还是负相关，抑或两者都有？一方是对的而另一方是错的？事实上，他们都没有错。国际关系本身就具有复杂性和偶然性，它是由众多不同的侧面所构成的一个统一体。贸易与冲突的关系也是一样。每一个不同的分析模型控制的变量不

---

①　Solomon Polachek, "Conflict and Trade", *Journal of Conflict Resolution*, Vol. 24, No. 1, 1980.

②　Solomon Polachek, "Why Do Democracies Cooperate More and Fight Less: The Relationship between International Trade and Cooperation", *Review of International Economics*, Vol. 5, No. 3, 1997.

③　Mark Gasiorowski, "Economic Interdependence and International Conflict: Some Cross-National Evidence", *International Studies Quarterly*, Vol. 30, No. 1, 1986.

④　Edward Mansfield, Power, *Trade and War*, Princeton: Princeton University Press, 1994.

同，得出的结果也就不同。它们都从各自的层次和角度捕捉到了贸易与冲突关系中的不同特征，为我们揭开了真实情境的一角面纱——贸易与冲突关系的多样性和条件性。

四　贸易与冲突研究中存在的问题及挑战

在我们充分肯定不同研究结果都有其合理性一面的同时，我们仍然要问：这些研究结果迥异的根源到底是什么？无论是理论模型的构建还是实证研究的设计组织，我们现在仍然面临着什么样的问题及不足，我们又该怎样去弥补和改进？下面，本文将从理论和实证研究两个方面尝试着来回答这些问题。

首先，理论流派的不同会直接影响到研究者对概念的界定、理论前提的假设和研究结果。

就贸易与冲突的研究而言，我们大致可以将研究者划分为两大派系，一是自由主义学派，一是自由主义的怀疑论者。后者不仅可以包括现实主义者、马克思主义者，还可以包括新自由主义、新现实主义和新马克思主义等冠之以"新"的学派。理论立场不同，一个学者对概念的界定也不同。例如：贸易到底是有益还是无益的？冲突究竟是利大还是弊大？贸易与冲突之间是否存在着某种确定的联系？自由主义者认为，国家可以从贸易中获得好处，贸易伙伴之间相互依存，是一种积极的合作关系；虽然不同国家从贸易中获得的利益是不同的，但贸易并不是零和游戏，贸易各方都可以获益；对贸易依赖性越强的国家从中获得的好处就越多。怀疑论者则认为，贸易对各个国家的好处是不一样的，强国获益而弱国受到剥削，强国处于主导地位，弱国处于依附地位。自由主义者强调的是贸易的好处，怀疑论者看到的是贸易的不良后果。

就贸易与冲突的关系而言，自由主义者认为贸易可以取代冲突，商业往来可以减少国家间权力的争夺。一个国家决不会放弃重要的贸易联系，以牺牲自己的社会福利为代价卷入冲突或战争。波拉切克所提出的预期效用模型所遵循的就是这样的逻辑假设。怀疑论者则对此持相反的意见。他们认为，贸易与冲突的关系很复杂，一方面冲突可能会导致贸易的增加，另一方面贸易也可能会导致冲突的增加，因为国家总是会通过军事力量来追求自己的权力目标和财富。

面对自由主义者和怀疑论者之间根本的对立，我们不应该把两者简单地对立起来。其实两种观点之间更多的是一种互补的关系，它们都揭示了复杂国际关系的一个方面。在考察贸易与冲突的关系时，寻找不同理论派别之间的共性，克服某一种理论派别的片面性，将两种对立面有机地结合起来应该是一条有效的途径和选择。

其次，现有的理论模型仍然存在些许不足，难以对贸易与冲突的关系进行客观、合理的解释。

如前文所述，贸易与冲突的理论研究在很大程度上是以自由主义与现实主义之间的争论为基础的。效用分析模型是自由主义用来阐明贸易和平论的有力武器，博弈论分析则是现实主义者的奋起反击。但是，当新马克思主义者也参加进来，提出了贸易伙伴之间不对称关系的时候，现有的理论模型就有些无能为力了。另外，现有的理论模型往往建立在一些看似有道理但都缺乏论证的假设的基础之上。例如，它们认为民族国家都是理性的单一行为体，以实现自身福利最大化为目标。克鲁格曼曾经指出："竞争力对于一个民族经济整体来说是毫无意义的。"[1] 他分析说，贸易并不是零和游戏，因为每个国家都可以从对方的增长中获益。况且，贸易的主力军是那些在国际市场上比拼的公司，这些公司还常常会由于缺乏竞争力

---

[1] Paul Krugman, *Pop Internationalism*, Cambridge：MIT Press, 1996.

来寻求政府的庇护。在这种情况下，如果仍然以理性的国家作为理论研究的主体，显然无法客观地反映出贸易的特征。

巴比莉和施耐德建议将寻租理论纳入到贸易与冲突的框架中应该是一种有益的尝试。他们认为，寻租理论将国家这一行为主体进行拆解，区分出不同的各种不同的行为主体，从而有助于研究一国国内的贸易保护主义势力是如何阻碍国际贸易的。① 如果政府的确要受制于利益集团的势力，那么我们也因此可以回答依附理论的问题：为什么政府总是不按照大多数人的意志行事，而总是做出有损贸易往来甚至不惜发生冲突的决定？ 另外，将国内行为者引入到理论分析框架中也更有助于研究政治制度和冲突行为以及战争之间的因果联系。

对于现有的以国家为单一行为体的理论框架而言，战略贸易理论或许要比相对收益理论更适合作为理论分析的起点。运用战略贸易理论，我们可以解释为什么帮助那些缺乏竞争力的产业是符合整个国家的利益的。一些战略贸易理论者的研究表明，一国采取关税贸易壁垒对于这个国家来说是有好处的，即使其他国家实施了报复性行动。这对于我们重新评估贸易会无条件减少冲突这一自由主义的观点也是很有帮助的。

最后，在实证研究领域，数据的有效性、一致性和真实性与否是我们面临的最大问题。毋庸讳言，实证研究的主要内容是如何量化贸易与冲突这两个变量，选择什么样的指标作为解释变量，什么是被解释变量，哪些指标可以作为控制变量，以及从中我们可以发现怎样的规律。这些问题的核心仍然是数据，也就是说，怎样从我们面前众多的数据中得到我们想要的东西。

一是数据的有效性问题。我们需要选择有效的数据，也就是最能够量

---

① Katherine Barbieri, "Risky Business: The Impact of Trade Linkages on Interstate Conflict, 1870 - 1985", in Gerald Schneider & Patricia Weitsman, eds., *Enforcing Cooperation: Risky States and the Intergovernmental Management of Conflict*, London: Macmillan, 1997.

化贸易和冲突的指标。比如：是选择一国的贸易总额来量化贸易，还是各种不同类别商品的贸易额？是贸易总额与国民生产总值的比例还是贸易总额与国内生产总值的比例？

二是数据的一致性问题。不同的学者会选择不同的数据来源，不同的汇率。即使是对相同时期和相同地域的国家进行研究，不同的学者也会得出完全不同的统计数字。例如：中美两国对两国间贸易的统计数字就存在着较大的差异，当对中美两国进行研究时究竟应该采用哪个方面的统计数字才更加真实合理？

三是数据的真实性问题。很多西方国家尤其是对于发展中国家的经济统计数字始终持怀疑态度，认为它们不能够真实反映出客观的经济状况。一方面，这可能是出于某些政治或经济因素，如经济体制的原因，使得非市场经济部分的数字很难统计；另一方面，由于非法贸易的存在，这部分贸易数字也是很难进行估算的。

面对这样复杂的情况，不同学者取得不同的研究结果也就不足为奇了。但是，我们仍然应该可以尽量客观地选择我们需要的数据，尽可能多地选择不同种类的经济指标进行分析、比较和判断。一方面，我们要对可供选择的指标做到心中有数，明白这些数字能够在多大程度上反映客观现实；另一方面，我们要尽量避免得出过于僵化的结论，因为毕竟这些数据或多或少总是存在误差的。我们唯一能够做到的是尽可能地丰富自己的数据库，掌握科学合理的统计方法，把误差减少到最低程度。只有这样，才能逐步改进贸易与冲突的实证研究，在复杂的现象背后总结出科学的规律。在这一领域，我们还有很长的路要走。

小　结

贸易与冲突的研究充分体现了国际政治经济学这门学科的特征。运用经济学的方法对经济现象与社会政治之间的联系进行分析，这本身就包含着诸多的不确定性和复杂性。它注定了贸易与冲突的研究必然会出现各种各样的研究模式和结果，因为这些不同的研究过程和结果都有其合理的一面，所以我们很难简单地断言谁对谁错。尽管如此，我们还是应该努力找到一种最适合的方法，以期能够较为真实、较为客观地反映出研究对象的本质和规律。

贸易与冲突的理论研究框架引入了经济学中效用最大化理论和博弈论。前者认为一个国家为了追求福利的最大化会无条件地放弃冲突，其潜在的理论假设是贸易对所有的国家都是有好处的，即自由主义观点；后者分别用合作博弈和非合作博弈两种框架对自由主义的观点进行了批判，认为贸易对冲突的影响是很复杂的，它还取决于一系列其他因素的作用。

在实证研究领域，贸易与冲突的关系被演绎得各有特色。进入90年代以来，贸易与冲突的实证研究更多地体现了国际关系理论发展的时代特征。随着分析框架的日趋完善，贸易与冲突的研究结果也从最初的正相关或负相关转向多样性和条件性。这无疑更客观地反映了贸易与冲突的国际政治经济现实。

作为当今研究全球化问题的一个侧面，贸易与冲突的研究虽然取得了很多进展，但仍然面临着各方面的挑战。面对不断发展变化的国际关系现实，我们需要不断完善现有的研究手段和方法，只有这样，我们才能在复杂的现象背后找到客观的发展规律。

附录 3

图表一览表

表

图

参考文献

中文及外文译著部分

〔德〕菲迪南·腾尼斯：《共同体与社会》，林容远译，商务印书馆1999年版。

〔法〕皮埃尔－菲得普·库姆斯等：《经济地理学：区域和国家一体化》，安虎森等译，中国人民大学出版社2011年版。

〔美〕奥尔森：《集体行动的逻辑》，陈郁等译，上海人民出版社1995年版。

〔美〕大卫·鲍德温：《新现实主义和新自由主义》，肖欢容译，浙江人民出版社2001年版。

〔美〕肯尼思·华尔兹：《国际政治理论》，信强译，上海人民出版社2003年版。

〔美〕肯尼思·汤普森：《国际思想大师：20世纪主要理论家与世界危机》，耿协峰译，北京大学出版社2003年版。

〔美〕罗伯特·基欧汉、约瑟夫·奈：《权力与相互依赖》（第三版），门洪华译，北京大学出版社2002年版。

〔美〕罗伯特·基欧汉：《霸权之后——世界政治经济中的合作与纷争》，苏长和等译，上海人民出版社2001年版。

〔美〕罗伯特·吉尔平：《国际关系政治经济学》，杨宇光等译，经济科学出版社 1998 年版。

［美］罗伯特·吉尔平：《全球政治经济学：解读国际经济秩序》，杨宇光、杨炯译，上海人民出版社 2003 年版。

［美］罗伯特·吉尔平：《世界政治中的政治与变革》，武军等译，中国人民大学出版社 1994 年版。

［美］罗伯特·杰维斯：《系统效应》，李少军等译，上海人民出版社 2008 年版。

［美］托马斯·谢林：《冲突的战略》，赵华等译，华夏出版社 2006 年版。

［美］小约瑟夫·奈：《理解国际冲突：理论与历史》，张小明译，上海人民出版社 2002 年版。

［美］亚历山大·温特：《国际政治的社会理论》，秦亚青译，上海人民出版社 2000 年版。

［美］约翰·鲁杰主编：《多边主义》，苏长和等译，浙江人民出版社 2003 年版。

［美］约翰·米尔斯海默：《大国政治的悲剧》，王义桅、唐小松译，上海人民出版社 2003 年版。

［美］詹姆斯·多尔蒂、小罗伯特·普法尔茨格拉夫：《争论中的国际关系理论》（第五版），阎学通、陈寒溪等译，世界知识出版社 2003 年版。

［印尼］哈迪·斯萨苏托洛：《东盟经济共同体：其概念、成本和利益》，《南洋资料译丛》2005 年第 3 期。

［英］伯纳德·霍克曼、迈克尔·考斯泰基：《世界贸易体制的政治经济学——从关贸总协定到世界贸易组织》，刘平等译，法律出版社 1999 年版。

保健云：《国际区域合作的经济学分析：理论模型与经验证据》，中国经济出版社 2008 年版。

陈乔之编：《东亚区域经济合作研究》，中国社会科学出版社 2002 年版。

陈勇：《新区域主义与东亚经济一体化》，社会科学文献出版社 2006 年版。

成键：《区域性国际组织与中国战略选择》，贵州人民出版社 2003 年版。

范洪颖：《东亚大趋势：经济区域主义》，暨南大学出版社 2008 年版。

耿协峰：《新地区主义与亚太地区结构变动》，北京大学出版社 2003 年版。

宫占奎等：《区域经济组织研究——欧盟、北美自由贸易区、亚太经合组织》，经济科学出版社 2000 年版。

郎平：《贸易何以促成和平：以中美关系为例》，《世界经济与政治》2006 年第 11 期。

郎平：《贸易是推动和平的力量吗?》，《世界经济与政治》2005 年第 10 期。

郎平：《贸易制度的和平效应分析——基于地区特惠安排与全球贸易体制的比较》，《世界经济与政治》2009 年第 7 期。

郎平：《特惠贸易安排的和平效应源于制度层面吗? 以西非国家经济共同体为例》，《世界经济与政治》2010 年第 8 期。

郎平：《区域经济一体化如何突破安全困境》，《国际安全研究》2014 年第 6 期。

李光辉：《东北亚区域经济一体化战略研究：基于东亚区域经济合作框架下的思考》，中国商务出版社 2011 年版。

李少军：《国际关系学研究方法》，中国社会科学出版社 2008 年版。

李少军：《国际政治学概论》（第三版），上海人民出版社 2009 年版。

李少军编：《国际战略报告》，中国社会科学出版社 2005 年版。

李少军等：《国际体系：理论解释、经验事实与战略启示》，中国社会科学出版社 2012 年版。

李向阳：《新区域主义与大国战略》，《国际经济评论》2003 年第 7—8 期。

李向阳编：《亚太蓝皮书：亚太地区发展报告》，社会科学文献出版社 2014 年版。

李玉举：《发展中国家参与区域经济一体化》，中国市场出版社 2008 年版。

李众敏：《中国区域贸易自由化战略研究》，《世界经济》2007 年第 2 期。

廉晓梅：《APEC 区域经济合作模式与发展前景研究》，中国社会科学出版社 2005 年版。

梁双陆：《次区域国际经济一体化理论与实践》，人民出版社 2014 年版。

刘光溪：《互补性竞争论——区域集团与多边贸易体制》，经济日报出版社 2006 年版。

刘力、宋少华：《发展中国家经济一体化新论》，中国财政经济出版社 2002 年版。

马缨：《区域主义与发展中国家》，中国社会科学出版社 2003 年版。

曲博：《因果机制与过程追踪法》，《世界经济与政治》2010 年第 4 期。

尚德良：《南美共同市场的发展及其影响》，《国际资料信息》2000 年第 11 期。

宋玉华等：《开放的地区主义与亚太经合组织》，商务印书馆 2001 年版。

苏浩：《"10 + 3"与东亚峰会：双层区域合作结构分析》，《世界经济与政治》2008 年第 10 期。

孙学峰、陈寒溪：《中国地区主义政策的战略效应》，《世界经济与政治》2006 年第 5 期。

唐国强：《跨太平洋伙伴关系协定与亚太区域经济一体化研究》，世界知识出版社 2013 年版。

王丽：《发展中国家参与区域经济一体化的模式选择》，《经济导刊》2008 年第 5 期。

王逸舟：《西方国际政治学：历史与理论》，上海人民出版社 1998 年版。

王逸舟：《中国外交新高地》，中国社会科学出版社 2008 年版。

王勇：《国际贸易政治经济学：全球贸易关系背后的政治逻辑》，中国市场出版社 2008 年版。

王正毅等：《亚洲区域合作的政治经济分析》，上海人民出版社 2007 年版。

韦民：《民族主义与地区主义的互动：东盟研究新视角》，北京大学出版社 2005 年版。

吴心伯：《奥巴马政府与亚太地区秩序》，《世界经济与政治》2013 年第 8 期。

吴心伯等：《转型中的亚太地区秩序》，时事出版社 2013 年版。

徐宝华、石瑞元：《拉美地区一体化进程——拉美国家进行一体化的理论和实践》，社会科学文献出版社 1996 年版。

徐春祥：《东亚贸易一体化：从区域化到区域主义》，社会科学文献出版社 2008 年版。

阎学通、孙学峰：《国际关系研究实用方法》，人民出版社 2007 年版。

张彬等：《国际区域经济一体化比较研究》，人民出版社 2010 年版。

张鸿：《区域经济一体化与东亚经济合作》，人民出版社 2006 年版。

张天：《突破发展中国家区域经济一体化实践的困境——中国—东盟自由贸易区建设分析》，硕士学位论文，外交学院，2004 年。

张永安：《区域经济一体化与实践》，上海人民出版社 2010 年版。

张宇燕、李增刚：《国际经济政治学》，上海人民出版社 2008 年版。

张蕴岭：《对东亚合作发展的再认识》，《当代亚太》2008 年第 1 期。

张蕴岭：《探求东亚的区域主义》，《当代亚太》2004 年第 12 期。

张蕴岭：《中国—东盟自由贸易区的机遇和挑战》，《亚太经济》2003 年第 3 期。

张蕴岭等编：《东亚、亚太区域合作模式与利益博弈》，经济管理出版社
　　2010 年版。

郑先武：《"东亚共同体" 愿景的虚幻性析论》，《现代国际关系》2007 年
　　第 4 期。

朱峰：《关于区域主义与全球主义》，《现代国际关系》1997 年第 9 期。

外文部分

Abbott, Kenneth W. and Duncan Snidal, "Why States Act through Formal International Organizations", *Journal of Conflict Resolution*, Vol. 42, No. 1, 1998.

Acharya, Amitav and Alastair Iain Johnston, eds., *Crafting Cooperation: Regional International Institutions in Comparative Perspective*, Cambridge: Cambridge University Press, 2007.

Acharya, Amitav, *Constructing a Security Community in Southeast Asia: ASEAN and the Problem of Regional Order*, London: Routledge, 2001.

Adler, Emanuel and Michael Barnett, eds., *Security Communities*, Cambridge: Cambridge University Press, 1998.

Aggarwal, Vinod K. and Kristi Govella, eds., *Linking Trade and Security: Evolving Institutions and Strategies in Asia, Europe, and the United States*, NY: Springer, 2013.

Aggarwal, Vinod K. and Min Gyo Koo, eds., *Asia's New Institutional Architecture: Evolving Structures for Managing Trade, Financial, and Security Relations*, Berlin: Springer, 2008.

Amer, Ramses, "Expanding ASEAN's Conflict Management Framework in Southeast Asia: The Border Dispute Dimension", *Asian Journal of Political*

Science, Vol. 6, No. 2, 1998.

Anderson, Kym and Richard Blackhurst, "Introduction and Summary", in Kym Anderson and Richard Balckhurst, eds. , *Regional Integration and the Global Trading System*, New York: Harvester Wheatsheaf, 1993.

Angell, Norman, *The Great Illusion*, London: G. P. Putnam, 1912.

Avery, William P. and James D. Cochrane, "Innovation in Latin American Regionalism: the Andean Common Market", *International Organization*, Vol. 27, No. 2, 1973.

Axelrod, Robert and Robert O. Keohane, "Achieving Cooperation under Anarchy: Strategies and Institutions", in Kenneth A. Oye, ed. , *Cooperation under Anarchy*, Princeton: Princeton University Press, 1986.

Axline, Andrew, "Underdevelopment, dependence, and integration: the politics of regionalism in the Third World", *International Organization*, Vol. 31, No. 1, 1977.

Bagwell, Kyle and Robert Staiger, "Multilateral Tariff Cooperation during the Formation of Free Trade Areas", *International Economic Review*, Vol. 38, No. 2, 1997.

Balassa, Bela, *The Theory of Economic Integration*, London: Allen & Unwin Press, 1962.

Barnett, Michael and F. Gregory Gause III, "Caravans in Opposite Directions: Society, State, and the Development of a Community in the Gulf Cooperation Council", in Emanuel Adler and Michael Barnett, eds. , *Security Communities*, Cambridge: Cambridge University Press, 1998.

Bearce, David H. and Sawa Omori, "How Do Commercial Institutions Promote Peace?", *Journal of Peace Research*, Vol. 42, No. 6, 2005.

Bearce, David H. , "Grasping the Commercial Peace", *International Studies*

Quarterly, No. 47, 2003.

Bentham, Jeremy, *Plan for Universal and Perpetual Peace*, Cambridge: Grotius Society Publications, 1927.

Bercovitch, Jacob and Allison Houston, "The Study of International Mediation: Theoretical Issues and Empirical Evidence", in Jacob Bercovitch, ed., *Resolving International Conflicts: The Theory and Practice of Mediation*, Boulder: Lynn Rienner, 1996.

Bhagwati, Jagdish and Arvind Panagariya, "Preferential Trading Areas and Multilateralism: Strangers, Friends, or Foes?", in Jagdish Bhagwati and Arvind Panagariya, eds., *The Economics of Preferential Trade Agreements*, Washington, DC: AEI Press, 1996.

Boehmer, Charles, Erik Gartzke and Tim Nordstorm, "Do Intergovernmental Organizations Promote Peace?", *World Politics*, Vol. 57, No. 1, 2004.

Brown, Oil, *EU Trade Policy and Conflict*, Geneva: International Institute of Sustainable Development, 2005.

Buzan, Barry, "Economic Structure and International Security: The Limits of the Liberal Case", *International Organization*, Vol. 38, No. 4, 1984.

Cha, Victor, *Alignment Despite Antagonism: The United States-Korea-Japan Security Triangle*, Stanford: Stanford University Press, 1999.

Cha, Victor, "American Unilateralism Versus Multilateralism: East Asia Under the New Administration", *Korea National Defense University Journal of National Security Affairs*, Vol. 5, No. 2, 2002.

Cha, Victor, "The Dilemma of Regional Security in East Asia: Multilateralism versus Bilateralism", in Paul Diehl and Joseph Lepgold, eds., *Regional Conflict Management*, Lanham, MD Rowman and Littlefield, 2003.

Cha, Victor, "Powerplay: Origins of the U. S. Alliance System in Asia", *Inter-*

national Security, Vol. 34, No. 3, 2009/2010.

Chatterjee, Srikanta, "ASEAN Economic Co-operation in the 1980s and the 1990s", in Alison Broinowski, ed. , *ASEAN into* 1990s, London: Macmillan, 1990.

Cobden, Richard, *The Political Writings of Richard Cobden*, London: T. Fischer Unwin, 1903.

Collins, Alan, "ASEAN: Challenges from within and without", in Christopher M. Dent, ed. , *Asia-Pacific Economic and Security Cooperation: New Regional Agendas*, New York: Palgrave Macmillan, 2003.

Collins, Alan, *Security and Southeast Asia: Domestic, Regional, and Global Issues*, Boulder: Lynne Rienner, 2003.

Cooper, Richard, *The Economics of Interdependence: Economic Policy in the Atlantic Community*, New York: McGraw-Hill, 1968.

Copeland, Dale C. , "Economic Interdependence and War", *International Security*, Vol. 20, No. 4, 1996.

Crawford, Jo-Ann and R. V. Fiorentino, "The Changing Landscape of Regional Trade Agreements", *WTO Discussion Paper*, No. 8, 2005.

Curson, Victoria, *The Essentials of Economic Integration*, NY: St. Martin's Press, 1974.

Demas, William G. , *The Economics of Development in Small Countries with Special Reference to the Caribbean*, Montreal: McGill University Press, 1965.

Deutsch, Karl, "A Comparison of French and German Elites in the European Political Environment", in Karl W. Deutsch, Lewis J. Edinger, Roy C. Macridis, and Richard L. Merritt, eds. , *France, Germany and the Western Alliance*, New York: Charles Scribner's Sons, 1967.

Deutsch, Karl, et al. , *Political Community and the North Atlantic Area: Inter-*

national Organization in the Light of Historical Experience, Princeton, N. J.:
Princeton University Press, 1957.

Dominguez, Jorge I. , "International Cooperation in Latin America: The Design
of Regional Institutions by Slow Accretion", in Amitav Acharya and Alastair
Iain Johnston, eds. , *Crafting Cooperation: Regional International Institutions
in Comparative Perspective*, Cambridge: Cambridge University Press, 2007.

Domke, William K. , *War and the Changing Global System*, New Haven: Yale
University Press, 1988.

Dorussen, Han and Hugh Ward, "Intergovernmental Organizations and the Kant-
ian Peace", *Journal of Conflict Resolution*, Vol. 52, No. 2, 2008.

Dorussen, Han and Hugh Ward, "Trade Networks and the Kantian Peace",
Journal of Peace Research, Vol. 47, No. 4, 2010.

Dunn, David H. , *Diplomacy at the Highest Level: The Evolution of International
Summitry*, New York: Macmillan, 1996.

Eilstrup-Sangiovanni, Mette and Daniel Verdier, "European Integration as a So-
lution to War", *European Journal of International Relations*, Vol. 11,
No. 1, 2005.

Emmerson, Donald, "Security, Community, and Democracy in Southeast Asia:
Analyzing ASEAN", *Japanese Journal of Political Science*, Vol. 6, No. 2,
2005.

Fawn, Rick, " 'Regions' and Their Study: Where From, What For, and
Where To?", *Review of International Studies*, Vol. 35, No. S1, 2009.

Fearon, James D. , " Rationalist Explanation for War ", *International
Organizations*, Vol. 49, No. 3, 1995.

Fernandez, Raquel and Jonathan Protes, "Returns to Regionalism: An Evalua-
tion of Nontraditional Gains from Regional Trade Agreements", *World Bank E-*

conomic Review, Vol. 12, No. 2, 1998.

Fifield, Russell H., "National and Regional Interests in ASEAN: Competition and Cooperation in International Politics", *Occasional Paper* 57, Singapore: Institute of Southeast Asian Studies, 1979.

Foroutan, Faezeh, "Does Membership in a Regional Preferential Trade Arrangement Make a Country More or Less Protectionist?", *World Economy*, Vol. 21, No. 3, 1998.

Foroutan, Faezeh, "Regional Integration in Sub-Saharan Africa: Past Experience and Future Prospects", in Jaime de Melo and Arvind Panagariya, eds. , *New Dimensions in Regional Integration*, New York: Cambridge University Press, 1993.

Fortna, Virginia P. , *Peace Time: Cease-Fire Agreements and the Durability of Peace*, Princeton: Princeton University Press, 2004.

FPCCI (Federation of Pakistan Chambers of Commerce and Industry), *Statistics on Trade, Pakistan and SAARC*, 2003.

Frankel, Jeffrey, *Regional Trading Blocs*, Washington, DC: Institute for International Economics, 1997.

Frieden, Jeffry A. , "Sectoral Conflict and U. S. Foreign Economic Policy", *International Organization*, Vol. 42, No. 1, 1988.

Frost, Frank, "ASEAN Since 1967: Origins, Evolution, and Recent Developments", in Alison Broinowski, ed. , *ASEAN into the* 1990s, London: Macmillan, 1990.

Galtung, John, "Violence, Peace and Peace Research", *Journal of Peace Research*, Vol. 6, No. 3, 1969.

Gartzke, Erik and Yonatan Lupu, "What World War I can Tell us about International Commerce and War Today", *The Washington Post*, April 1, 2014.

Gartzke, Erik, Quan Li and Charles Boehmer, "Investing in the Peace: Economic Interdependence and International Conflict", *International Organization*, Vol. 55, No. 2, 2001.

Gelpi, Christopher, "Alliances as Instruments of Intra-Allies Control", in Helga Haftendorn, Robert O. Keohane and Čeleste Wallander, eds. , *Imperfect Unions: Security Institutions over Time and Space*, Oxford: Oxford University Press, 1999.

Genna, Gaspare M. , "Power Preponderance, Institutional Homogeneity, and the Likelihood of Regional Integration", in Joaquin Roy and Roberto Dominguez, eds. , *Regional Integration Fifty Years after the Treaty of Rome: The EU, Asia, Africa, and the Americas*, FL: Jean Monnet Chair of the University of Miami and Miami-Florida European Union Center of Excellence, 2008.

Ghosn, Faten, Glenn Palmer and Stuart A. Bremer, "The MID3 Data Set: Procedures, Coding Rules, and Description", *Conflict Management and Peace Science*, Vol. 21, No. 2, 2004.

Gilady, Lilach and Bruce Russet, "Peacemaking and Conflict Resolution", in Walter Carlsnaes, Thomas Risse, and Beth A. Simmons, eds. , *Handbook of International Relations*, London: Sage, 2002.

Gilpin, Robert, *U. S. Power and the Multinational Corporation: The Political Economy of Foreign Direct Investment*, New York: Basic Books, 1975.

Goldstein, Andrea and Njuguna S. Ndung'u, "New Forms of Co-operation and Integration in Emerging Africa: Regional Integration Experience in the Eastern African Region", *Technical Paper* 171, Paris: OECD Development Center, 2001.

Goldstein, Avery and Edward D. Mansfield, eds, *The Nexus of Economics, Security, and International Relations in East Asia*, Stanford, CA: Stanford University Press, 2012.

Gordon, Bernard K. , *The Dimensions of Conflict in Southeast Asia*, New Jersey: Prentice Hall, 1966.

Gowa, Joanne and Edward D. Mansfield, "Power Politics and International Trade", *American Political Science Review*, Vol. 87, No. 2, 1993.

Gowa, Joanne, *Allies, Adversaries, and International Trade*, Princeton: Princeton University Press, 1994.

Grieco, Joseph M. , "Anarchy and the Limits of Cooperation: A Realist Critique of the Newest Liberal Institutionalism", in David A. Baldwin, ed. , *Neorealism and Neoliberalism: The Contemporary Debate*, New York: Columbia University Press, 1993.

Grieco, Joseph, "Systemic Sources of Variation in Regional Institutionalization in Western Europe, East Asia and the Americas", in Edward D. Mansfield and Helen V. Milner, eds. , *The Political Economy of Regionalism*, New York: Columbia University Press, 1997.

Haas, Ernst and Philippe Schmitter, Economics and Differential Patterns of Political Integration, *International Organization*, Vol. 18, No. 3, 1964.

Haas, Ernst B. , *The Uniting of Europe: Political, Social, and Economic Forces*, 1950 – 1957, Stanford, California: Stanford University Press, 1958.

Haas, Ernst, *Beyond the Nation-State: Functionalism and International Organization*, California: Stanford University Press, 1964.

Haftel, Yoram Z. and Alexander Thompson, "The Independence of International Organizations: Concept and Applications", *Journal of Conflict Resolution*, Vol. 50, No. 2, 2006.

Haftel, Yoram Z. , "Commerce and Institutions: Trade, Scope, and the Design of Regional Economic Organizations", paper presented at the annual convention of the International Studies Association, Montreal, Canada, March 15 – 18, 2011.

Haftel, Yoram Z. , *Regional Economic Institutions and Conflict Mitigation: Design, Implementation, and the Promise of Peace*, Ann Arbor: The University of Michigan Press, 2012.

Haggard, Stephan, "Regionalism in Asia and the Americas", in Edward D. Mansfield and Helen V. Milner, *The Political Economy of Regionalism*, NY: Columbia University Press, 1997.

Hansen, Holley, Sara McLaughlin Mitchell, and Stephen C. Nemeth, "IO Mediation of Inter-state Conflicts: Moving Beyond the Global vs. Regional Dichotomy", *Journal of Conflict Resolution*, Vol. 52, No. 2, 2008.

Harrison, Reginald, *Europe in Question: Theory of Regional International Integration*, New York: New York University Press, 1974.

Hass, Ernst, "The Obsolescence of Regional Integration Theory", *Research Series*, No. 25, Institute of International Studies, Berkeley: University of California, 1975.

Haywood, Holly, "Examining ASEAN Capacity in the Context of the Thai-Cambodian Border Dispute", *NTS Alert*, September (issue 1), 2011.

Hook, Glenn and Ian Kearns, ed. , *Subregionalism and World Order*, Basingstork, Hampshire: Macmillan Pr. Ltd. , 1999.

Hund, Markus, "From 'Neighborhood Watch Group' to Community?", *Australian Journal of International Affairs*, Vol. 56, No. 1, 2002.

Hurrell, Andrew, "The Politics of Regional Integration in Mercosur", in Victor Bulmer-Thomas, ed. , *Regional Integration in Latin America and the Caribbean: The Political Economy of Open Regionalism*", London: Institute of Latin American Studies, 2001.

Huth, Paul K. , "Reputations and Deterrence: A Theoretical and Empirical Assessment", *Security Studies*, Vol. 7, No. 1, 1997.

Huxley, Tim, "ASEAN Security Cooperation: Past, Present, and Future", in Alison Broinowski, ed. , *ASEAN into the* 1990s, London: Macmillan, 1990.

Indorf, Hans, *Impediments to Regionalism in Southeast Asia: Bilateral Constraints among ASEAN Member States*, Singapore: Institute of Southeast Asian Studies, 1984.

Irvine, Roger, "The Formative Years of ASEAN, 1967 – 1975", in Alison Broinowski, ed. , *Understanding ASEAN*, New York: St. Martin's, 1982.

Jones, Daniel M. , Stuart Bremer and David Singer, "Militarized Interstate Disputes, 1816 – 1992: Rationale, Coding Rules, and Empirical Patterns", *Conflict Management and Peace Science*, Vol. 15, No. 2, 1996.

Jorgensen-Dahl, Arnfinn, *Regional Organization and Order in Southeast Asia*, Hong Kong: Macmillan, 1982.

Kacowicz, Arie M. , *Zones of Peace in the Third World: South America and West Africa in Comparative Perspective*, Albany, New York: State University of New York Press, 1998.

Kahler, Miles, *International Institutions and the Political Economy of Integration*, Washington, DC: Brookings Institution Press, 1995.

Kaltenthaler, Karl and Frank O. Mora, "Explaining Latin American Economic Integration: The Case of Mercosur", *International Organization*, Vol. 9, No. 1, 2002.

Kant, Immanuel, *Perpetual Peace*, translated by Lewis W. Beck, Indinanpolois: Bobbs-Merrill, 1957.

Katzenstein, Peter J. , *Between Power and Plenty: Foreign Economic Policies of Advanced Industrial States*, Madison: University of Wisconsin Press, 1978.

Keohane, Robert O. , *After Hegemony*：*Cooperation and Discord in the World Political Economy*, Princeton：Princeton University Press, 1984.

Keshk, Omar M. G. , Brian M. Pollins and Rafael Reueny, "Trade Still Follows the Flag：The Primacy of Politics in a Simultaneous Model of Interdependence and Armed Conflict", *Journal of Politics*, Vol. 66, No. 4, 2004.

Khan, Shaheen Rafi, ed. , *Regional Trade Integration and Conflict Resolution*, London：Routledge, 2009.

Kivimaki, Timo, "The Long Peace of ASEAN", *Journal of Peace Research*, Vol. 38, No. 1, 2001.

Kono, Daniel Y. , "Making Anarchy Work：International Legal Institutions and Trade Corporation", *Journal of Politics*, Vol. 69, No. 3, 2007.

Koremenos, Barbara, Charles Lipson, and Duncan Snidal, "The Rational Design of International Institutions", *International Organization*, Vol. 55, No. 4, 2001.

Krasner, Stephan D. , "State Power and the Structure of International Trade", *World Politics*, Vol. 28, No. 3, 1976.

Krasner, Stephan D. , *Defending the National Interest*：*Raw Materials Investments and U. S. Foreign Policy*, Princeton：Princeton University Press, 1978.

Kydd, Andrew H. , "Which Side Are You On? Bias, Credibility, and Mediation", *American Journal of Political Sciences*, Vol. 47, No. 4, 2003.

Kydd, Andrew H. , *Trust and Mistrust in International Relations*, Princeton：Princeton University Press, 2005.

Lake, David A. , "Regional Security Complexes：A Systems Approach", in David A. Lake and Patrick M. Morgan, eds. , *Regional Orders*：*Building Security in a New World*, University Park：Pennsylvania State University Press, 1997.

Lim, Hank, "Regional Trade Agreements and Conflict: The Case of Southeast Asia", in Shaheen Rafi Khan, ed. , *Regional Trade Integration and Conflict Resolution*, London: Routledge, 2009, p. 122.

Lindberg, Leon, "The European Community as a Political System", *Journal of Common Market Studies*, Vol. 5, No. 4, 1967.

Lipsey, R. B. , "The Theory of Customs Unions: Trade Diversion and Welfare", *Economica*, New Series 24, February 1957.

Machlup, Fritz, *A History of Thought on Economic Integration*, New York: Columbia University Press, 1977.

Mansfield, Edward D. and Brian M. Pollins, *Economic Interdependence and International Conflict: New Perspectives on an Enduring Debate*, Ann Arbor: The University of Michigan Press, 2003.

Mansfield, Edward D. and Helen V. Milner, "The New Wave of Regionalism", *International Organization*, Vol. 53, No. 3, 1999.

Mansfield, Edward D. and Jon C. Pevehouse, "Trade Blocs, Trade Flows, and International Conflict", *International Organization*, Vol. 54, No. 4, 2000.

Mansfield, Edward D. and Marc L. Busch, "The Political Economy of Nontariff Barriers: ACross-National Analysis", *International Organization*, Vol. 49, No. 4, 1995.

Mansfield, Edward D. and Helen V. Milner, eds. , *The Political Economy of Regionalism*, New York: Columbia University Press, 1997.

Mansfield, Edward D. , "Effects of International Politics on International Trade", in Kym Anderson and Richard Blackhurst, eds. , *Regional Integration and the Global Trading System*, London: Harvester Wheatsheaf, 1993.

Mansfield, Edward D. , "The Proliferation of Preferential Trading Arrangements", *Journal of Conflict Resolution*, Vol. 42, No. 5, 1998.

Mansfield, Edward D. , Jon C. Pevehouse and David H. Bearce, "Preferential Trading Arrangements and Military Disputes", *Security Studies*, Vol. 9 No. 1, 1999/2000.

McDonald, Patrick J. , "The Invisible Hand of Peace: Capitalism, the War Machine, and Liberal IR Theory", Ph. D. Dissertation, Ohio State University, 2002.

McKeown, Timothy J. , "A Liberal Trading Order? The Long-Run Pattern of Imports to the Advanced Capitalist States", *International Studies Quarterly*, Vol. 35, No. 2, 1991.

McLaughlin, Sara Mitchell and Paul R. Hensel, "International Institutions and Compliance with Agreements", *American Journal of Political Science*, Vol. 51, No. 4, 2007.

Mearsheimer, John J. , "The False Promise of International Institutions", *International Security*, Vol. 19, No. 3, 1994/1995.

Milner, Helen, "International Theories of Cooperation among Nations: Strengths and Weaknesses", *World Politics*, Vol. 43, No. 3, 1992.

Moravcsik, Andrew, *The Choice for Europe: Social Purpose and State Power from Messina and Maastricht*, Ithaca: Cornel University Press, 1998.

Morrow, James D. , "Modeling the Forms of International Cooperation: Distribution versus Information", *International Organizations*, Vol. 48, No. 3, 1994.

Mukherji, N. , "Charting a Free Trade Area in South Asia: Instruments and Modalities", in T. N. Srinivasan, ed. , *Trade, Finance and Investment in South Asia*, New Delhi: Social Science Press, SANEI, 2002.

Navari, Cornelia, "David Mitrany and International Functionalism", in David Long and Peter Wilson, eds. , *Thinkers of the Twenty Years' Crisis: Inter-War Idealism Reassessed*, Oxford: Clarendon Press, 1995.

Nye, Joseph S. , "Comparative Regional Integration: Concepts and Measurement", *International Organization*, Vol. 22, No. 4, 1968.

Nye, Joseph S. , "Patterns and Catalysts in Regional Integration", *International Organization*, Vol. 19, No. 4, 1965.

Nye, Joseph S. , *Peace in Parts: Integration and Conflict in Regional Organization*, Boston: Little, Brown, 1971.

Olson, Mancur Lloyd, *The Logic of Collective Action: Public Goods and the Theory of Groups*, Harvard University Press, the second edition, 1971.

Oneal, John R. and Bruce Russett, "The Kantian Peace: The Pacific Benefits of Democracy, Interdependence and International Organizations, 1885 – 1992", *World Politics*, Vol. 52, No. 1, 1999.

Oneal, John R. , Bruce Russett, and Michael L. Berbaum, "Causes of Peace: Democracy, Interdependence, and International Organizations, 1885 – 1992", *International Studies Quarterly*, Vol. 47, No. 3, 2003.

Parker, Ron, "The Senegal-Mauritania Conflict of 1989: A Fragile Equilibrium", *The Journal of Modern African Studies*, Vol. 29, No. 1, March 1991.

Pevehouse, Jon C. and Bruce Russet, "Democratic International Governmental Organizations Promote Peace", *International Organization*, Vol. 60, No. 4, 2006.

Pinder, John, "Positive Integration and Negative Integration: Some Problems of Economic Union in the EEC", *World Today*, Vol. 24, No. 3, 1968.

Pion-Berlin, David, "Will Soldiers Follow? Economic Integration and Regional Security in the Southern Cone ", *International Organization*, Vol. 42, No. 1, 2000.

Posner, Eric and John Yoo, "Judicial Independence in International Tribunals", *California Law Review*, Vol. 93, No. 1, 2005.

Ravenhill, John, "Fighting Irrelevance: An Economic Community with ASEAN Characteristics", *Pacific Review*, Vol. 21, No. 4, 2008.

Richardson, Neil, "International Trade as a Force for Peace", in Charles W. Kegley, Jr., ed., *Controversies in International Relations Theory: Realism and the Neoliberal Challeng*, Beijing: Peking University Press, 2004.

Riley, Stephen, "West African Sub-regionalism: the Case of the Economic Community of West African States", in Glenn Hook and Ian Kearns, eds., *Sub-regionalism and World Order*, Basingstoke: Macmillan Press Ltd., 1999.

Robson, Peter, *The Economics of International Integration*, London: George Allen & Unwin Ltd., 1980.

Rogowski, Ronald, *Commerce and Coalitions: How Trade Affects Domestic Political Alignments*, Princeton: Princeton University Press, 1989.

Russett, Bruce and John R. Oneal, *Triangulating Peace: Democracy, Interdependence, and International Organizations*, New York: Norton, 2001.

Russett, Bruce, John R. Oneal and David R. Davis, "The Third Leg of the Kantian Tripod for Peace: International Organizations and Militarized Disputes, 1950 – 1985", *International Organization*, Vol. 52, No. 3, 1998.

Salvatore, Dominic, *International Economics* (5th edition), Prentice-Hall International Inc., 1995.

Sartori, Anne E., *Deterrence by Diplomacy*, Princeton: Princeton University Press, 2005.

Savun, Burcu, "Information, Bias, and Mediation Success", *International Studies Quarterly*, Vol. 52, No. 1, 2008.

Saxonhouse Gary R., "Trading Blocs and East Asia", in Jaime de Melo and Arvind panagariya, eds., *New Dimensions in Regional Integration*, New York: Cambridge University Press, 1993.

Severino, Rodolpho C. , *Southeast Asia in Search of ASEAN Community*: *Insights from the Former ASEAN Secretary-General*, Singapore: Institute of Southeast Asian Studies, 2006.

Shannon, Megan, "Preventing War and Providing the Peace? International Organizations and the Management of Territorial Disputes", *Conflict Management and Peace Science*, Vol. 26, No. 2, 2009.

Simmons, Beth, "Forward-Looking Dispute Resolution: Ecuador, Peru, and the Border Issue", in I. William Zartman and Victor Kremenyuk, eds. , *Peace versus Justice*: *Negotiating Forward-and Backward-Looking Outcomes*, MD: Rowman and Littlefield, 2005.

Singer, David J. and Michael Wallace, "Intergovernmental Organizations and the Preservation of Peace, 1816 – 1964: Some Bivariate Relationships", *International Organization*, Vol. 24, No. 2, 1970.

Smith, James McCall, "The Politics of Dispute Settlement Design: Explaining Legalism in Regional Trade Pacts", *International Organization*, Vol. 54, No. 1, 2000.

Solidum, Estrella, *Towards a Southeast Asian Community*, Quezon City: University of Philippines Press, 1974.

Tinbergen, Jan, *International Economic Integration*, Amsterdam: Elsvier Publishing Co. , 1954.

Touval, Saadia and I. William Zartman, "International Mediation in the Post-Cold War Era", in Chester A. Crocker, Fen Osler Hampson, and Pamela Aall, eds. , *Turbulent Peace*: *The Challenges of Managing International Conflict*, Washington, DC: United States Institute of Peace Press, 2001.

Viner, J. , *The Customs Union Issue*, New York: Carnegie Endowment for International Peace, 1950.

Wallander, Celeste A. and Robert O. Keohane, "Risk, Threat, and Security Institutions", in Helga Haftendorn, Robert O. Keohane, and Celeste Wallander, eds. , *Imperfect Unions: Security Institutions over Time and Space*, New York: Oxford University Press, 1999.

Waltz, Kenneth, "The Myth of National Interdependence", in Charles Kindleberger, ed. , *The International Corporation*, Cambridge, MA: MIT Press, 1970.

Waltz, Kenneth, *Theory of International Politics*, New York: McGraw-Hill, 1979.

Whalley, John, "Why Do Countries Seek Regional Trade Arrangements?", in Jeffrey A. Frankel, ed. , *The Regionalism of the World Economy*, Chicago: University of Chicago Press, 1998.

World Bank, *Trade Blocs: A World Bank Policy Research Report*, New York: Oxford University Press, 2000.

Wu, J. , "Trade Agreements as Self Protection", *Review of International Economics*, Vol. 13, No. 3, 2005.

Yarbrough, Beth V. and Robert M. Yarbrough, "Dispute Settlement in International Trade: Regionalism and Procedural Coordination", in Edward D. Mansfield and Helen Milner, eds. , *The Political Economy of Regionalism*, New York: Columbia University Press, 1997.

Yarbrough, Beth V. and Robert Yarbrough, *Cooperation and Governance in International Trade: The Strategic Organizational Approach*, Princeton: Princeton University Press, 1992.

Yew, Lee Kuan, *From Third World to First: The Singapore Story*, 1965 – 2000, New York: Harper Collins, 2000.

后　记

　　这本书是在我社科院研究生博士学位论文的基础上完成的。这篇论文从2011年起开始酝酿，2014年完成初稿，2016年1月修改完成。其间，我在美国乔治城大学亚洲研究中心做访问学者，在那个美丽、安宁的乔治城小镇上的一年时光给我带来的学术收获和人生感悟，如今已融合在这本书的写作点滴之中。

　　这本书与其说是五年博士求学生涯的成果，不如说是我在社科院世界经济与政治研究所从事国际政治经济学研究十年来的成果结晶。之所以选择国际政治经济学，是因为我在国际关系学院硕士研究生期间攻读国际关系专业的世界经济方向，既有国际政治的背景，又有世界经济的研究兴趣。有一天莫名的一个念头闯入脑海，国家间贸易会对安全产生影响吗？在网上搜索之后，竟然发现贸易与冲突/和平的研究恰好是国际政治经济学的一个热点问题。于是，在经历了多年的探索和积累之后有了这本著作，它包含了我在《世界经济与政治》《当代亚太》《国际安全研究》等杂志上发表的六篇学术论文的主要成果。

　　这本书的完成最应该感谢的是李少军教授，他是国际政治研究室的老主任，也是我的博士生导师。当我面对学术研究不知如何下手的时候，少军老师耐心地、"手把手"地教给了我如何写一篇规范的学术论文，如何提出问题，如何写文献综述，如何采取恰当的研究方法得出最后的结论。他严谨的学风和学术态度以及悉心的教导让我在学术研究这条路上受益匪浅。以前每次写完论文，少军老师都会提出一堆的批评意见，然后我再按照意见进行论文的修改和完善，后来，只要想到论文要交给少军老师审读，我就加倍提醒自己尽可能做到认真和完善。感谢少军老师有形的和后来无形的督促和压力，正是有了这些，我才能够完成这篇长达十几万字的博士论文。

感谢我的硕士生导师陶坚教授，是他将英语专业的我带入了国际关系这个领域。第一次见到陶坚老师，是在现代国际关系研究所他的办公室里，当时的我学术生涯一片空白，专业知识也十分贫乏，提出的问题想必很是幼稚，难得百忙之中的陶老师花了半个多小时的时间给我解惑，而我也不负所望地闯入了国关面试的分数线。自1996年9月成为陶老师的第二个硕士研究生，居然已经有白驹过隙的20年时光。即使是毕业之后，陶坚老师也对我的工作和研究给予了认真的指点，对我帮助多多，希望这本书也能弥补一下他当时读到我生涩硕士论文时候的缺憾，这样我才能心安理得地继续找他蹭饭。

感谢在这本书写作过程中给予我各种帮助和支持的同事。张宇燕所长之于我更多的是一位儒雅博学的老师，他的鼓励和支持给了我最大的工作空间；王德迅老师对于本书的出版给予了宝贵的建议；王逸舟教授虽然已经任职北大国关学院，但他对本书的建议和评价令我受益匪浅。李东燕教授是我在研究室唯一的一位女性同事，不论是生活的困扰还是论文写作上的难题，她都能够给我有益的建议和指点；袁正清教授、王鸣鸣教授、王存刚教授、李英桃教授在博士论文答辩时提出了很多建设性的意见和建议，为本书的修改提供了新的研究思路和方向；谭秀英老师、徐进博士、王玮博士、胡文秀博士、编辑笑飞、主管研究生工作的春姬、沙龙的姐妹们以及其他同事，都在本书写作期间给予了各种帮助，在此表示特别的感谢。此外，也要感谢美国乔治城大学的Victor Cha教授，他的认可让我得到了此次乔治城大学访学的机会，他对论文的指点也给了我很大的启发。

　　当然，特别要感谢的还是中国社会科学出版社的刘艳编辑，没有她的辛苦付出，这本书不会这么快和读者见面。

　　最后要致谢我的家人。为了给我更多的写作时间，父母帮助我承担了照料孩子等诸多家务；还有我的弟弟，困难时的援手和手足的温暖让我铭记在心。感谢我将满13岁的儿子，懂事的他知道在我工作时留出安静的空间，看着他一天天成长也给了我前进的无限动力，让我忍不住忘记被他扔满"垃圾"的桌面；丈夫在我读博期间承担了很多家务，如今他一定在暗自腹诽：这下你终于没有借口再逃避家庭活动和体育锻炼了。

郎　平

2016 年 3 月于回龙观